隋文帝传

袁强 著

山西出版传媒集团 山西人民出版社

图书在版编目（CIP）数据

隋文帝传 / 袁强著 . -- 太原 : 山西人民出版社 , 2018.10
ISBN 978-7-203-10410-0

Ⅰ . ①隋… Ⅱ . ①袁… Ⅲ . ①杨坚（541-604）—传记 Ⅳ . ① K827=41

中国版本图书馆 CIP 数据核字 (2018) 第 088259 号

隋文帝传

著　　者：袁　强
责任编辑：李　鑫
复　　审：贺　权
终　　审：员荣亮
装帧设计：仙　境

出 版 者：山西出版传媒集团·山西人民出版社
地　　址：太原市建设南路 21 号
邮　　编：030012
发行营销：0351-4922220　4955996　4956039　4922127（传真）
天猫官网：http://sxrmcbs.tmall.com　电话：0351-4922159
E - m a i l：sxskcb@163.com　发行部
　　　　　　sxskcb@126.com　总编室
网　　址：www.sxskcb.com

经 销 者：山西出版传媒集团·山西人民出版社
承 印 厂：山东新华印务有限责任公司

开　　本：710mm×1000mm　1/16
印　　张：18.5
字　　数：302 千字
印　　数：1—5000 册
版　　次：2018 年 10 月　第 1 版
印　　次：2018 年 10 月　第 1 次印刷
书　　号：ISBN 978-7-203-10410-0
定　　价：49.80 元

如有印装质量问题请与本社联系调换

目录
CONTENTS

第一章
传奇降临

杨忠抬头仰望天空，但见天上的一块乌云渐渐聚拢在一起，几多变幻，居然形成了一条龙的幻影，张牙舞爪，伴随着电闪雷鸣，大雨瓢泼而下。

杨忠痴痴地望着天空，听着苦桃痛苦的呻吟，内心充满了恐惧。

雨不停地下，足足过了两个时辰，终于从殿内传来了清脆而又响亮的啼哭声。

杨忠一下子冲进大殿。

"恭喜将军，夫人生了个儿子。"智仙道。

乱世降生

南北朝是一个大分裂的朝代，北方王朝分别是北魏、东魏、西魏、北齐、北周；南朝依次是刘宋、萧齐、萧梁、南陈。

385年，道武帝拓跋珪重建代国，次年改国号为魏。439年，太武帝拓跋焘统一北方。493年，孝文帝拓跋宏迁都洛阳，大举改革，北魏进入繁盛时期。

到了北魏末年，像其他王朝一样，统治者日趋腐化，吏治败坏，各地起义不断，孝明帝与胡太后就执掌朝政大权发生了激烈冲突。内忧外患之下，北方六镇的叛乱成为压死王朝统治的最后一根稻草。

北魏迁都洛阳前，为了抵御柔然游牧民族，沿旧都平城由西向东依次设置六个军事据点：沃野镇、怀朔镇、武川镇、抚冥镇、玄柔镇、怀荒镇。这六个军镇在百余年间抵御北方游牧民族的入侵，拱卫着王朝的和平。

正光四年（523年），柔然大饥，求魏援救，未得满足，遂于四月入境剽掠。怀荒镇民因柔然劫夺而生计艰难，向镇将武卫将军于景请求赈济，遭拒绝，遂怒杀于景。524年，沃野镇民匈奴人破六韩拔陵聚众反魏，杀镇将，建元真王。邻近诸镇各族兵民也纷起响应。北魏朝廷此时却勾结柔然人共同镇压兵士叛乱，更加激起诸镇军人不满，沃野镇军人进而包围了武川、怀朔二镇，逼其造反。武川镇将不愿反叛朝廷，领兵迎敌，但寡不敌众。不久，关陇、河北各地纷纷起兵响应。他们的叛乱给予王朝沉重的打击，在声势浩大的叛乱面前，北魏百年国运岌岌可危。

泰山脚下，晨雾霭霭，几户人家炊烟袅袅，冉冉升起的旭日被几缕惨淡的云雾遮盖着，散发出微弱而和煦的阳光，河涧的流水缓缓地流淌着，不时地传来鸟儿欢快的叫声，散发出阵阵花香，置身其中如坠天境一般。

这时，一位魁梧英俊的青年突然闯进了这里，显得极为疲倦，满脸的忧伤，迈着沉重的步伐疲惫不堪地向山巅走去。来到悬崖边上，他抬头仰望着如梦如幻的风景，忧郁的眼神中，这些美景似乎是那么苍凉，毫无生机。半晌，他的眼角泛起了两行泪水，握紧了拳头，在纵身一跃的刹那间身后传来了一声清脆悦耳的叫声："公子且慢！"

"你想自寻短见？"那少女问道，一身农家装扮。

青年望着女子，显得有些呆滞，没有说话。

"你既然都准备要死了，有什么苦大仇深的不妨向小女子道诉一番吧。"

青年重重地叹了一口气终于开口诉说："不瞒姑娘说，我叫杨忠，是西北边塞重镇武川镇的一名军人，也是弘农杨氏东汉太尉杨震的第十三代孙。"

女子听后不由得肃然起敬，打量着杨忠。

杨忠表情悲愤："边关沃野镇贼人破六韩拔陵率大军起事反叛朝廷，攻克武川镇，威逼武川军人反叛，我们寡不敌众流窜中原。父亲本是武川宁远将军，来到中原后不堪目睹叛军凶暴的残杀，愤然召集流民武装讨伐进入河北的鲜于修礼统率的叛军，可惜兵败被杀，我死里逃生来到了这里。"

"公子的遭遇让人同情，既然逃过一劫为什么还要自杀？"

杨忠似乎陷入了绝望之中，声音嘶哑："父亲被杀，全家被俘，叛军又紧追不舍，前途渺茫，后无退路，天地之大竟无我容身之地，实在是万念俱灰，心生死念。"

那女子听着杨忠悲痛欲绝的诉说顿生怜悯之心，但却反唇相讥："将军也是堂堂七尺男儿，在小女子看来不过是个懦弱之人，枉为杨氏子孙。"

杨忠愤怒地望着女子："你刚刚还同情我，现在居然如此狠心咒骂，好一个毫无心肝之人。"

那女子倒不以为然，走到杨忠面前伸展开双臂，显得有些调皮，开口问道："人的双臂展开是一个字，公子知道是什么字吗？"她望着杨忠，等待着他的回答。

杨忠一脸困惑，紧锁眉头道："应该是个'大'字。"

"公子知道这蕴含着什么深意吗？"她收敛了笑容，"人活在世上脚踏大地，头顶一片天，就是要做一个顶天立地的人。将军出身将门世家，在这个兵荒马乱的世道，既然侥幸逃脱，更应该肩负起保家卫国的责任，结束战乱，而不是自寻短见，否则到了九泉之下又怎能面对为国殉节的令尊？"

杨忠痴痴地望着那女子，不知怎的，心中竟泛起了点点涟漪和莫名的心动。

"公子一时恍惚，现在就好好想想吧。万万不可轻贱了性命。"女子柔声说道。

"天地之间，人为大。"杨忠抬头望天喃喃地念叨着，似有所悟，拱手作揖感激地说，"姑娘的一番话让杨忠醍醐灌顶。你对杨忠有再造之恩，在此谢过了。"

女子淡淡一笑，正欲转身离去，杨忠突然叫住了那女子，欲言又止："在下可否冒昧地问一下姑娘的芳名？"

"我姓吕，叫苦桃。"女子笑得灿如桃花。

"吕苦桃？"

"我娘说刚生下我之后，我爹就被征军入伍，至今都没有消息，我从小便和我娘相依为命，娘说我命苦，就像青涩的核桃一般苦涩，所以就给我起了这么个名字。"苦桃说着神色渐渐黯淡了下去。

杨忠望着她似乎有些犹豫，但终究鼓起勇气问道："姑娘可否许配人家？"

吕苦桃害羞地望着杨忠，轻轻摇摇头。

杨忠突然就地跪拜在吕苦桃面前："杨忠请求姑娘嫁给我！"

一个说得掷地有声，一个听得目瞪口呆。

"姑娘对我恩同再造，我无以回报，愿终身呵护姑娘，我保证，我一定做一个顶天立地的男人，保护你，保护家人，保护天下的百姓！"

苦桃皱紧了眉头，不由得后退了几步，但杨忠似乎急了："姑娘若不答应，杨忠便跪地不起，以示对姑娘的一片诚挚之心。"

吕苦桃大为感动，带着杨忠来到了家中，向母亲说明了情况。吕苦桃她娘见杨忠长得魁梧英俊，满心欢喜，当下请来山中长老为二人主持了婚礼。

从此，杨忠和苦桃在泰山脚下过上了男耕女织的生活，夫妻俩恩恩爱爱，甚为惬意。杨忠本欲打算过几天太平日子再做打算，孰料南朝的梁国军队趁北魏大乱之际出兵北伐，攻伐到泰山，杨忠孤身一人击倒十几名梁军，梁军统帅吴明彻见杨忠相貌堂堂又武艺绝伦，知其绝非等闲之辈，便活捉了他，连同苦桃一起俘至江南。

跨过长江，完全是另一番世界，一派歌舞升平。梁国皇帝萧衍在立国之初勤于政事，将境内治理得井井有条。但此时的萧衍笃信佛教，乱建佛寺，不理朝政，纵容权贵贪污。繁荣背后也是危机四伏。

萧衍对杨忠倒也善待，令其在军中任职。江南的安宁和浓郁的佛教氛围倒也陶冶了杨忠的性情，他变得沉毅果敢，闲暇之余研习兵法，领悟精髓之要。但安逸的生活并没有让他留恋，他时刻准备着返回中原。

杨忠终于等到了机会。五年后，梁武帝企图借中原大乱再次兴兵北伐，任杨忠为直阁将军，随大将陈庆之率军护送投降梁国的北海王元颢前往洛阳登基。但元颢很快就被乱军杀害。杨忠则趁机逃离洛阳，抵达长安。

彼时，散落在中原各地的武川镇军人逐渐聚集在一起，凭借与关陇豪族的密切关系，他们逐渐控制了关中地区。武川军主贺拔岳被沃野镇大将高欢设计杀害后，在武川将军赵贵、于谨、独孤信等人的支持下，众人共推年仅二十七岁的宇文泰为统帅。

宇文家族与杨氏家族世居武川，结下了深厚的情谊。宇文泰和杨忠、独孤信等人一起长大参军，也在战乱中分离。劫后重逢，三人不免感慨万千。宇文泰为了夺取对中原的统治，率武川军团与盘踞在洛阳的高欢进行了大小数十次交战，互有胜负。双方一时都难以吃掉对方。宇文泰决定暂时偃旗息鼓，养精蓄锐。他为了防备高欢袭击潼关，令杨忠率军驻守华州。

多年的戎马生涯让杨忠与苦桃聚少离多，如今终于可以和家人团聚一些时日了。但苦桃却心事重重，因为结婚这么多年来，却没有为杨忠生个儿子，这让她日夜焦虑。

为了延续香火，苦桃经常前往附近的般若寺拜佛，和主持智仙师太逐渐熟识。智仙这人看上去眉目慈祥，但不怒自威。她还会医术，在她的调理下，苦桃渐渐解开心结，脸色也渐渐红润起来

一年后，苦桃的肚子渐渐大了起来。杨忠乐开了怀，整日喜气洋洋，静静地等待着孩子的降生。

傍晚的阳光柔和地照耀在华州大地上，散落在寺庙的层层建筑上，显得

宁静祥和。

苦桃在丫鬟的搀扶下挺着肚子来寺庙虔诚祈祷。正当苦桃起身时，她感到腹部阵阵疼痛，看来要临产了。两名丫鬟不知所措地搀扶着苦桃，另外几个则慌忙地向杨忠报信。

不多时，智仙赶到了，看到痛苦不堪的苦桃，稍加思索便吩咐几位尼姑将苦桃抬到大殿偏房，要亲自为苦桃接生。

"师太，这里乃是佛门圣地，师太在此接生，恐怕会玷污了佛门的清静和圣洁。"一尼姑劝道。

"师父，万不可破了佛规，影响了修行。"

智仙摇头道："阿弥陀佛，佛家以慈悲为怀，救人一命胜造七级浮屠，如今人命关天又岂能见死不救？佛祖会原谅我们的，暂时关闭大殿，任何人不准进来。"

大殿的门刚刚关闭，原本晴朗的天空阴沉下来。

苦桃的几名丫鬟被推到了殿外焦急地等待着，不大一会儿，杨忠风尘仆仆地赶了过来，也只能在殿外焦急地来回踱步。

"将军！你看！"

杨忠抬头仰望天空，但见天上的一块乌云渐渐聚拢在一起，几多变幻，居然形成了一条龙的幻影，张牙舞爪，伴随着电闪雷鸣，大雨瓢泼而下。

杨忠痴痴地望着天空，听着苦桃痛苦的呻吟，内心充满了恐惧。

雨不停地下，足足过了两个时辰，终于从殿内传来了清脆而又响亮的啼哭声。

杨忠一下子冲进大殿。

"恭喜将军，夫人生了个儿子。"智仙道。

他望着刚刚出生的婴儿，抑制不住内心的激动和喜悦，颤抖地抱起这个婴儿，仔细地望着眼前这个胖乎乎的壮硕婴儿，宽阔的方脸，高高的额头，眼睛炯炯有神，五官匀称地镶嵌在脸上。

杨忠沉浸在初为人父的喜悦之中，对苦桃笑道："今年我已经三十五岁，中年得子，真是上天眷顾，先祖护佑。既然生于乱世，就要坚强地活着，那就叫他杨坚吧。"

苦桃虚弱地点点头，杨忠看雨势越来越大准备在寺庙过夜，突然一阵嘈杂声惊扰了静穆的寺院。原来是宇文泰传来紧急军令，高欢率十万大军渡过黄河，抵达邙山，进逼潼关。他命令关陇所有的军队开赴前线与高欢决战，保卫关中。杨忠双眉深锁，他深知此次战役的凶险，不知能否平安归来，望着苦桃："夫人，以后孩子你要好好抚养。"

苦桃面露难色："要说照顾孩子的吃饭穿衣自然不在话下，但是要教孩子习武识字恐怕就难以胜任了，不能耽误了孩子的前程。"

杨忠一番叹息，之前的喜悦一扫而光。这时智仙擦洗完毕走了过来，杨忠忙施礼道谢。智仙似乎特别喜欢这个婴儿，仔细端详着，婴儿向她露出了笑容。她不由得赞道："这孩子刚生下来声如轰雷，着实把老尼吓了一大跳，现在又如此安静，真是不同凡响。若培养得当，定会成就一番伟业，前途无量。"

"此话怎讲？"杨忠问道。

"将军，这孩子是在神佛前降生，乃是神佛之子。你看连苍天都来为孩子的降生助兴。"智仙说完，对着黑夜的狂风暴雨双手合十。

杨忠突然想起下雨时天空中那条张牙舞爪的龙之影，惊讶地望着默默念诵经文的智仙，忙施礼道："感谢师太对夫人和孩子的救命之恩，既然师太说此子前途无量，本将还有个不情之请。不瞒您说，今夜我便要奔赴前线，与高欢大军决战。这个孩子现在是我最牵挂的了，所以本将军想请师太和夫人一起抚养他。"

"这是杨家的长子，正如师太所说，他生于寺庙，也是跟佛有缘，不如就寄养在寺庙内，希望得到神明的佑护，有一个好的寄托和未来。"苦桃也说道。

智仙微微一笑："我正有此意，不会辜负将军和夫人的期望，会将这个孩子培养得像将军一样勇猛善战、智勇双全。"

安顿好妻儿，当晚杨忠带着牵挂和不舍，辞别苦桃和幼弱的婴儿，在滂沱大雨中率军先行奔赴邙山。

而此时尚在襁褓之中的杨坚安静地入睡了。

西魏大统七年（541 年）的这个夏日，这是他来到世上的第一个夜晚，风雨交加。

宇文泰集结数十万大军倾巢而出，要在邙山与高欢决一死战。经过近十多年的纵横捭阖，他已经掌控了西魏大权，但却一直缩聚在关中不能进取。如今机会来临，正好图谋中原。

这里所说的机会便是高欢的北豫州刺史高仲密据虎牢叛变投降宇文泰，叛变的缘由乃是由于高欢之子高澄企图玷污他的妻子李氏，让高仲密怒而叛变。

虎牢是洛阳以东的军事要冲，自春秋以来就是兵家必争之地。宇文泰喜出望外，立即加封高仲密为侍中、司徒，并亲自率大军前往接应。高欢也是惊怒交加，亲自率军阻击。

双方各自将兵十万，自黄河北岸渡河，据邙山为阵，展开激烈交战。最终西魏大败，损失督将四百余人，军士被俘斩六万人。宇文泰辛辛苦苦建立起来的六军几乎损失殆尽。但高欢也是惨胜，元气大伤。双方都无力征战了。

五年之后，宇文泰终于报了邙山之仇。年过五旬的高欢又率大军十万围攻西魏位于汾河下游的重要据点玉壁。宇文泰令名将韦孝宽守城，高欢苦攻玉壁五十多天，因瘟疫爆发，战死病死七万多人。小小玉壁久攻不下，又死了这么多人，高欢忧愤发病，一卧不起，于新春佳节的正月初一一命呜呼。高欢病逝后其子高澄独担魏朝大任，准备篡权，在将篡未篡之时，因行事残暴，被家奴刺杀而亡。不久，高澄之弟高洋取代东魏，国号大齐，建元天保，定都邺城。

此时宇文泰也被众人劝说登基自立，思忖再三，他还是拒绝了。他率武川大军准备趁侯景之乱挺进中原，孰料秦州刺史宇文仲和发动叛乱，只得令军队返回长安，随即令独孤信率军征讨，平定了叛乱。宇文泰意识到关西后方的重要性，任命独孤信为秦州刺史，经营关西十一州。杨忠在这几年的征伐中又因战功授任大都督，升任车骑大将军，任朔州刺史，总督朔、燕、显、蔚四州诸军事。

为了拉拢鲜卑贵族，宇文泰恢复了一些鲜卑旧制，将众人的汉姓改为鲜卑姓，下令李虎赐姓大野氏、李弼赐姓徒何氏、赵贵赐姓乙弗氏、杨忠赐姓普六茹氏，以接纳和拉拢更多的鲜卑将士。宇文泰任命苏绰为丞相府掌书记，他则向宇文泰献策，提出了"富国强兵六诏书"。宇文泰大为欣喜，利用苏绰之策很快关中大治，物阜民丰，民心安定，军力大增。在宇文泰的治下，武川军团逐渐从战败中恢复过来，在关中站稳了脚跟。

金刚大力神

就在天下大势风起云涌之际，杨坚已六岁了，长得甚是强壮，一双大眼睛炯炯有神。

清晨，寒风凛冽，天色朦胧尚未破晓，此时的人们也都沉浸在睡梦当中，杨坚却睡眼惺忪地走了出来，开始前往佛堂习念佛经。

从去年他开始了晨钟暮鼓般的生活。年幼的他对此深度反感，但是面对着威严的智仙，只能默默地遵守，因为他若是迟到一刻钟就会被师父罚跪整整一天。虽然智仙对他要求极为严苛，但是在平常的生活中却对他呵护备至。

一日，杨坚望着智仙，一副犹豫不决的样子，欲言又止。

"那罗延，有什么话要给师父说吗？"智仙似乎看穿了杨坚的心思。

"徒儿想问您一个问题，为什么叫我那罗延呢？"

智仙道："那罗延在佛典里便是金刚大力士，他法力无穷，是光明的使者和护法神王，他走到哪里，哪里便没有了灾难。"

"师父说我就是金刚大力神？"

"你是神佛的化身，所以你要修身养性，磨砺心智，将来像你父亲一样驰骋疆场，结束战乱，让百姓重新过上和平安宁的生活。"

杨坚似懂非懂地摇摇头："可是金刚大力神法力无边，威猛神勇，能消灭一切妖魔鬼怪，徒儿却没有那么大的本事啊！"

"当你长大以后你就会变得勇猛善战，力大无穷！"智仙说道，"所以师父征求了你父亲的意见，过几天你要走进军营，习武练剑，强壮身体，以后你每个月用十天来习念佛经，十天去军营，剩下十天师父教你读书识字。"

杨坚垂头丧气地低下了头。

"那罗延，你是不是认为师父对你太苛刻呢？"

杨坚委屈地点点头。

智仙搂住了杨坚："将来你是要成就一番伟业的，所以你必须要吃更多的苦，你要成为人间的护法神王就必须经受住磨炼。"

"徒儿知道了，一定会听师父的话，努力读书，练好武功。"杨坚说道。

　　父亲的捷报一个接一个传到华州，杨坚也兴奋不已，但他对父亲的印象是很模糊的，因为父亲总是来去匆匆，这些年来他也没有见过几面。

　　军营生活，虽然苦累，还会受到呵斥乃至惩罚，但也为他单调的寺庙生活平添了乐趣。在这里他结识了宇文泰第四子宇文邕、开国侯长孙兕之子长孙晟和金州刺史贺若敦之子贺若弼等人。同是宿将贵胄，同样耳濡目染，自然少不了驰骋疆场、争霸天下的豪言壮语。

　　不久，杨忠从朔州回到华州，父子俩终于见面，看到杨坚长得虎背熊腰，杨忠欣慰不已。而父亲讲述的战场上惊心动魄的故事也让杨坚心驰神往。

　　"父亲，师父教了我一句诗：乘墉挥宝剑，蔽日引高旍。总有一天，我也会像您一样指挥千军万马，驰骋疆场。"

　　"好啊，我儿有此志气，为父就放心了。"杨忠开心地笑了起来。

　　经过几年军营磨炼，杨坚已经长成翩翩的伟岸少年，英姿飒爽。

　　不久，宇文泰视察华州军营，并且要进行军事考习，他令宇文邕、杨坚等一百余名少年组成子弟兵，在华山对抗五百名武川军士。

　　"这岂不是胜败已定，这一百余名都是十来岁的孩子兵，要他们与五百名训练有素的武川士兵对抗，他们哪是对手？"宇文泰侄子宇文护不屑地说道。

　　"武川军团要想进军中原，必须重视培养这些少年，他们才是武川的未来。千军易得，一将难求，本相是想看看有没有可以作为将帅的人选，加以培养。"宇文泰道出他的本意。

　　宇文邕、贺若弼和长孙晟三人接到消息后，不禁摇头。他们怎么打得过真正经历过战场的武川军人？

　　"兄弟们，我们一定不要未战先怯。我听父亲说，战场上以弱胜强的例子多了。说不定我们可以打败他们。"杨坚却自信地说道。

　　"怎么打败啊？"三人不约而同地望着杨坚。

　　"诸位，知彼知己，百战不殆，在华山演习，我们对这里的地形了如指掌，利用地形设伏，集中力量将他们一网打尽。"

　　"要是被他们识破了咋办？"长孙晟还是信心不足。

　　"我们要有耐心，白天我们隐蔽起来，按兵不动。到天黑了，找不到我们，他们就会着急，利用他们的麻痹大意，只要我们运筹得当，也未尝不能战胜他们。"

杨坚的一番分析让众人深以为然，他告诉众人华山有一块区域，是一个天然形成的凹陷，而四周正好是巍峨挺拔的山脉……他们用了一下午的时间加宽这个凹陷，上面用木板和青草覆盖，外人很难看出破绽。

演习开始后，五百名武川军士开始进山搜寻这些娃娃兵。

"一群孩子有什么战斗力？抓到他们不难，关键是找到他们。"

可是他们搜寻了一天也没有找到这些孩子，天色渐渐暗了下来，为首的将军不免着急了。突然他们看到了不远处的半山腰冒出了浓浓的炊烟，但不大一会儿便消失了。他们猜测可能是孩子们饿了，生火做饭。

"终于露出了尾巴，原来躲在那里。"为首的将军命令军队火速向山坳进发。他们来到了杨坚等人设伏的地方，待大部分人进入陷阱后，杨坚和众人扳动了机关，霎时，大部分人掉进了坑里。

在杨坚的指挥下，一百余名孩子分成四组，居高临下轮流用木箭射击，箭镞如雨。不多时宇文泰也赶了过来，看到这一幕开怀大笑。

"坑里要是有尖刀，他们要是用利箭射击，你们这些人可都要去见阎王了。"

回到华州军营，宇文泰得知是杨坚谋划了这一切后，欣慰不已："将门虎子，不愧是杨忠的儿子。一定要好好培养他们，他们可是未来和希望。"

杨坚在众多的孩子中脱颖而出，他希望师父能对他有所褒扬，但是智仙似乎就像什么事儿没有发生一样。

一日，杨坚吃过饭后转身离开。智仙看了看杨坚碗中的剩饭，不悦地说道："那罗延，你怎么剩下那么多饭不吃？"

"师父，我吃饱了，不想吃了。"杨坚说着便要起身离开。

智仙看到杨坚不以为然的表情，没有说话。她带着杨坚走出华州城，来到了一处难民施救点。杨坚看到很多衣衫褴褛的百姓，上到古稀老人，下到待哺孩童，眼神中都充满了无助和恐惧。他看到他们的碗里，只有零星的几片菜叶。一个小孩喝完之后又将碗底舔了好几遍，抿了抿嘴唇，很明显，他没有吃饱。

看到这一切，杨坚的眼睛渐渐湿润。

智仙望着杨坚说道："再过上一些日子，他们连菜叶都吃不到了。"

"师父，为什么会这样？他们为什么没有饭吃？"

　　"因为战争，他们没有了土地，只能离开家园。年轻的都去当兵了，剩下的这些老幼妇孺也只能活一天算一天。"

　　"师父，我回去让母亲拿出粮食救济他们。"

　　"让他们吃一顿饱饭也未尝不可。但你救得了他们一时，救不了他们一辈子。再说，你救得了华州的难民，那么其他各地的难民呢？"

　　杨坚沉默了。

　　"不是每个人都像你一样，出生在贵胄之家，无忧无虑。很多人一辈子的愿望就是吃到你那一碗可口的饭菜。你这般不珍惜，师父真的很失望。还有，你以为受到大冢宰的表扬就了不起了。不要沾沾自喜，要做到宠辱不惊，这样才能走得更远。"

　　"师父，我错了，原谅我，徒儿一定改正，谨记您的教诲。"杨坚明白了智仙的良苦用心。

　　智仙带着杨坚离开，杨坚一步一回头望着这些可怜的人，似乎他们将目光都投向了他。

　　"师父，我将来一定不会让他们再挨饿了！"

　　"师父相信会有那么一天。因为你就是个金刚大力神啊！"

第二章
嗜血的权力

杨坚皱紧了眉头："父亲，那我该怎么办？"

"两姑之间难为妇，更何况是钩心斗角的皇室之间。远离权力的旋涡，但是也不能对抗宇文护。我告诉你，遵从并不代表依附。我不在京师的日子杨家就靠你了，行事千万要谨慎，切不可意气用事，也不要效仿李植，那样的死虽然可嘉，但是一点价值都没有。"

入读太学

西魏废帝二年（553年），杨坚十三岁了，恰恰在这一年，他接到诏令，前往长安进入太学学习。

杨坚向智仙辞行，对于师父，他充满感恩，这十几年来正是由于她的悉心照料，他才得以不断成长，不知不觉间眼里噙满了泪水。

智仙却欣慰地笑了："好男儿当志在四方，谋求建功立业。你不是一直都渴望像你父亲那样驰骋疆场吗？如今你就要迈出第一步了，你要勇敢，成为一个堂堂正正的男儿，才不枉负师父对你的一番教导！"

"徒儿绝对不会辜负您的！"杨坚想起向往的疆场不免心潮澎湃，掷地有声地回答。

他又和宇文邕、长孙晟和贺若弼辞行，这么多年朝夕相处，一经离别，兄弟们自然伤感。

"那罗延，有机会就常回来看看。"宇文邕道。

杨坚应道："这只是暂时的离别，我们很快就会走上疆场，建立属于我们的功业。"

杨坚知道作为宇文泰的四子，宇文邕颇受器重，现在已经被封为辅城郡公。若是和宇文邕攀上关系，说不定在长安会早日出人头地。

杨坚灵机一动，望着宇文邕道："我们都是武川将士的后人，不妨我们一起立下誓言吧，如今天下大乱，希望我们长大后能够驰骋疆场，灭高齐、定江南、平突厥，光复天下。"

"好，你在长安好好学习，我会向父王禀告，让他早日提拔你。"宇文邕道。

杨坚开心地笑了，他对长安充满憧憬。他不知道，这次他能够入读太学主要是因为父亲的因素。多年戎马生涯，杨忠屡立军功，在关陇军团中有着举足轻重的影响力，宇文泰为了继续施恩笼络杨忠，遂召其子杨坚入太学。当然不久前他在华州军事考习中，对杨坚也是印象深刻，也有着重培养的意图。

宇文泰显然十分重视培养这些关陇贵族少年，开学仪式上，他在众人的簇拥下来到了太学府。

"你是普六如坚吧？"宇文泰问道。

听到这个名字，杨坚心里"咯噔"一下，他是很反感这个鲜卑名字的。

"回丞相，正是。"杨坚仍不卑不亢地答道。

宇文泰笑道："本相不会看错人，在华州我就对你寄予厚望，你是武川的后起之秀，日后希望你勤学苦练，假以时日，必成大器。"

宇文泰之侄宇文护则用一种复杂的眼神盯着杨坚。说者无心，听者有意，他牢牢记住了这句话。

杨坚并没有沾沾自喜，他心里清楚，在太学的都是官宦子弟，他们背后的家族都对朝政有着举足轻重的影响。他对这些人谦逊有礼，而这些贵胄们对他也很有好感。在太学，杨坚的朋友很多，他与王谊、元谐、郑译、崔仲方等人交情很好。

一日，独孤信的儿子独孤陀邀请杨坚来府中游玩。两人在阁亭中研讨武艺，聊得兴起，在院落中比试起武功。

"精彩！好武艺！"一阵喝彩声响起，独孤信笑容满面地从花丛中走了过来。

杨坚恭敬地向独孤信拱手施礼。

独孤信拍拍杨坚的肩膀："果然是后生可畏，仪态非凡，小小年纪就练就了如此武艺，实属难得，将来你一定会前途无量的！"

"家父也经常提及您，晚辈对叔父崇拜不已。"杨坚见到心目中的大英雄独孤信十分欢喜。

"那罗延，你对当今天下大势如何看待呢？"

"叔父，如今齐国富庶，但皇室倾轧，而侯景祸乱梁国，江南战火不断，梁国恐怕要亡国了；北方的突厥拥兵数十万，对中原虎视眈眈；我们自从邙山大战后，损失惨重，精锐尽失，经过几年的休养，才恢复元气。"

独孤信惊喜："这些你是怎么知道呢？"

"这些都是我通过家父、师父的教诲和我的思考所提出的不成熟的见解，还望叔父指点。"

"你师父？就是般若寺的那个智仙师太？"独孤信皱了下眉头。

"是的。师父要我从小树立远大理想，她叮嘱我要关心天下局势，比如南方梁武帝崇佛不理朝政，齐国高洋生活荒淫、草菅人命；突厥甲兵兴盛，对中原虎视眈眈。而我们虽然没有齐国和梁国富庶，但可君臣同心，励精图治。"

"想不到一个小小的尼姑居然这样识大体啊。"独孤信暗自惊叹，转而问道，"那你的理想是什么？"

杨坚想起在华州那些逃难的老幼妇孺，沉默片刻道："我要结束战乱，让百姓不再受战乱之苦，让他们安居乐业。"

"好，志存高远！"独孤信拍着杨坚的肩膀欣慰地说道。

翌年，杨忠奉命与常山公于谨、中山公宇文护带兵五万进攻梁国的江陵，江陵归降。宇文泰大喜，杨忠因军功被授予车骑大将军，封成纪县公。而杨坚也因父亲的功勋被拜为骠骑大将军，开府仪同三司，不久又加封为大兴郡公。

王谊和郑译等同窗前来向杨坚道贺。

"杨坚不才，只因父亲的功勋才得到这一切。没有什么值得炫耀的，要是有一天能驰骋疆场，建立自己的功业，那才是真正的骄傲。"

"这一天很快就会到来的。我愿意与你并肩战斗，笑卧疆场，岂不快哉？"王谊道。

"你们骁勇善战，我可是百无一用啊，待你们凯旋之时，我一定会为你们设宴庆贺！"

"郑兄谦逊了。我们都知道郑兄对音律造诣颇深，朝廷礼乐都要仰仗你了。再说以郑兄的才华将来肯定会位列三公的。"杨坚回应郑译。

初入太学的时候，杨坚也看不起郑译，此人文武不通，只对乐曲颇有造诣，且善阿谀奉承之事。后来他才知道，郑译的堂祖父娶了平阳公主，而平阳公主是宇文泰夫人的妹妹。平阳公主因为无子便收养郑译为养子，所以郑译才会进入太学。

这里的每个人都不简单。从此，杨坚在与太学同窗交往中从不得罪任何一人，与他们保持着紧密的联系。

艰难抉择

西魏恭帝三年（556 年），宇文泰在北巡途中病倒，溘然而逝。临终前宇文泰告诉宇文护，天下未宁，希望他能够辅佐世子平复战乱，光复中原。

宇文护根本来不及悲痛，他秘不发丧，在长安城外逗留了好几日才进入长安。

他这么小心翼翼也是出于无奈。现在的关中政权，西魏皇帝是傀儡。宇文泰一直没有篡位称帝，宇文泰与各大将军并非实际上的君臣关系。他不是不清楚这个弊端，在关中政权稳定后便逐步提高相府权力，培植宇文氏势力，恩威并用不断拉拢各路将领，平衡各派利益关系，通过政治联姻与世家大族结成联盟，嫡子宇文觉迎娶北魏皇室晋安公主，长子宇文毓迎娶独孤信女儿。然而，就在他威望如日中天的时候却撒手人寰。生前宇文护屡屡劝宇文泰登基称帝，以集权慑服群雄。他就是怕将来无法驾驭群雄，如今这种担忧不慎成真。

面对严峻的形势，宇文护审时度势，首先找到武川元老于谨，倾心相托。于谨一来对宇文泰忠心耿耿，二来他也倾向于建立中央集权的朝廷，否则武川军团命运不会长久。

在葬礼上，于谨诉说宇文泰的功绩和恩德，希望众将拥立宇文护来主持朝政，但受到了赵贵和独孤信等人的责难。赵贵对宇文泰有拥戴之恩，但是却不想破坏武川军团百余年的传承制度，要求公推领袖担任。于谨和赵贵、独孤信等人针锋相对，多数将领感念宇文泰恩德，支持宇文护的占据了上风。

杨忠选择了沉默。多年来武川军团南征北战，在与高齐的对峙中逐渐占据上风，光复中原形势大好，可宇文泰偏偏在这个时候病逝，岂不让人痛惜？几十年的刀光剑影让他明白，政权的平稳过渡对于武川军团是何等重要。

他忧心忡忡地回到府邸，他的选择可是决定杨氏家族的命运。杨坚也知晓了消息，看到父亲回来了紧绷着的心暂时放松下来。

"父亲，如今丞相病逝，中山公很可能要取代大魏朝。"杨坚一针见血地说道。

杨忠叹息道："丞相偏偏在武川军团如日中天的时候撒手西归，他这一走我们又要经历一场改朝换代的腥风血雨了。"

"武川军团能有今天全赖宇文丞相运筹帷幄，日夜操劳。丞相生前功高震主，取代大魏皇室也是轻而易举的事。当年高欢没有称帝，死后他的儿子建立了齐国。如今宇文护一定会取而代之，只有这样才能将权力牢牢掌握在宇文氏的手中。"杨坚沉吟道。

杨忠抬起头望着杨坚，默不作声，从内心讲他还是拥护宇文氏的。

"但愿武川军团不要互相残杀，能够像当年丞相接任武川军团那么顺利。"

"未必，父亲。此一时彼一时，如果宇文护要篡位自立，武川军团恐怕难逃一劫。"杨坚道，"宇文氏不称帝，不确立君臣关系，就难以驾驭武川群雄。可是宇文氏称帝，武川元老绝不甘心。"

"父亲，独孤大将军他怎么样？"

杨忠想起在拥立宇文护的问题上武川将领发生的激烈争吵。宇文护恐怕不会善罢甘休，杨忠不由得为赵贵和独孤信的命运担心了。他发出了沉重而无奈的叹息声。

杨坚似乎明白了什么，本想劝说父亲要及早做好改朝换代的准备，但他看到父亲痛不欲生的表情，终究没有开口。他默默地离开了，回头看了一眼埋头沉思的父亲，他相信父亲在这危急关头会做出选择保全家族的命运。

其实杨忠也是稍感安慰，因为杨坚在如此险恶的情形下，仍头脑清晰，条分缕析，没有辜负他的期望。

果然刚刚下葬了宇文泰，宇文护便迫不及待地宣布废除魏恭帝。出于对宇文泰的感恩，他并没有直接称帝，而是让宇文觉暂称天王。

宇文护此举让赵贵、独孤信等人愤愤不平，他们暗中联络军中将领准备废黜宇文护。但宇文护先发制人，杀死了赵贵，令反对宇文护的武川军人顿时群龙无首。

宇文护处死赵贵之后以同谋罪免去了独孤信的一切官职。独孤信自知大难临头。他决定以死来保全独孤家族的性命。他的长女嫁给了宇文泰长子宇文毓，四女嫁给了声望显赫的唐国公李炳，加之独孤信威望卓著，这也是宇文护没有直接杀他的原因。

独孤信最宠爱的便是小女儿独孤伽罗，临死前他决定将独孤伽罗嫁给杨坚。

作为多年生死与共的兄弟，他了解杨忠的谨慎忠厚，他会躲过这次劫难的。

独孤信把想法告诉了杨忠，杨忠毫不犹豫地答应了。

"谢谢！"独孤信道。

"我会照顾好孩子的。"杨忠知道独孤信是以性命相托，这也是他唯一能为独孤信做的事。

两人都无奈地笑了。谁也想不到会以这种方式来诀别。

杨坚也很快知道了要迎娶独孤伽罗的消息。这几天他通过王谊、郑译等人也多少知道了在宇文泰葬礼上发生的事。如今赵贵已死，那么独孤信也凶多吉少了。他理解父亲的良苦用心，也明白了权力的可怕。平时威风八面的大将军在皇权面前也是无助的，它居然可以让一个显赫家族转眼间灰飞烟灭。

杨坚的婚礼办得盛大而隆重。一些人出于顾虑并没有来参宴，但宇文护居然来了。

"杨将军，本公一直随你征伐疆场，正是你的提携才有了我的今天。"宇文护似笑非笑地望着杨忠道。

"大冢宰过奖了。大冢宰神勇无敌，早已赢得了三军将士的拥护，将来杨忠愿意继续为大冢宰效犬马之劳。"

"叔父临终前告诉本公说你忠勇，要我善待你，只要你愿意追随本公，你一定会平安无事的。"

杨忠的笑容顿时僵住了。

"禀大将军，我们一定会效忠朝廷！"杨坚上前开口道。

"朝廷？如今的朝廷可是宇文皇室了。"宇文护冷笑道，"杨坚啊，叔父生前也很看重你，希望不要辜负了我们对你的厚望。另外希望你能像你父亲一样，关键时刻知道怎么选择。"

"大冢宰，我们一定竭尽全力为国效忠，今天是犬子大婚之日，这一点还望大冢宰能够体谅。"杨忠委婉地说道。

"我就是来为你们庆贺的啊！对了，独孤大将军没有来吧？你今天娶的是他女儿，你们两家豪门联姻，整个长安城都轰动了，我不能充耳不闻吧。"宇文护阴沉地笑道。

众人都默不作声。经他这么一闹，本来热闹的婚礼显得有些尴尬，一些人见状相继告辞。

杨坚感觉受到了很大的羞辱，面对宇文护的咄咄逼人，他也只能咽下这口气。他心不在焉地等到了天黑，喝得酩酊大醉来到了洞房。晃晃悠悠地掀开了独孤伽罗的红盖头，他在模糊中看到了独孤伽罗的容颜，洁白的脸蛋上很快袭上了红晕，鲜红的樱唇镶嵌其中，红白相间，在烛光的映衬下格外俊美动人。

杨坚的酒似乎清醒了很多，他抚摸着娇羞的伽罗，想起命运不定的独孤信，以宇文护的性格会放过独孤家族吗？

独孤伽罗顺势躺在杨坚的怀里，闻着他满身的酒气，皱了皱眉头。

"娘子，我一定会好好对你的，绝不会让你受到丁点的委屈和伤害。"

"骗人！像你们这种王公贵族，哪个不是妻妾成群，你敢说一辈子对我好？"

杨坚望着凤眼桃腮、眼波如水的伽罗，郑重地说道："你是我第一个女人，也是最后一个，我绝不会和第二个女人生孩子！"

伽罗内心暗自窃喜，不等应答，杨坚趁势吻住了她柔软滑嫩的樱唇，将她按倒在床上。

静悄悄的洞房内只剩下了伽罗娇喘吁吁的呻吟声和杨坚粗重的喘息……

独孤伽罗虽然出生权贵之家，但是却柔和恭孝，对苦桃和杨忠照顾有加，极为孝顺。更难得的是她不仅漂亮，还通书史，经常和杨坚理论古今政事，两人倒合得来。婚后的杨坚和伽罗如漆似胶，恩恩爱爱。

两个月过去了，独孤信安然无恙。正当杨坚以为岳父会平安无事的时候，噩耗传来：独孤信自杀身亡！

其实宇文护早就对独孤信动了杀机，特别是他和杨忠联姻，更让宇文护寝食难安。他陆续剪除了独孤信在武川军团的亲信。独孤信自知大难临头，他选择了自杀，希望以此来保全儿女的性命。

独孤家族遭到灭顶之灾，独孤信的几个儿子也都遭到贬黜。好在宇文护没有赶尽杀绝，仅将他们流放到蜀地。

独孤伽罗哭得死去活来，杨坚也心如刀绞，只能不停地劝慰。杨忠也是无能为力，好在益州有不少他的部将，他悄悄送信请他们对独孤家予以关照。

独孤信的葬礼冷冷清清，根本没有人敢来，就连王谊、元谐、郑译等人也没有来，只派下人来哀悼。杨坚深切地体会到了世态炎凉。

"岳父您生前是何等荣耀，受万民拥戴，可是想不到会有这般结局。"杨坚不由得握紧了拳头。

正当杨坚沉思之际，一位和他年纪相仿的少年身着丧服前来祭拜独孤信。

杨坚和独孤伽罗面面相觑，他们似乎并不认识这个年轻人。

"夫人、将军请节哀，如今独孤家遭受大难，高颎一定会竭尽全力帮助你们。"

"你是独孤将军生前的部下吧？"杨坚问道。

"确切地说是家父高宾深受独孤将军大恩。他曾在齐国做官，后遭人陷害，走投无路之下投奔独孤大将军。独孤大将军将家父聘为僚佐，加以重用，并赐姓独孤氏加以保护。家父官至易州刺史。"

"如今独孤府遭此大难，许多人都唯恐避之不及。兄台这样不忘旧恩，杨坚感激不尽。"

"家父生前一直对独孤将军感恩戴德，临终前嘱托我一定要尽力回报独孤将军。无论何时何地，哪怕付出性命！眼下乃多事之秋，独孤一门还望将军多多庇护，日后有用得着在下之处，定当全力为之。"

杨坚从谈话得知，高颎在宇文泰第五子大将军宇文宪麾下做事。他从高颎这里感受到了几丝温暖。

然而没过多久，长安又发生了政变。被宇文护立为天王的宇文觉不满宇文护专政，也不甘心做傀儡，他和宫伯李植密谋诛杀宇文护，却被宇文护察觉，计划败露。宇文护毫不留情地杀死了宇文觉和李植。

李植的来头可不小，出自陇西李氏豪族，父亲李远乃是宇文泰的十二大将军之一。李贤、李远、李穆三兄弟为宇文泰立足关中乃至崛起立下汗马功劳。宇文护怀疑政变背后有李氏豪族在支持，他杀了李植后又逼死李远。一时间武川军团惊恐不已。一些边郡之地的将领相继叛乱，宇文护早有准备，很快派兵平灭了战乱。但叛乱的爆发，让宇文护明白若继续这般下去就无法掌控武川军团。所以他没有对李家灭族，将李贤、李穆二人贬谪为民，开除军籍。不久宇文护又立宇文泰长子、独孤信的女婿宇文毓为天王。

又一个豪门贵族瞬间陨灭。杨坚感到了恐惧，他不知道何时会轮到他们杨家。事实上，宇文护确实一直盯着杨忠。因为与独孤信联姻，宇文护对杨忠并不放心。好在杨忠面对宇文护的杀戮仍旧保持沉默，宇文护一时也抓不住把柄。

杨忠也知道待在京师宇文护是怎么看他都不顺眼，索性向宇文护提出领兵征伐。如今恰逢宇文护改朝换代，齐国和南方刚刚建立的陈国都想伺机而动。陈国已经派兵渡过长江，准备攻伐江陵。齐国也陈兵洛阳，准备趁乱西进。在这种情况下，宇文护同意了杨忠的请求。

但是他又下了一道诏令，让杨坚担任宫伯，成为宇文毓的贴身侍卫，其实也是想让杨坚成为他宇文护的眼线。

"父亲，我不想成为宇文护的爪牙，助纣为虐。宇文护滥杀忠良，目无君主，和武川元老将军已经势如水火，虽然得势一时，但是前途不容乐观，支持他将来必然不会有好下场的。"

"但如今宇文护炙手可热，若是不从，赵将军、你岳父和李远之祸就在眼前，下一个说不定就轮到我们杨家了。"杨忠道，"他是倒行逆施但现在无人能挡，为了活命，我们只能遵从。"

杨坚沉默不语。

"他之所以让我放心领兵出征，就是因为你在长安。他的目的不只是把你当人质，还要用你来笼络关陇的少年显贵。"

杨坚皱紧了眉头："父亲，那我该怎么办？"

"两姑之间难为妇，更何况是钩心斗角的皇室之间。远离权力的旋涡，但是也不能对抗宇文护。我告诉你，遵从并不代表依附。我不在京师的日子杨家就靠你了，行事千万要谨慎，切不可意气用事，也不要效仿李植，那样的死虽然可嘉，但是一点价值都没有。"

杨坚明白了父亲的良苦用心："父亲，我会小心应付，处理好的。"

"千万不要小看宇文护，他能改朝换代，能掌握朝廷，靠的绝不仅仅是杀戮。你要对付的是个极为狡诈狠毒的角色。他杀了独孤信，却立独孤信的女婿宇文毓为君王，可见他是多么自信和狡诈。千万不要冲动。当前我们的首要目标是保命。"杨忠似乎仍不放心，毕竟让一个毫无政治经验的少年独自面对老谋深算的宇文护，他怎么能放心？但是杨忠还是无可奈何地踏上征途。

杨坚送走了父亲，望着偌大的府院，责任感油然而生："我绝不会让杨家重蹈独孤家族的覆辙！"

大路朝天，走在中间

杨坚当上了宫伯，成为宇文毓的宫廷侍卫。他很巧妙地在宇文毓和宇文护之间周旋，虽然他每天都向宇文护禀告宇文毓的行踪，但基本上都是一些琐碎的杂事，并不涉及机密。由于没有得到什么机密消息，宇文护大为恼怒，一次他警告杨坚："飞黄腾达，只在你一念取舍。望好自为之！"

宇文毓也忍无可忍怒斥了杨坚："好你个杨坚，你我都是独孤信的女婿，如今他被宇文护逼死，全族都被流放，而你却助纣为虐！真是个无耻之徒！"

"陛下，如今宇文护权势熏天，臣不得已而为之，但所作所为绝没有出卖陛下。"

"你就是他的眼线！宇文护不但杀我岳父，又毒杀我兄弟宇文觉，此仇不报，我怎么对得起死去的父亲？！"宇文毓咬牙切齿，"你去告诉宇文护，我要杀了他，做一个真正的皇帝！你说没有出卖我，那你愿不愿意帮我？"

杨坚沉默了片刻劝道："陛下，千万不要冲动，现在宇文护大权在握，没有武川军团的支持，难以成事。"

宇文毓鄙视地望着杨坚："懦夫！你真让我失望！"

杨坚愁眉苦脸地回到家中。独孤伽罗经过家族的大变故成熟了很多，父亲葬后她就再也没有哭过，杨忠离开长安，她便明白她要和杨坚一起面对未知的命运。好在独孤伽罗聪慧贤淑，将家事料理得井井有条。

杨坚将宇文毓的事告诉独孤伽罗。独孤伽罗听后心惊肉跳，她开始为姐姐的命运担忧："夫君，你要劝说陛下不要鲁莽。宇文觉的死就在眼前。现在他根本不是宇文护的对手。"

"我会尽力而为，劝他要冷静下来。父亲说得对，现在对抗宇文护是死路一条，不如韬光养晦，伺机而动。"

没过多久，宇文毓以称王不足以威天下，故改称皇帝，建元武成，追尊父亲宇文泰为文皇帝，大赦天下。接着他开始挑战宇文护的权威，不肯处处听命于宇文护。宇文护刚刚杀了宇文觉内外惶遽，为了缓和朝廷和军队的疑虑，开始让宇文毓执掌部分权力，但他仍牢牢掌握着军权。面对宇文毓的咄咄逼人，宇文护暂且忍耐，但是他却迁怒于杨坚。本来他是要杨坚监视宇文毓，杨坚却没有成为他的心腹，与他若即若离，刻意保持距离。

宇文护又想起宇文泰生前对杨坚的评价，他便对杨坚动了杀心，但因忌惮杨忠，心生犹豫。他突然想起长安城有个术士叫赵昭。他要让其看看杨坚的面相，然后再决定是否立即杀了他，以绝后患。

一日，宇文护面见宇文毓的时候，杨坚则毕恭毕敬地列在宇文毓身旁。

躲在厢房内的术士赵昭却是心神不安，他仔细盯着杨坚，面宽耳阔，额头突出，隐约间有五个隆起的部分从额头延伸到头顶上，下颌特别长，一双深沉的眼睛炯炯有神地注视着前方。

赵昭在恍惚之间仿佛看到一条巨龙出现在自己面前，内心恐慌不已："犀日角，帝王之表，看来此人真有天子的骨相。"

赵昭从小研习《易经》和八卦算术，对于看相，他从来就是深信不疑。可是这一回却使他犯难了：如实禀报，必然会招致宇文护加害杨坚。然而杨坚的相貌乃是百年不遇真龙天子的骨相。"但愿你能结束战乱，做个英明君主吧。"赵昭暗自思量着做出了决定。

"杨坚的相貌，不敢有所隐瞒，他的相貌的确迥异，但并无特别突出之处，最多不过做个柱国而已。"赵昭告诉宇文护。

赵昭看到宇文护沉吟不语，又道："将门虎子，自然有与众不同之处。如今江山已定，传承有序，他纵有天大的本领也无法撼动大周天下的根基，丞相不必担心。"

"看来是本相多虑了。"

赵昭打听到杨坚每日都会前往法门寺拜佛，便在那里等候杨坚。杨坚礼佛完毕，赵昭拦住了他。杨坚感觉此人非比寻常，有一股超然脱俗的气质。

"请问道长是？"

"我是赵昭，与这法门寺住持也算熟识。公子虔诚礼佛，在诸多的王公贵族中也算不多见。"

听说是赵昭，杨坚大喜，原来赵昭在长安城内也是非常有名，豪门贵胄都纷纷请他占卜算命。

　　"杨坚久仰先生大名，今日一见十分有幸。听说先生算卦十分准确，可否为晚辈算上一卦？"

　　"实不相瞒，几天前我刚刚为将军算了卦。"赵昭详细地将宇文护请他为杨坚算卦的事儿告诉了他。

　　杨坚听后内心大骇，但仍面色平静，见四下无人，跪谢道："救命之恩啊！若不是先生，杨家恐怕要遭遇不测了。"

　　看到杨坚临危不乱，赵昭更加坚信他对杨坚的判断。

　　"将军，好好地走下去吧，不要辜负了苍天对你的厚望。"

　　"厚望？"杨坚听后无奈地笑了，想起自身现在的处境，他连连摇头叹息。

　　赵昭也不言语，转身离走。

　　"先生！"杨坚叫住了他，"如今父亲在外征战，我在皇宫处境艰难，杨家风雨飘摇，我该怎么办？"

　　"你师父不是告诉过你，'天将降大任于斯人也，必先苦其心志，劳其筋骨……'只有这样才能变得无比强大。"

　　"你认识我师父？"

　　"呵呵，天下僧道本一家嘛！"

　　"将军未来可能会执掌天下，必然要经历一番大磨砺，所以你要沉着冷静、坚忍果敢，经得住任何考验。"赵昭说完转身而去。

　　杨坚回到府邸将实情告诉了伽罗。

　　"想不到宇文护这么歹毒，居然对你动了杀心。"

　　"宇文护曾经告诉我，顺者昌逆者亡。若不是他忌惮父亲，恐怕早就对我下手了。"

　　"赵昭的话能有几分可信？我们的头上犹如悬着一把利剑，随时都可能掉下来，也不知道我们能否躲过去。父亲在世的时候，也经常请赵昭入府。他告诉父亲放弃权力，颐养天年。要是父亲听从他的话，或许就不会有这等结局了。如今他这么说你，说不定真的是上天的考验。"

　　"考验？我们还是躲过宇文护这一关再说吧。人的命运上天早就注定了。他的话只不过给了我们一些安慰而已。如今的皇宫并不平静，陛下咄咄逼人，宇文护隐忍退让，一旦触到宇文护的底线，后果不堪设想。"

"我曾经让姐姐劝陛下，但是陛下不甘心做傀儡的。"

"他低估了宇文护，现在只有韬光养晦才能有所作为。"杨坚摇头道，"若是陛下真的和宇文护兵戎相见的那一天，难道我还要袖手旁观吗？"

"夫君，你一直说无论何时，活命最重要。你不要冲动，身后还有整个杨家。"伽罗担忧地劝道。

"我只是很迷茫。朝廷不是我想象中的朝廷，也不是师父曾经告诉过我的那样。我一直想着驰骋疆场，为国效忠。可现在只能苟全性命。"

"朝廷大失人心，我们只有忍耐。"

杨坚这时想起了师父智仙，师父一直说他就是金刚大力神，赵昭也说他会执掌天下，成就一番伟业。既然如此，他就不会一直平庸下去的，那就做好迎接一切的准备。他现在深切地明白，只有掌握了最高权力才能实现心中的抱负，否则只能任人宰割。

正当杨坚在长安小心应付的时候，杨忠在外征伐又立下了大功。他利用齐国宗室矛盾，降服了齐国驸马、北豫州刺史司马消难。这北豫州乃是东魏初年罢府复州而来，移治虎牢城，辖广武、成皋、荥阳三郡共十一县。宇文泰生前苦苦想得到的虎牢、成皋等城，终于被杨忠实现了。这样大周可以屯兵虎牢，三面合围洛阳。

杨忠因功被封为柱国大将军，宇文毓下诏加封杨忠为随国公，食邑一万户，而杨坚却没有得到任何封赏。宇文毓和宇文护同时对杨坚都不满，这样的结果可以想象。

其实宇文护并没有消除对杨坚的戒心。特别是杨忠立功后，受到满朝上下赞誉，更让他寝食难安。他也明白要想巩固宇文氏的皇权，必须要开疆拓土，如果再杀有功的将军，便会失去更多将士的支持。

于是宇文护改变了策略，对于杨忠他是恩威并用，有功当然要奖赏，但对于杨坚却刻意打压，与此同时他大力提拔新人和培植亲信，擢升了很多关陇贵族的子弟，其中包括很多杨坚的太学同窗。而杨坚仍旧是一名宫廷侍卫，看着同窗好友都风光满面，他的心里很失落。

此时王谊已是御正大夫，元谐已经升任大将军，郑译已成内史下大夫。三人前来探望杨坚。此前他们因为独孤信被杀事件，这两年来都自觉地疏远了杨坚。如今父亲杨忠立功受到封赏，便主动向杨坚道贺。

这些年杨坚早已看透了人情冷暖。对于他们的造访杨坚笑脸相迎，盛情款待。三人似乎显得很不好意思。

"杨兄，这三年来，我们并非刻意疏远你，实在是我们长辈严加要求。"王谊开口道。

"你们的苦衷我都能理解，形势所逼。如今你们已经飞黄腾达，将来如果我有求于诸位，还希望你们能够在力所能及的范围之内，帮衬一下我。"

"如今你父亲被封为随国公，功勋卓著。你们杨家的好日子很快就要到来了。"元谐道。

"你放心，将来杨兄有什么困难尽管向郑译道来，我一定倾力相助。"

几个人把酒相谈甚欢。

送走了他们之后，伽罗道："这些人也是趋炎附势之徒，真不如那个高颎。"

"这也是人之常情，高颎是为报父恩，我与他们本无牵涉，只是同窗之谊，你还能要求他们为你舍生入死吗？在形势尚不明朗的情况下，他们这般对待我，已经超出我的预料了。"

"他们也是十分敏感，父亲刚刚立下大功，他们便前来道贺。"

杨坚笑道："他们只看到了表象，却不知道宇文护对我们杨家会更加提防。但他们都是长安的豪门贵族，所以不要小瞧了他们的能量，有了他们的帮衬，我们杨家的日子或许会好过一点。"

不久，朝廷又发生了巨变。宇文毓这两年忙得不亦乐乎，他利用宇文护给予的权力进行内政改革。得到一些元勋的支持后，他开始着手进行军事改革。军事建制沿用宇文泰时期的府兵制度，立左右十二军，由十二大将军统帅。所统帅的军人均改从将军姓，模仿鲜卑部落兵制，用虚构的血缘关系提高士兵的归属感和战斗力。但是各大将军却又相当的独立，这也是赵贵、独孤信等人敢于对抗宇文护的原因。宇文护执政后，牢牢地掌控着兵权，军队所有的调发，都必须要有宇文护签署的命令。宇文毓想把军权收归朝廷，架空宇文护，这可是触犯了宇文护的底线。

宇文护自然不甘心将权力拱手相让，恼怒之下他要解决这个年轻气盛而又不听话的宇文毓。一夜之间，他调换了皇宫所有的侍卫，并且严令宇文毓寸步不得离开皇宫。

　　宇文毓到这时候才终于明白宇文护是何等强大和可怕。作为君王，命运被别人所左右，真是莫大的悲哀。但他现在还来不及伤悲，他还要做一件事，那就是要让四弟宇文邕继位。作为宇文泰的第四子，宇文邕这几年擢升很快。宇文觉受禅登基，建周，拜宇文邕为大将军，出镇同州。宇文毓继位，升任宇文邕为柱国，授蒲州诸军事。同时宇文邕性格深沉，识见宏远，他也不时地劝说宇文毓亲政时机不成熟，千万不要惹怒了宇文护。宇文毓担心的是即使宇文护不称帝，但如果拥立幼小的皇室子弟继位，那么恐怕无人能降服宇文护了。

　　但如今京师都被宇文护所掌握，派何人迎接宇文邕，却让宇文毓犯难。他思虑再三，目前只有一人能做到这件事，那就是杨坚。

　　杨坚也感觉到了危险正一步步逼近宇文毓。作为宫伯，他已经被架空，无权调动这些守卫皇宫的侍卫。宇文毓避开宇文护的耳目，悄悄塞给了杨坚一份小纸条，杨坚看后眉头紧锁。

　　夜深人静，杨坚在寝宫见到宇文毓，宇文毓一脸憔悴。

　　"杨坚，你是不是特别不想见朕？"

　　"臣犹豫过，但还是来了。臣是宫伯，为陛下分忧解难是臣的职责。"杨坚的心七上八下。

　　"朕知道你不想参与宇文皇室的争斗，所以你在朕与宇文护之间刻意保持着距离。如今朕命休也，就不和你绕弯子了。朕从来没有为难过你，现在只想求你一件事。"

　　宇文毓言辞恳切，杨坚却默不作声。他知道这个要求非比寻常。半晌，杨坚舒了一口气，开口道："陛下，你说吧。臣尽力而为。"

　　宇文毓似乎就在等待杨坚这句话。他道："朕希望你能够前往蒲州，将鲁国公宇文邕接到长安。"

　　听到这句话，杨坚知道宇文毓是想让宇文邕继承帝位。但如今流言却说宇文护有意立宇文毓年幼的儿子为皇帝，便于掌控。说实话，杨坚真的不想介入皇室的争斗，特别是牵涉继承人问题。若是惹怒了宇文护，他和他父亲都会丧命。

　　屋内一派静默。"陛下，我会全力以赴的。"杨坚最终还是答应了宇文毓。

杨坚忐忑不安地回到了府邸。伽罗知道实情后脸色大变，她劝杨坚谨慎而行。

"我答应了陛下，这也是他唯一要求我做的。"

"若是惹怒了宇文护，我们会面临灭顶之灾。虽然陛下是我姐夫，可是夫君，宇文护不会饶恕他的，这个时候保命最重要，我们没有必要涉险啊？"

"是有风险，但是不至于灭族。"杨坚从皇宫回到府邸，这一路上都在权衡利弊，"首先为了宇文氏的天下，宇文护是不会让年幼的皇子当皇帝的；其次父亲收复豫州，朝野称赞，宇文护在这个时候不会贸然诛杀杨家。"

"我们置身事外岂不更好？"

"作为侍卫，如果君王有难而无动于衷，虽然活命了，但以后会被人鄙视的。继任的君主也不会重用你，那么我们就永无翻身之日了。其实这对我们来说一个机会，我了解宇文邕，他性格沉稳，深谋远虑，不会重蹈两位哥哥的覆辙，若他制服权臣，至少会感念这次恩德吧，未来我们就不用担惊受怕了。"

伽罗听后也觉得在理，转而支持杨坚："既然夫君已经谋划好了，那就放手干吧。无论结局如何，我都会陪着你。"

"为免夜长梦多，我决定今晚前往蒲州。"杨坚道，"另外，你遣心腹之人告知父亲，好让他有所准备。"

稍做准备后，杨坚策马向蒲州飞奔而去，消失在茫茫的夜色之中。

天刚破晓，杨坚风尘仆仆地赶到蒲州，向宇文邕详细叙述了长安的形势。宇文邕听后便和杨坚马不停蹄地赶赴长安。

来到长安城外，杨坚和宇文邕都累得气喘吁吁。

"杨坚，这次宇文护是不会轻易放过你的，你做好准备了吗？"宇文邕道。

"我既然敢迎接你，早已将生死置之度外。为了我们的梦想，杨坚赴汤蹈火在所不辞。"

"但愿你能渡过这次难关。"宇文邕沉吟道，"进了长安城，我们就是陌生人了。"宇文邕说完向长安城飞驰而去。杨坚紧随其后，细细品味宇文邕的这番话。

杨坚离开的这段时间，长安城风声鹤唳。宇文护得知杨坚失踪后大为恼怒，他怀疑是宇文毓所为，终于下狠心除掉宇文毓。宇文护令亲信膳部下大夫李安，乘宇文毓进食之机在食物中下毒，宇文毓随即病危。宇文毓似乎早做了准备，他准备好了让宇文邕继位的遗诏，同时也告知亲信大臣。而宇文护的亲信们都劝他直接称帝。但是宇文护出于感念宇文泰的恩德，还是决定拥立宇文泰的儿子。至于是否让宇文邕继位，他还在犹豫之中。

杨坚进入京师后便径直前往宇文护府邸。

"杨坚罪该万死，请丞相责罚！"

"你真是胆大包天！本相现在就可以将杨家满门抄斩！"宇文护勃然大怒。

"丞相，末将秉公为国，所作所为皆为大周江山社稷长久计，还望丞相体谅末将的忠心。"

"那我倒要看看你是怎么个忠心耿耿。"宇文护冷笑中透着重重杀机。

杨坚倒吸一口气，平静地说道："如今只有晋国公您才是最合适的皇位继承人，若拥立宇文毓的长子为帝，丞相虽能控制一时，但臣说句大不敬的话，若丞相百年之后，大周江山何去何从？丞相处心积虑地为大周江山社稷所做的一切，恐怕要付之东流。还望丞相慎思。"

宇文护顿时清醒了，如今宇文毓的儿子才仅仅五岁，若是真的立他为帝，虽然眼下是消停了，可是他真的不在了，这个孩子岂能控制得了天下枭雄，那么大周江山岂不是顷刻之间坍塌？宇文护仍旧冷冷地注视着杨坚，而杨坚的额头渗出层层汗珠。宇文护似乎看出了杨坚的恐惧，狡诈地笑了。

"这次我就暂且饶了你。今后你要时刻监视宇文邕的一举一动，若是你胆敢再违背我的旨意，李植就是你的下场！"宇文护威胁道。

第三章

外任随州

这些人都是随州的豪门大族，杨坚这下子可捅了马蜂窝，随州那些豪门恨得咬牙切齿，扬言要让他付出代价，他们很快派人携重金前往襄州乃至长安说情。随州的百姓也都在关注杨坚如何收场。

可是这次并未如他们所愿，他们等来的却是诛杀刘同的圣旨！

失去靠山

武成二年（560 年），宇文护最终还是同意拥立十七岁的宇文邕为帝。杨坚也惊险地躲过了杀身之祸。

杨忠这几年南征北战，立下了卓越战功，高齐和南陈都想趁宇文护篡立之时消灭大周，是他率军平息南梁又挥军遏制了高齐的西进，并夺取了虎牢等战略要地。

杨忠也趁机前来长安朝贺新君，离别多年，杨坚父子终于相聚。说实话，杨忠得知儿子迎立宇文邕后，也是心惊胆战。他不知道宇文护的态度，也不想重演赵贵、独孤信等人坐以待毙的悲剧，在暗中做好了鱼死网破的准备。好在宇文邕顺利登基，杨忠也舒了一口气。

不过杨坚的表现还是让杨忠感到十分欣慰。能够在长安的政治旋涡中和宇文护从容周旋，杨坚的沉稳和胆略是杨忠没有想到的。

"儿子，你长大了。为父这些年在外征伐，你在京师时刻受到宇文护的监视和刁难，不过你做得很好。"短短一句话，让杨坚心里温暖了许多，"为父在外征战，时刻牵挂着你，怕你冲动做傻事，现在看来你足以挑起杨家的重任。"

"父亲，你不在长安的这些年，我们杨家真是过得胆战心惊。宇文护有段时间居然要杀我。"杨坚接着把宇文护请赵昭看相之事告诉了杨忠。

"宇文护权势熏天，如今能活下去就是最大的幸运了。你这些年在京师也得到了历练，杨家安然无恙，也有你的忍耐和付出。宇文护不会放松对我们杨家的猜忌，所以你还是要加倍小心，万不可放松警惕。"

"父亲，这种日子何时能结束？我宁愿像你这样驰骋疆场，也不愿意在长安碌碌无为地活下去。"

　　作为将军，杨忠理解儿子的这份无奈，但是他却左右不了政局。他曾经无数次想过，如果宇文泰晚死两年的话，或许他们早就收复中原了。

　　"是英雄早晚会走上战场建功立业的。现在宇文护一直对我们并不放心，他不会让你走上战场的。"

　　"父亲，宇文护现在就连他的兄弟都不放过，大周在他的治下还有希望吗？"

　　"一个王朝最可怕的就是权臣乱政。大周走到这一步也不能全怨宇文护。本朝的传袭制度也有漏洞，为了维护宇文氏的权力，宇文护只能大肆诛杀功臣。"杨忠道，"所以坚儿你要记住，将来你要出将入相，杀敌是次要的，要注重顶层的设计，只有制度上不出现纰漏，一个王朝才会长治久安。"

　　"可是我真的快忍受不住了。从小师父便教导我要像您一样，驰骋疆场，建功立业，可是如今我却在皇宫虚度年华，痛不欲生。"

　　"虚度年华？"杨忠笑道，"以后你就会知道，在皇宫的经历是你这辈子最大的财富了。很多东西是你在战场上无法学到的。"

　　杨忠又要离开长安，领兵出征。看到父亲两鬓白发，杨坚心里很不是滋味，虽然他知道父亲领兵在外，对他们杨家又多了一份安全保障。他现在只能祈盼宇文邕能够制服权臣，早一点结束这压抑窒息的日子。但是宇文邕刚刚即位就下了一道诏令："以大冢宰、晋国公护为都督中外诸军事，令五府总于天官。"他将权力全部交给了宇文护，每天早朝也别无他事，只是和一群老臣研习《孝经》。

　　宇文邕自从当了皇帝后好像也刻意疏远杨坚，只与宫伯宇文神举、内史王轨和右侍宇文孝伯形影不离。而杨坚唯一的变化就是从右宫伯改任左宫伯，虽说成了侍卫统领，可是却没了一点实权，皇宫所有的侍卫他都无权调动。宇文护达到了总揽朝政的目的后，也放松了对杨坚的警惕。

　　而杨坚的太学同窗这些年却节节攀升，元谐、王谊两人都成为领兵一方的将军，郑译等人也都进入朝廷的中枢部门，炙手可热。当然杨坚也时不时地前往他们家中走动，看到他们春风得意的模样也只能强颜欢笑。

　　一切都让杨坚闷闷不乐，不过好在他的长女杨丽华在这个时候出生，让他有了些许安慰。

高颎前来杨府贺喜。这些年来，高颎每每都会来杨府看望伽罗，即使在杨家最艰难的日子也风雨无阻。如今他颇受齐王宇文宪的重用，先被宇文宪引为记室，不久又迁下大夫。

在交往中，杨坚发现高颎的确不简单，对于朝政问题分析得都很透彻，由于高颎经常外巡，杨坚也不时地向他讨教地方政事。这次两人闲谈之中又聊到了天下局势。

"上天真是眷顾大周。虽然我们改朝换代，又经历了一番残杀，但是我们仍然占据先机和主动。南方也经历了改朝换代，陈霸先取代梁国，建立陈国。虽然想趁火打劫，但是却被我们阻击在长江北岸。齐国皇室也在互相倾轧，你父亲杨大将军纳降司马消难，让我们获取了虎牢等军事要塞。光复中原统一天下的，必是大周天子。"

杨坚似乎无动于衷，苦涩地笑了。高颎似乎明白杨坚所想，他劝道："我知道将军现在苦闷于报国无门，但是将军并非池中之物，熬过了这段时日就会大展宏图的。"

这样的话杨坚似乎听到了很多，权当是安慰了。他转而问道："高兄，大周境内地方州郡治得如何？"

高颎皱着眉头道："将军，州郡怎么说呢，太复杂，有些州郡也不是由朝廷说了算。加上多年战乱，朝廷也无暇顾及，沉疴弊政很多。"

高颎说着突然望向杨坚说道："其实你不如去地方州郡任职，虽然不能驰骋疆场，但是却可以多了解一下地方风土人情和吏治，未来你也不仅仅是做一将军。若是同意，我就向齐王举荐一下，应该不成问题。"

杨坚沉思着不由得点点头，又摇摇头："是个不错的选择。不过我现在也是身不由己，容我多考虑考虑吧。"

高颎走后，杨坚便将想法告诉了伽罗。伽罗倒也认为杨坚与其这般在京师饱受折磨，倒不如去外地赴任。

"夫君，宇文护不会放你离开吧？"

"我还是征求一下父亲的意见吧。"杨坚沉思好久才说道。

在一次与郑译、元谐等人的相聚中，杨坚故意透露他的想法，几个人都表示愿意帮助他。

不久，杨忠来信告诉杨坚，让他安心待在京师，宇文护是不会让他们父子俩同时外任的。宇文护暂且放松了对杨家的警惕，若是提出外任，可能会引起他的猜忌。杨坚暂且放弃了外任的打算，老老实实地待在长安。

过了一年，宇文护收到突厥的邀请，希望联合出兵攻打齐国。原来齐国因为纳贡问题和突厥翻了脸，突厥恼羞成怒决定要教训齐国。突厥他钵可汗听从突厥将军摄图的建议，邀请大周来参与，从而加深齐周两国的矛盾，让两国更加势不两立。

大周对于讨伐齐国也是意见不一，多数将军认为突厥并不想灭亡齐国，只是借大周之手教训齐国而已。此时还是不要与齐国交恶，相安无事最好。宇文护思忖再三还是决定派兵出击，因为与得罪齐国相比，他还是不想惹怒突厥。保定三年（563年）九月，他任命杨忠担任元帅，率领步兵、骑兵一万人，与突厥从北路联合讨伐齐国。宇文护也只是象征性地派兵而已，算是给突厥一个交代。

果然得知突厥出兵，齐国即刻遣使与突厥修好。杨忠刚刚与突厥会合，突厥却撤军了。但杨忠仍然决定攻打齐国，他率军突破了齐国的雁门防线，连克二十余城，直逼齐国的北方重镇晋阳。杨忠希望朝廷能够尽快增兵，一举拿下晋阳，扼守住东进中原的要塞。

齐国慌了，急忙调兵遣将前往晋阳驰援。宇文护也慌了，他万万没有想到杨忠居然如此神勇。想到上次招降司马消难，夺取虎牢要塞，广受赞誉，若是此次攻下晋阳，恐怕更难掣肘杨忠，但杀了他就会失去所有将士的支持。若是能趁此机会灭了齐国，他宇文护也是居功至伟。所以宇文护一时颇为犹豫。

宇文邕也欣喜如狂，这么多年来，他从不过问军政大事，但是这一次他希望宇文护能派大军驰援杨忠，一举攻下齐国。但是当他看到宇文护冰冷的眼神后，故作轻松地笑了笑，说只是提下意见，最终还是由宇文护定夺。

同样兴奋的还有杨坚，若是父亲攻占了晋阳，以父亲的功勋和威望，宇文护对杨家就不敢肆意妄为，至少不会被诛杀灭族，而他也会摆脱这暗无天日的宫廷生涯。但他知道父亲的一万余兵力是不足以阻挡齐国的疯狂反扑的，如果这时候朝廷火速派兵驰援，鹿死谁手尚未可知。可他深知宇文护派兵的可能性很小，但仍抱着一丝希望前往宇文护府邸请愿。

"大冢宰，如今父亲率军攻克雁门二十城，若是我们占领了晋阳，假以时日，我们很快就会攻灭齐国，光复中原。"

"哦，你且说说是何原因？"宇文护冷冷地应道。

"晋阳，齐国陪都，若是占领了这个地方，齐国必然大恐。若是我们占领了晋阳，加之占领的虎牢要塞，若是进军中原，便形成南北夹击之势，攻破邺城也只是时间问题。"

宇文护听着杨坚的奏述，脸色渐渐变得阴沉，听完后他却哈哈大笑："真是虎父无犬子，虽说你到现在还未上过战场，但是你的眼光和谋略超过一般的将军。叔父生前真的是没有看错你！你未来可是国之栋梁啊。可惜啊，栋梁之材也是要有人雕琢和点缀，否则也只能是平庸之辈。"

宇文护的笑声让杨坚不寒而栗，他听出了其中话外之意，仍旧若无其事般应道："大冢宰，我父亲连年征战，前方来信说父亲身体微恙，如今战况瞬息万变，还望大冢宰能够及时派兵增援。毕竟错失了这样的机会，恐怕以后难以再有了。"

"你回去吧，本丞相自有定夺。"

"大冢宰，兵贵神速……"

"放肆！朝廷大事还轮不到你来决断。"宇文护的大声呵斥，吓得杨坚不敢言语。

杨坚希望能够说服宇文护尽快出兵驰援，但事与愿违，宇文护本就犹豫是否出兵驰援杨忠，而杨坚的出现让他放弃了派兵驰援杨忠。杨坚这人小小年纪有如此谋略，不由得引起宇文护的警惕。他令亲信率军驰援，途中却行军缓慢。杨忠误以为驰援无望，为避免全军覆没便率军返回。

事后宇文护却以没有攻下晋阳、损兵折将为由，降杨忠为泾州刺史。杨忠显然受到了极大的打击，一夜之间精神矍铄的他苍老了许多。面对父亲受到的不公待遇，杨坚满腔怒火，几年的隐忍在父亲面前终于爆发了。

"父亲，宇文护欺人太甚！这么多年来，我们小心翼翼地躲避他，他还是不放过我们！"

杨忠则显得平静，缓缓地开口道："坚儿，为父很欣慰，这些年你成熟了很多，为了朝政大局，你冒死劝谏宇文护。你并不是在苟且偷生，而是忍辱负重。所以在外人面前千万不要流露出半点不满，以免遭杀身之祸。"

"父亲，我这般忍辱负重是为了什么？如今我的太学同窗，有的驰骋疆场，有的主政一方，都已建功立业。可孩儿我还在做一个傀儡的侍卫。整整七年了，我不知道是不是这辈子就这样蹉跎而过？"

杨忠望着杨坚，看出了他的迷茫和不安，拍拍他的肩膀："儿子，为父不会看错你的。将来你一定会建功立业，光耀门楣。功业绝不会在为父之下。"

杨忠并不是安慰儿子，而是看出了杨坚的坚韧和果敢。在当侍卫的这七年，为了活命，他大部分时间都沉默寡言，但是关键时刻他毫不犹豫，在大是大非的问题面前，他表现得足够出色。他有理由相信日后杨坚得到重用，一定会有个锦绣前程。

"儿子啊，你虽然没有机会上战场杀敌，但是为父告诉你战场的经验和谋略，加上你的勤奋和领悟，日后踏上疆场，你便会勇往直前，成为骁勇善战的将军。"

"难道父亲就不担心我只会纸上谈兵？"

"哈哈哈，你师父在你出生的时候就告诉我，你将来的功业定在为父之上。"杨忠开心地笑了起来，但转念一想："能够建立比我还大的功业，往上就是做到大冢宰，难不成还能更上一层楼……"

杨忠的这个想法只是一闪而过，他望着杨坚叮嘱道："儿子，你一定要好好地走下去，为父相信你一定会为杨家光宗耀祖的！"

深夜，杨忠悄悄起身前往泾州。第二天，待杨坚醒来后看到父亲已经人去屋空，惆怅不已。

杨坚本以为他会有一段平静的生活。可是过了一年宇文护却亲提十万大军讨伐齐国，令杨忠率领偏师出塞北联合突厥策应。

杨坚认为错过了上次的绝佳机会，这次恐怕很难讨伐成功。果然齐国已经做好了充足的准备，宇文护刚刚出师潼关便遭受了强烈的抵抗，寸步难行。而齐国和突厥早已修好，突厥表面上答应宇文护讨伐齐国，可是开战时却拒绝出兵，并不时派军队侵扰杨忠，让杨忠不敢派兵南下。

宇文护无奈只得无功而返。回京后他将怨气都发泄在杨忠身上，当着众多将士对杨忠一番斥责。杨忠万分委屈，默默承受着。多年征伐加上恐惧，这一次杨忠终于病倒了，而且来势凶猛，奄奄一息。

杨坚惶恐万分，他习惯了有父亲的日子，虽然父亲总是东征西战，常常不在自己的身边，但是父亲却庇护着他们整个杨家。如今父亲却要这么离开了，他无法接受这残酷的现实，更无法预料父亲走了，杨家能否躲过宇文护悬在杨家头上的屠刀。

杨忠似乎看出了杨坚的心思。他带着杨坚返回华州，来到般若寺。杨忠一言不发地站在高处望着层层殿宇。

"父亲，你在想什么？"

"我想起了在江南的那些岁月，有幸与佛教结缘。我们杨家每次危机都能化险为夷也算是佛祖佑护吧。"杨忠道，"还有，佛祖也赐给我一个有出息的儿子。二十八年前你就是在这里出生的，你师父说你是神佛之子，也是有一定的理由吧。"

杨坚听到这些，目瞪口呆："父亲……"

杨忠拍了拍杨坚的臂膀，深深地叹了口气。杨坚似乎感觉出父亲的殷殷期望，他望着父亲郑重其事地说道："父亲，孩儿一定不会辜负您的厚望。"

"杨家的命运和未来就要靠你了。任何时候，无论多么困难都要坚持。相信佛祖会保佑你的。"

"神佛之子？父亲这些话难道就是对他最后的嘱托？"杨坚感觉父亲的手犹如千斤重担一般压在他身上，他渐渐握紧了拳头。

这次回来，杨坚并没有见到智仙师父，原来潼关附近发生瘟疫，智仙携众尼前去诊疗，施粥布道。

回到长安，杨忠的病情日益加重，杨坚请遍长安名医都无能为力。

"坚儿，你不要再操心了。"杨忠虚弱地说道，"命由天定，病情也是无法逆转的。趁我还在，我要跟你说说突厥的事儿。"

"父亲，您说，我听着。"

"大周要崛起乃至强大，劲敌不是陈国也不是齐国，将来最大的敌人一定是突厥。我们每年都要向突厥纳绢帛十万匹。可是突厥不希望任何一方强大，中原保持分裂，是他们最愿意看到的，因为他们可渔翁得利。"

杨坚在心里也把父亲的这次病情归咎于突厥，要不是突厥出尔反尔，说不定父亲不会受到宇文护的痛斥和威胁。听到这里，他怒火中烧："将来我一定统兵北上，痛击突厥！"

"但是中原王朝羸弱了几十年，出兵一定要慎重。"

"父亲，将来我一定要效仿汉武帝，痛击突厥，只要中原统一了，突厥就不再是我们的对手！"

杨忠听着杨坚的豪言壮语，看到他坚毅的表情，欣慰地笑了。

静水深流

天和三年（568年），六十二岁的杨忠因病去世，死后追赠太保，都督同、朔等十三州诸军事。

杨忠的死讯传遍了整个长安城，朝野上下无不扼腕叹息。宇文护得知杨忠的死讯时，多年紧绷的神经终于放松了下来。病死，也是他最好的下场吧。

天气阴沉，杨府显得格外肃穆、凄凉。长安城内的官员陆续来到杨府吊唁，不少杨忠的旧部也纷纷从边境各地赶来和杨忠告别，杨府内弥漫着痛哭之声。杨坚在悲痛之中感动不已。

宇文护也来到了杨府，望着杨忠的灵柩也百感交集：他最初从军就是跟随着杨忠征伐疆场的，两人曾经一起并肩作战，攻克了江陵，对于大周王朝的建立杨忠功不可没。自从宇文泰病逝后，杨忠让他寝食难安，如今杨忠走了，他也终于彻底放心了。然而宇文述和宇文直则劝说宇文护借此机会除掉杨坚。理由是杨坚城府深沉，早就对宇文护不满，如今杨坚没有了庇护，杀了他可以绝后患。

宇文护终究没有下定决心："现在杨忠尸骨未寒，若是再大开杀戒，只怕会激起祸乱，后果难以预料。我们现在要做的是趁机笼络军心，不是杀戮，而是拉拢，明日我奏请皇上让杨坚袭父爵。"

"杨忠死了，一个小小的杨坚何足为惧？"宇文护不待宇文直开口便不以为然地说道。

夜色深沉，杨坚与伽罗相依而卧。

"伽罗，你放心。父亲虽然不在了，但是我不会让杨家倒下去，也不会让你受到任何伤害。"

"夫君，父亲不在了，我是担心宇文护会不会这时对我们痛下杀手？"

"宇文护虽然凶狠，但是他并不昏庸，这个时候他应该不会杀我的。父亲死了，他的心病也没了，他会利用我来笼络人心。"杨坚道，"我不如趁此机会暂时向宇文护屈服，借机外任。我离开了京师，对你们才会更安全。"

杨坚并没有贸然前往宇文护府邸，他先通过郑译、元谐等人打探宇文护的态度，得知宇文护并没有杀他的打算这才去拜谒。

杨坚见到宇文护后，请求离京外任，态度诚恳却也不卑不亢。宇文护倒是神态轻松，杨忠不在了，他相信假以时日杨坚会效忠于他。

"本相希望你能领悟一句话，识时务者为俊杰。如今你父亲不在了，杨家就要靠你了，希望你不要走错了路。在我这里可是没有回头路的，做错了，只有上断头路了。"宇文护冷冷地盯着杨坚。

"杨坚在此立誓，愿为大冢宰效犬马之劳！"杨坚作揖道，"我错过很多建功立业的机会，还望大冢宰能不计前嫌，末将愿竭诚效力，绝无二心。"

宇文护哈哈大笑："早知今日，何必当初？你要是早点归顺本相，如今早已飞黄腾达了。不过看在你知错能改的分上，本相就原谅你了。"

"谢大冢宰栽培！"杨坚的脸上勉强挤出了几丝笑容。

杨坚的表态让宇文护轻松起来，他倒也爽快，当即任命杨坚为随州刺史。

走出丞相府，杨坚深吸一口气，接着又发出长长的叹息。他明白，从父亲死后他就要撑起杨氏家族的重任了，而改变便从这一天开始了。他怅然若失却又有种如释重负的感觉。过去都结束了，一切又要重新开始。

杨坚前往皇宫觐见宇文邕。宇文邕自从当了皇帝后，果真把杨坚当成了陌生人。他好像整天无所事事，从不过问政事，每天朝会也就是召集一群老臣讲解《孝经》，也不私下与杨坚接触。每天只是和宇文孝伯、王轨等人形影不离。杨坚虽然知道宇文邕和自己一样都是为了明哲保身，但是他仍感到深深的失落。

当他把消息告诉宇文邕时，宇文邕并没有太多的惊讶，只是嘱咐杨坚到了随州要多了解民生疾苦和地方吏治，做个勤政为民的好刺史。

"你等一下。"正当杨坚转身离去的时候，宇文邕突然叫住了他，但却欲言又止。

"陛下，您还有什么吩咐？"

"随州离长江也算不太远吧，没有事的时候就去转转，听说那边的风景也不错，有机会的话朕也想去那里走一走，看一看。"

　　杨坚似乎听出了宇文邕的话外之音："陛下，臣一定会谨遵陛下吩咐。多了解长江附近的风土人情。"

　　宇文邕走到杨坚身边，拿出一本书递给他："这是你第一次主政一方，就送你一本《孔子家语》，希望到任后，实施王道之政。"

　　"陛下，臣一定会让随州的百姓沐浴朝廷的恩德和陛下的关怀。"

　　杨坚回到府邸，拿起书仔细阅读，当他看到"君子之行己，期于必达于己，可以屈则屈，可以伸则伸。故屈节者所以有待，求伸者所以及时，是以虽受屈而不毁其节，志达而不犯于义"被作了标注时，明白了宇文邕所指，这是在暗示杨坚要能屈能伸。

　　杨坚辞别伽罗，独自一人前往随州。离开京师，他并不感到轻松，原来随州是宇文直的地盘。此时宇文直晋封卫王，为襄州总管，权倾一方。杨坚也从郑译口中听说宇文直奏议宇文护杀了他。如今宇文护让他前往随州赴任，而随州正好为襄州府节制，可见也是不怀好意。至少宇文护对杨坚还是不怎么放心，任职随州，可以让宇文直监视杨坚的举动。所以杨坚不敢怠慢，直接前往襄州拜谒宇文直。宇文直并没有接见杨坚，倒也没怎么为难他，而是派部下庞晃将其打发走了。

　　庞晃也知道宇文直并不待见杨坚，出于礼节还是见了他一面。但是他见了杨坚后改变了主意，对其热情款待。因为庞晃见到杨坚，内心陡然升起一种敬畏之情，他原来是宇文泰的侍从，这种感觉自从宇文泰去世后再也没有过。他想起宇文泰生前对杨坚的赞赏，瞬间断定杨坚日后一定大有作为。而庞晃是宇文直身边的红人，杨坚自然是全力相交，将携带的厚礼赠予了庞晃。

　　"坚初来乍到，人生地不熟，举目无亲，日后还望将军多多关照！"

　　"杨刺史哪里话，你不是举目无亲，你我便是兄弟，今后有难处，尽管向我道来，我定倾力相助！"庞晃说得诚恳，一点也不虚与委蛇，杨坚竟然生出了几丝感动，也从担惊受怕中放松下来。

　　杨坚从襄州回到随州，受到了热忱的迎接，当地士绅敲锣打鼓迎接杨坚。杨坚在长安一直小心翼翼，从未体会到受人拥护的滋味，面对前呼后拥的人群，他也不免有些得意扬扬。随州司马刘同为杨坚举行了盛大的宴会。杨坚认为要与当地官员打成一片将来才能更好地开展工作，所以也放开了喝，在京师多年的恐惧和压抑一扫而光，他有了一种畅快淋漓的感觉。

直到次日中午杨坚才醒过来。侍卫卢贲一直照顾着杨坚。

"将军，您醒了？喝口茶吧。"说着，他将茶递了过去。

杨坚呷了一口茶，问道："昨天我没有做出什么出格的事儿吧？"

"没有。只是随州司马刘同在您入睡时送来了两个女子，被我给轰走了。"卢贲讪笑着说道，"他说入乡随俗，但是夫人临行前再三嘱咐我，要我照顾好您的生活起居。我岂能让这小子坏了将军的名声？"

杨坚听后也笑了，他转而说道："说实话，好久没有这么醉过了。这给了刘同可乘之机，幸好你在，否则刚来就传出这等龌龊事，随州百姓就要骂我这个刺史了。"

卢贲告诉杨坚，当地士绅送了好多礼，摆满了整个厅堂，还没有来得及清点。杨坚听后脸色凝重起来，当即前往厅堂查看。打开一看，让他大吃一惊，各色珠宝美玉、绫罗绸缎琳琅满目。

杨坚久久无语，他在心里暗算了一下，若是以他的俸禄，积攒这些财富恐怕要个十年八年，而仅仅通过一次送礼他就轻而易举地得到了。不知怎的，他的脑海突然浮现出小时候探望难民的情景，那瘦骨嶙峋的身影、那期盼的眼神，他对难民的诺言都渐渐清晰起来。这些钱能够救活多少贫民，又能够赏赐多少有功将士？

杨坚握紧了拳头，一字一句地对卢贲说道："把这些金银财宝都给我送回去！并且告诉他们，从今天开始本刺史对于贿赂一概拒绝！"

杨坚将礼金退了回去，这些士绅顿时炸开了锅，他们不知杨坚秉性，纷纷询问刘同。刘同似乎并不在意，他认为杨坚顶多就是做做样子而已，这样的人他见多了，过不了多久就会和他们同流合污。

杨坚也暗中派人监视这些士绅的举动，并且调查他们的背景。很快，他惊出了一身冷汗，当地这些士绅特别是张氏、王氏以及刘氏，他们不但在随州只手遮天，而且和襄州甚至长安的官员都有千丝万缕的联系。他此时就是想多为百姓做一些好事，然而半个月过去了，他似乎无事可做，并没有一个百姓前来告状，衙门的其他人也都整天无所事事。难道随州真的是一派太平，百姓都安居乐业？

他深知了解民情知晓民苦才能有所作为，杨坚决定亲自下乡体察民情。离开繁华的随州城，杨坚来到了满目疮痍的乡村，这里的百姓和他十年前在华州见到的一样，都是老幼妇孺，瘦骨嶙峋。

一个孩子正在给他的爷爷喂粥，粥里只有稀疏的几片菜叶。此情此景，和他十年前的相见何其相似。整整十年过去了，这世界似乎一点没有改变。可是直到现在他却没有一点改变这世道的能力。

"老人家，请问您没有儿子吗？"杨坚蹲下身问道。

"我有三个儿子啊，两个参军死了，一个逃荒去了，十几年了，到现在也不知所踪。"老人苦笑道，"这世上只剩我们祖孙俩相依为命了。我倒无所谓了，但愿孩子不再颠沛流离。"

老人轻轻抚摸孩子的头，杨坚也是一阵心酸："据我所知，朝廷奖励耕战，对于战死者的抚恤也是十分优厚，您怎么会沦落到如此地步？"

"抚恤？我从来就没有领过，倒是地没了，房子也被没收了，无家可归了。"老人说着，眼中泛起浑浊的泪水。

杨坚的脸色凝重起来，他做宫伯时，对朝廷的制度还是很熟悉的，本以为地方官员能够忠实地执行，想不到如此阳奉阴违。

他又询问好几户人家，都说没有领过抚恤金。而来到州衙，却发现抚恤簿上几个人的名字赫然在列，清楚地标明已经领过，还按有当事人的手印。

听说过冒领军饷，居然有人敢冒领抚恤金！这怎么对得起那些为国捐躯的士兵？怎能让他们安息？杨坚想到这青筋直暴，怒火中烧。但凭直觉，他感觉此事和刘同大有干系。他暗中查访州衙的军士，所有的人都闭口不言，这更让他觉得事情不同寻常。而负责抚恤发放的监军和随州主簿却不知所踪。杨坚还是决定找到这两个关键人，费了一番功夫却仍无结果。杨坚猜测两人早已不在随州，甚至可能已经不在人世，但他推测即使他们不在了，也应该会留下证据。思忖再三，他还是要继续查找。因为他感觉若是刘同所为，他绝不会仅仅贪污这几个阵亡将士的军饷。

杨坚向庞晃请求协查，但是并没有向他告知实情，庞晃以为是举手之劳，便让手下在管辖的地界内查找。

对于杨坚的举动，刘同不以为然，他知道杨坚从未离开过长安，对于这种勋臣子弟他接触得多了，到最后他都会与这些人成为朋友。随州主簿已经死了，他的儿子在刘家做事。他主要担心的是监军韩金明。几年前的江陵会战，他利用关系将韩金明送进战场，想让他在战场上牺牲。可奇怪的是，当夜韩金明的家属也都离开随州了，消失得无影无踪。

刘同自信能摆平杨坚，即使杨坚探访到实情也无妨，他刘家在随州家大业大，历来随州刺史都敬他刘家三分，难道他杨坚就能奈何得了他？得罪了他刘家，他这个刺史也就干到头了。

庞晃的查找并不顺利，好在他找到了随州监军韩金明的儿子，杨坚听说后急忙赶赴襄州。从他那里，杨坚得到了一份刘同勾结前两任随州刺史冒领抚恤金的名单。

两千多人的阵亡抚恤金被冒领。杨坚震怒了，他暂且忍耐并按照名单找到其家属，得到了进一步的佐证。

通过一番准备得到了确凿的证据后，他向刘同摊牌了。

谁知刘同并不狡辩，反而大方地承认了："不错，那些抚恤金是被我截留了。是我做的，我也知道你在暗中调查了好久。"

"你真是胆大妄为，居然敢截留朝廷的抚恤金！"杨坚怒道，"前方将士浴血奋战，而你却做出这等人神共愤的勾当！杀你十次也不解恨！"

"刺史大人何必如此生气？"刘同显得满不在乎，"这些贱民死了就死了，何必怜惜？再说这些抚恤金可不是我一个人所有啊，不但前两任随州刺史参与，随州上下的官员都有份儿。刺史大人，你何必较真？你要知道，你得罪的不是我刘同一个人，而是整个随州军政大员。"

"一个小小的司马如此狂妄，你挑战的不仅是我这个刺史，而是朝廷！朗朗乾坤，岂能容你颠倒黑白？"面对刘同的嚣张气焰，杨坚恼怒不已。

"刺史大人，有时候黑就是白，白就是黑，"刘同冷笑道，"你要真是黑白分明，那你就在随州混不下去了。"

"你在威胁我？"

"不敢，只是提醒一下刺史大人，你若不同流合污，必然会被淘汰！"

"我就是这个刺史不干了，也要将你送上断头台。"杨坚握紧了拳头。

"我和你打个赌，你即使不干了，我也会安然无恙。"

杨坚将实情奏述给宇文直，可是过了好几天居然没有任何回复。正当杨坚焦急万分的时候，庞晃来到了随州。几天来，庞晃视察军政，了解杨坚理政情况，甚至关心他的生活起居，却只字不提刘同之事，每每杨坚旁敲侧击，庞晃却顾左右而言他，不着边际。

眼看庞晃即将离开随州，杨坚深夜来到庞晃下榻之地，开门见山地问道："庞将军，随州司马刘同贪污抚恤金，罪大恶极，我已据实禀奏卫王，可是他却没有任何表态，不知道卫王打算如何处置？"

庞晃摇头道："杨将军，你能不能就当这件事没有发生？"

听到这句话杨坚猝不及防，脸色骤变："我担心的事情还是发生了，难道你们与刘同真的蛇鼠一窝，同流合污？"

庞晃脸色不悦："将军说这句话未免太重了。你久在朝廷，不知地方实情，刘家在随州乃豪门大族，轻易不要得罪。就像本朝立足关中，靠的是关陇的豪门贵族。同样在地方，我们还是要笼络当地豪族，维护在地方的统治。否则朝政政令根本无法执行。"

"笼络可以，但是绝不能纵容！像刘同这般罪恶滔天之人难道还要庇护吗？你我都是军人，他这般做是对军人尊严的践踏。这些英烈是死不瞑目的，长此以往，谁还会参军，谁还会奋勇杀敌？我不知道也就罢了，既然知道了，我就会让他付出代价，以告慰死去的英雄！如若不然，朝廷的威严何在，尊严何在？"

杨坚说得斩钉截铁，庞晃沉默了。

"本来卫王是让我来劝说你，这件事就当没有发生。真要拼个你死我活，将军恐怕难以在随州立足了。"

"我本来以为朝廷够险恶的了，想不到地方上也是如此藏污纳垢！"杨坚握紧拳头道，"别说难以在随州立足了，就是死我也要刘同陪葬！"

"为了一个刘同，将军这么做值得吗？"

"从小父亲就告诉我，马革裹尸是军人的最高荣誉，战死疆场为国效忠，虽死犹荣。将军也曾驰骋疆场，武川军人用生命来保卫家国，难道将军能容忍刘同这等败类吗？"

"将军好自为之吧。"庞晃撂下了这句话。

杨坚本欲铲除刘同这个祸害，但是看到宇文直和庞晃这般态度，此时倒不由得掂量一番。

卢贲也劝杨坚不要轻举妄动。

"以前我在长安，深知朝廷险恶，如今来到地方，才知道原来地方如此腐化，地方州郡就是这些土豪在做主，搞得朝廷政令不通，乌烟瘴气。长此以往，不但朝廷根基不稳，军心也必然涣散，谈何光复中原？"

"将军，刘家乃是随州豪门大族，在当地经营多年，势力非同一般。宇文大总管此次派庞将军而来就是想息事宁人。他一直对将军颇有成见，没有他的授意将军恐怕难以成事，若是贸然杀了刘同，必然会惹火烧身。"

自从上任以来，宇文直对他不理睬，若是得罪了宇文直，恐怕没有什么好果子吃。杨坚不得不考虑这一点。他一夜未眠。

而刘同却大摆筵席，不但如此，他还故意在州衙门口打鼓庆贺。

几天过去了，杨坚并没有行动，似乎放过了刘同。刘同也以为杨坚向他妥协了，可当他准备向杨坚重修于好的时候，杨坚却出其不意逮捕了刘同及其他为非作歹的恶霸。

这些人都是随州的豪门大族，杨坚这下子可捅了马蜂窝，随州那些豪门恨得咬牙切齿，扬言要让他付出代价，他们很快派人携重金前往襄州乃至长安说情。随州的百姓也都在关注杨坚如何收场。

可是这次并未如他们所愿，他们等来的却是诛杀刘同的圣旨！

原来，杨坚在那天夜里悄悄给宇文护写了一份奏疏，对刘同的恶劣行径做了详尽描述，言辞恳切地陈述了地方豪族对于朝廷潜在的危害。他不敢确定宇文护是否支持他，也给宇文邕呈递了一份。他想即使宇文护加以阻挠，宇文邕也一定会气恼不过，一个即使没有实权的皇帝，对付一个小小的随州司马也不在话下。

好在杨坚的担心是多余的，宇文护也大为震怒。虽然他不择手段地排斥异己，说到底还是为了宇文氏的天下。他禀明宇文邕后便下诏处死刘同，其他人等也受到了流放充军的刑罚，同时令各地严查冒领抚恤金之事。

杨坚知道这么做会得罪宇文直，权衡再三他还是选择了坚持。其实他的生死并不掌握在宇文直手里，顶多是让他更反感而已。况且他在随州了无牵挂，何不大闹一番，大不了打道回府。

刘同被诛，随州恶霸也都受到了严惩。随州的豪门贵族虽然恨得牙根痒痒，可看到杨坚居然有这么大的能耐，只能忍气吞声。

杨坚又责令这些豪门将巧取豪夺的土地归还百姓，他们也只能照办。

随州百姓沸腾了，他们奔走相告，来到州衙跪拜相泣，以此来感谢杨坚的恩德。

第一次，杨坚体会到了那种为民做主的畅快。由此，杨坚认为其实天下并不难治，可是他不明白如此简单的事情怎么让这么多的官吏投鼠忌器而不敢作为。看来还在于执政者的魄力和手段。

可是杨坚又感到怅然若失，他知道若想改变天下这等局势非他一方刺史所能为，除非执掌朝政大权，成为像宇文护那般的人物。

可是他还有这个机会吗？

经过诛杀刘同事件，庞晃对于杨坚的魄力和胆识大为钦佩，凭直觉他认为杨坚日后必然大有作为，不如现在与他交好。而杨坚在随州无亲无故，也需要庞晃这个后台。两人一拍即合，几番来往便成为知交。

不久，庞晃又来到了随州。他告诉杨坚，随州的地方大族不停地向宇文直举报他，但是杨坚不贪不腐，他们一时也苦于没有把柄。

"将军，宇文总管如何看待？"杨坚问道。

"宇文总管是不会轻易表态的，但是对将军也颇为厌恶。"庞晃直言相告。

杨坚清楚他越级上奏也让宇文直脸上无光，但宇文直混迹官场多年，自然不会为了一个刘同与他彻底闹翻，但他不会轻易放过杨坚。

"谢谢将军提醒，坚秉公为国，持政为民，只求问心无愧。"

"将军一腔热血值得钦佩，只怕过了两年就会心灰意冷，你现在是不同流也不合污，将来恐怕难以独善其身。"

"将军说的未免有些武断，在长安的八年，我没有随波逐流。'达则兼济天下，穷则独善其身'，这不是一句空话，而是要身体力行。"

"将军此番来，我还有事要问。"杨坚转移了话题，"一个小小的随州，却有九郡三十三县，每个郡也不过三五个县，官僚机构如此臃肿，并非朝廷之福。是否可以裁撤部分郡县，一来减少朝廷开支，二来可以减轻百姓负担？"

庞晃听着大惊失色，正色警告杨坚："将军千万不要轻举妄动，随州与关中不同，我们的统治还需要仰仗这些豪门大族，陈国对江北之地虎视眈眈，若是惹怒了他们，勾结陈国反叛，将军就陷入万劫不复之地了。这绝不是危言耸听，大周立国以来，这里发生的叛乱已经不是三五次了，还望将军三思而行。"

　　杨坚也深知这是个雷区，若是得不到朝廷的支持难以成事。

　　不久，高颎前往益州就职，特地绕道随州探望杨坚。他告诉杨坚，临行前他去杨府看望了伽罗，伽罗在长安一切都好，希望杨坚在随州不要挂念，心无旁骛地工作。

　　"将军难道在随州过得并不开心？"高颎看到杨坚紧锁眉头便问道。

　　杨坚随即把想裁撤郡县的想法告诉了高颎。高颎并没有如庞晃反应那般激烈。

　　"将军有此想法，可见并不甘于做一个平庸的刺史。但是此事不是将军一人所能够做成的。庞将军说得对，朝廷是依靠武川军士和关陇贵族才得以立足乃至崛起，同样大周州郡也是依靠地方豪族维系，一些郡县的设置其实就是为了笼络当地豪族。"

　　"难道朝廷就不知道这其中的利害关系？这些豪门贵族在地方一手遮天，为非作歹，巧取豪夺，将百姓逼上绝路，朝廷看似得到了暂时的平稳，可是百姓不安便根基不稳，长此以往，何谈长治久安？"

　　杨坚又道："以前我一直认为军人驰骋疆场，征伐天下就会国泰民安，想不到地方和中央一样，沉疴弊政，一时真的难以治理。只有天下一统了，朝廷才会有精力有决心来处理。否则治标不治本，难以实现天下太平。"

　　"将军说得不错，如今天下四国并列，谁都有可能成为被吞并的一个，也都有可能成就大一统。但是如果不理顺朝廷和地方的关系便会为叛乱埋下隐患。"

　　杨坚沉吟道："目前来看还是本朝最有希望，只要……"杨坚本想说宇文邕亲政的话，但似乎又觉得不该对高颎言及。他突然想到高颎前往益州，宇文宪就任益州总管，难道这是宇文护的安排？他一番询问得知是宇文邕向宇文护提出申请的，这是他当了这么多年皇帝第一次向宇文护提出要求。宇文护答应了，让齐王宇文宪任益州总管兼益、宁、巴、泸等二十四州诸军事。宇文宪乃是宇文邕的弟弟，杨坚猜测这可能是宇文邕的一次秘密部署。

　　送走了高颎，杨坚凭直觉感觉宇文邕此举非同寻常。他了解宇文邕，他是不甘心做一辈子傀儡的，如今隐忍了十年，也该到时候了。益州总领川蜀大地，易守难攻，这算不算万一失败后，宇文邕的一个退路？

　　若是宇文邕能够成功执掌朝政，那么他杨坚的机会就来了，现在就该有所行动。临走前，宇文邕就曾暗中让他调查长江的军事要隘，他只顾着施理州政，差点把这件事给忘了。

从此以后，杨坚似乎在随州消失了。而在长江边畔则经常出现一个人活动的身影。经过几个月的实地探访，又询问长江上的跑船渔夫，杨坚基本上摸清了长江中游地段的水文和军事要隘。

杨坚在随州继续推行轻徭薄赋的政策，可是经过一番调查，发现随州豪族经常将一些徭役和赋税转嫁到百姓身上，他决定再次严惩地方豪族，令他们缴纳更多的赋税。

随州的刘姓、张姓等地方大族闻知消息，大为惶恐，他们急忙派人携重金前往襄州请求宇文直将杨坚调离，宇文直这次满口答应了下来。

没过几天，杨坚收到了朝廷的诏令，他的随州刺史之职被罢免了，他被命令返回长安。随州的地方豪绅弹冠相庆，而百姓则是痛哭流涕，杨坚也是愤愤不平，可是却也无可奈何，他有种预感，他这一走，随州恐怕又要被这几家大族所操控。他真正体会到了所谓的人走茶凉、人亡政息的含义。

庞晃前来为杨坚送行。深夜，繁星点点，他和庞晃荡舟夜游长江。

"将军，你将我带到这江心之中，想必有话要说吧？"庞晃看到杨坚心事重重。

杨坚盯着庞晃，终于开口道："如今宇文护当政，滥杀功臣勋将，将士早已心寒，谁还会为他效死疆场？将军曾是宇文泰丞相的侍从，应该知道宇文丞相生前绝对不希望看到宇文护如此篡权乱政。"

庞晃大惊失色，道："杨将军，如此大逆不道的话，以后可要少说，当心祸从口出。"

经过一年多的相处，杨坚感觉庞晃这人对他并无恶意，相反在暗中帮助他很多。经此一别，恐怕再难以相见，那么应该把他争取过来，或许日后宇文邕在与宇文护的较量中也可多一分砝码。可是庞晃跟随宇文直多年，若是他向宇文直告密，那么他杨坚便死无葬身之地了。一番权衡之下，杨坚还是决定点破这层窗户纸。在生死抉择面前，他选择相信自己的直觉。

杨坚看到庞晃并未动怒，道："庞将军，宇文护诛杀了三位帝王，又诛杀了那么多功勋之臣，早已不得人心，还望将军早做准备。"

庞晃沉默了，伴着夜色，气氛阴冷得让人窒息。谁知庞晃却突然笑了起来："我真佩服杨将军的胆略，卫王多次奏疏，要灭了你们杨家，想不到你还敢说出这等话。实不相瞒，卫王派我到随州就是要寻找你的一些罪证，若是被卫王抓住了把柄，你就死无葬身之地了。"

杨坚听到这句话，放下心来，道："卫王可能有些糊涂，但是庞将军您可要劝说卫王，莫要执迷不悟。因为当今皇上早晚会亲政，若是一直追随宇文护，恐怕难以保全。庞将军，人无远虑，必有近忧。宇文护倒行逆施已不得人心。虽说卫王宇文直是宇文护的大红人，将军也该早做打算。"

庞晃盯着杨坚沉默不语。

"其实，当今圣上能在宇文护的监视下忍辱负重，难道你以为他是懦弱之人吗？我来随州之前，宇文护劝我一句话，那就是识时务者为俊杰，这句话同样可以劝说将军。"

不知道过了多久，杨坚才听到庞晃说道："如今宇文护权势熏天，而卫王可是丞相的红人，我只能等待时机，循序劝之，将军也莫要着急，为自身安全计，不要鲁莽行事。既然陛下和你都等待了十年，又何必在乎这一时？将军，知道我为什么会帮你吗？凭我的判断，你才是未来天下的主人！"

这下该轮到杨坚惊骇不已了。

其实庞晃也准备在杨坚离开之际向其表明忠心。"将军既然都说出了大逆不道的话来，想必这句话也不会让你如此胆战心惊吧？"庞晃仍旧谈笑风生。

"将军何出此言啊？"杨坚故作镇定地问道。

"直觉。"

"直觉？"杨坚摇头笑道，"将军的直觉害死人啊！若是让宇文护知晓，我就必死无疑了。"

"你向我坦诚相告难道不是凭直觉吗？我要想害将军，恐怕将军早就遭遇不测了。"庞晃道，"我对将军既钦佩又心怀敬畏，这种感觉自从宇文大冢宰病逝后，便已经消失了。可是遇见了将军，就油然而生。假以时日，将军一定会成就大业的。"

"如今天下传承已定，再说我现在只是一个区区的刺史，要想成为这天下的主人，何其难也。"

"大周朝廷宇文护乱政，恐非王朝久安之兆，而将军却沉着果敢，敢于对权贵开战，对于沉疴弊政也敢于改革，而不是因循守旧。魄力正是这个时代所需要的。"

杨坚听后长叹一口气，道："将军久在外藩，不知朝廷局势。宇文护几次要置我于死地，自从父亲死后，他才放松了对我的警惕和监视。"

"将军现在不是安然无恙吗？要相信天命所归，所有的磨难和坎坷都是为了让你走得更远。"

也罢，且不管他胡言乱语，回到京师可以提示陛下，说不定能够为其所用。至少在离开随州前，在宇文护集团内部撕开了一个口子。杨坚暗自思量。

两人在晨光熹微的时候登陆上岸，恰巧有雄雉引颈破晓。

"将军，你不妨射雉为验吧。若是射中了，富贵之日，以此为证，决不食言。"杨坚道。

庞晃弯弓持满，一箭射个正中，雄雉应声而落。

杨坚开心大笑，所有的烦恼随之消失。

但很快他又愤怒了，原来他离开随州的当天，随州锣鼓喧天，几家地方豪族大摆筵席大肆庆贺，而百姓却充满了绝望。杨坚很生气，却又无可奈何，只得踏上回长安的行程。

韬光养晦

杨坚回到长安就嗅到了不寻常的举动。各地军队都陆续抵达长安，短短几个月京师集结了二十万大军。

原来是宇文护出兵讨伐齐国。

后来杨坚从郑译口中得知，宇文护开始本来没有在意杨坚。可是宇文直在奏疏中告诉宇文护，杨坚日夜监测长江的水文地形，绘制长江地图。其实杨坚做这件事已经很谨慎了，但毕竟在宇文直的地盘上，所以没有不透风的墙。他的这个举动也引起了宇文护的警惕，为了防止杨坚图谋不轨，他将杨坚调离随州，置于京师便于监控。

"原来是这么一回事儿。可惜我在随州大展宏图的时候，却被调离了。郑兄你是不知道地方政治是多么复杂。"杨坚接着将在随州的遭遇向郑译说了一遍。郑译似乎不感兴趣，但仍旧耐心地听完了。

"杨兄今后打算怎么办啊？"郑译询问道。

"大冢宰不是要讨伐齐国吗？我正好请缨随军征战。"

郑译轻轻一笑，道："杨兄这么有把握吗？大冢宰会让你驰骋疆场？"

"他能够放我外任，自然也能让我踏上疆场吧。再说你们都建功立业了，他应该会给我一次机会吧。"

"可不要抱太大的希望哦！"郑译仍旧似笑非笑。

但是杨坚仍旧前往宇文护处请缨出征，对他来说这也是建功立业的机会。

"杨坚愿意随军出征，为国效力，还望大冢宰成全。"

宇文护冷冷笑道："杨坚你果然非池中之物啊，在随州搞得那些豪门大族都跑到我这告状了，若是让你再待下去，随州恐怕要沸反盈天了。"

杨坚听出了宇文护的话外之音，应道："大冢宰，我这是为军除害，前方将士浴血奋战，为国效忠而死，刘同这等蛀虫居然贪污抚恤金，如此下去，谁还会为大周效力？"

"你是出名了，随州百姓对你感恩戴德，可是我还得替你灭火！"

"大冢宰的意思是？"杨坚不明所以。

"这种事情曝光出来必须严惩，可是却不能让它扩散，否则必然会军心涣散！另外地方豪族是你轻易得罪的吗？要是你那种搞法，大周早就乱了。我虽然杀了刘同，但是却提拔了刘家的次子，并且给予了刘家丰厚的抚恤。这就是我在后方为你做的事擦屁股。"

"大冢宰……"杨坚刚欲辩解，宇文护却直接打断道："好好回去反思吧！至于你说的随军出征，现在还用不着你！"说完宇文护拂袖而去，只留下了惊愕无语的杨坚。

杨坚满腹委屈地回到了府邸，他终于体会到了父亲在世时所受的憋屈和羞辱。

伽罗似乎已经猜测出来了，她早早地安顿了儿女，生怕打扰杨坚。

"昏庸的朝廷，无道的当权者！宇文护真真欺人太甚！"杨坚猛喝一口茶后将茶杯重重地摔碎在地。

"夫君，既然昏庸无道，你何必如此大动肝火。为这样的朝廷效忠值得吗？我看宇文护不让你上战场倒清净了，不妨在家待着，多自在轻松。"

杨坚望着伽罗赌气道："我不是为朝廷，而是为自己争口气！父亲临终前，我答应他一定会光耀门楣，可是如今却无尺寸之功！本来以为宇文护会重用我，想不到还是压制。看来我这辈子是没有希望了！"

"夫君何必说气话。你就是一条龙，早晚是要腾飞的。"伽罗正色说道，"几年前不是有个赵昭给你看过相吗，说你有帝王之命。"

"我现在越来越不相信他们那些鬼话了。宇文护就是不在了，还有当今陛下，陛下年富力强，和我年纪相当，若是陛下掌权，我根本没有机会。他们也就是这么一说，若真能成事儿，那不是天命，是荒谬！"

"我多么想驰骋疆场，像我父亲那般英武，父亲在我这般年龄早已立下赫赫战功，身为他的儿子，却连疆场都未曾踏过。真是惭愧！"杨坚想起无法随军出征，不免惆怅不已。

宇文护率军出潼关攻洛阳。齐国皇帝高湛闻讯急忙调兵遣将驰援。

就在齐国调遣兵力支援洛阳的时候，南方的陈国则趁齐国兵力空虚挥师北上，尽收淮南之地，攻克了南兖州。高湛十分惊恐，继而齐国境内有流星陨落，他感觉大祸临头，以"天文有变，其占当易其主"为由，将皇位禅让给年仅九岁的儿子高纬，当起了太上皇，不问政事，一时间朝野惶惶。

宇文护想趁机攻灭齐国，但他并没有取得预想的胜利，洛阳的任城王高湝听从幕僚李德林的建议，坚壁清野，逐步反击，洛阳守军信心大增，而周军由于久攻不下，士气低落。

随着齐国援军抵达洛阳，周军有被围歼的可能，宇文护也感到事态严重，但是他迟迟不下令撤军，他将最后的希望寄托在宇文直的身上。宇文护在出兵之前命令宇文直做好从东面征讨齐国的准备，趁机拿下徐州和兖州，然后挥师西进，对洛阳形成反围剿，只是想不到让陈国占得了先机。

宇文护得知宇文直进攻受阻后，万不得已才下令撤军。

杨坚待在长安，趁宇文护征伐期间，前去拜谒宇文邕。因为宇文邕曾经交代过让他侦查长江要隘，但见面后宇文邕却侃天说地，既不问杨坚在随州的施政情况，也不问杨坚的近况。杨坚觉得宇文邕让人难以捉摸，他的真实想法从未向杨坚吐露过丝毫。

杨坚决定试探一下宇文邕："臣在随州时，实际勘测出长江中下游的水文、地势，并绘制成地图，大周攻克中原后必然会挥师南下，还望陛下有备无患。"杨坚说着边用双手摊开地图，观察宇文邕的表情。

"爱卿用心良苦，然而对朕来说并没有什么用。"宇文邕面无表情地挥挥手，"来人啊，将这东西送到御膳房烧了吧。"

"陛下，这是臣历尽千辛万苦才绘制而成，怎么能毁于一炬？"杨坚显得很着急。

"留之无益，何不烧了它！"

临走前，宇文邕告诉杨坚明天请他来聆听《孝经》。杨坚走出皇宫，望着灰蒙蒙的天空，感觉一片黯淡。他举目遥望，突然想起十年前，他迎接宇文邕来到长安城的时候，两人望着这座巍峨的长安城，说了句从此形同陌路，成为陌生人。如今他做到了，可是隐忍了十年，他是否已经选择了放弃，或者等到宇文护老死再图打算。

由于探知不到宇文邕的真实想法，杨坚也不想在皇宫做一个无实权的侍卫了，他向宇文邕辞官，宇文邕居然答应了。杨坚就索性闭门在家，好在伽罗给他生了杨勇和杨广两个儿子，他在家里赡养母亲，教习两个儿子读书识字。

不久，宇文护惨败而归，他回到长安的第一件事便是罢免宇文直的一切官职，要不是众人劝说，他真想杀了宇文直。

杨坚知道此事后隐约感觉宇文护集团内部开始出现分裂了。看来庞晃这人还真有先见之明。

宇文护上表承担讨伐齐国失利的责任，并请求罢免大冢宰职务，宇文邕知道这是宇文护在做表面文章，好生安慰一番便不再提。

正当杨坚以为京师会有短暂的平静之时，宇文护又进行了一次屠杀。

一天深夜，流星陨落，众人询问是何征兆。梁国公侯莫陈崇却道："今年年初我曾让人占卜，他曾断言晋国公今年流年不利，估计离死亡也不远啦。"

众人听后全都大惊失色，侯莫陈崇却了无惧色，继续谈笑风生。当晚，宇文护派兵包围了侯莫陈崇府第。宇文邕当即也召集公卿，当众责问侯莫陈崇为何诅咒大冢宰。侯莫陈崇只说是酒后失言。宇文护怎能饶恕他，逼其自杀。好在众人相劝，并没有累及家人。

但是杨坚却感觉此事蹊跷，侯莫陈崇早已卸去兵权，赋闲在家，基本上不问政事。当年宇文泰病逝，他可是极力拥护宇文护掌权。宇文护对他倒也优待。如今却在垂暮之年突然向宇文护发难，落得身首异处。究竟他为什么这般做？杨坚暗中多方打听，了解到侯莫陈崇死前曾跟随宇文邕出巡原州。

难道和宇文邕有干系？杨坚似乎猜测到了一些端倪。看来京师依旧是暗流涌动，他本想再次提出外任，但是宇文护正在气头上，断不会答应他。杨坚似乎也明白了，宇文护就是要在他看到希望时再次打压他，让他绝望，直到彻底臣服他。与其这般杨坚就待在府邸，闭门不出。

转眼间过了一年，待在府邸的杨坚可谓无事一身轻，期间他研读了《孙子兵法》《六韬三略》《忍经》等书籍。

> 文王问太公曰："何如而可为天下？"
>
> 太公曰："大盖天下，然后能容天下；信盖天下，然后能约天下；仁盖天下，然后能怀天下；恩盖天下，然后能保天下；权盖天下，然后能不失天下；事而不疑，则天运不能移，时变不能迁，此六者备，然后可以为天下政。"（《六韬·武韬》）

杨坚读到这里，赞叹不已，恰巧伽罗走过来询问缘由。

杨坚道："古人的智慧真是了得，短短几句话说出了治国的真谛，如何能治理好天下？太公的回答是气量盖过天下，然后才能包容天下；诚信盖过天下，然后才能约束天下；仁爱盖过天下，然后才能怀柔天下；恩惠盖过天下，然后才能保有天下；权势盖过天下，然后才能不失天下；遇事果断毫不犹豫；这六个条件都具备了，然后就可以治理天下。"

"其实就是仁义礼智信，你怎么对待百姓，百姓就会怎么待你。为百姓谋取利益，百姓自然欢迎；不能让百姓生存的，百姓也会憎恨他，天下也不会长久。"伽罗道。

"去了趟随州，我才知道百姓何等艰苦，贪官污吏何等嚣张，实现天下大治何其难也。"杨坚说着黯然神伤，"如今我又碌碌无为了一年多，别说主政了，就是驰骋疆场也是遥遥无期。"

"夫君就暂时修身养性吧，世道会变的。"伽罗安慰杨坚，拿起书道，"太史公不是也说了吗，天下者非一人之天下，唯有道者处之。"

不多久，外面传来一阵嘈杂声，一番询问才知道，原来是宇文邕要亲自前往长安正门明德门迎接从同州归来的宇文护。侍卫们正在清街并逐一排查隐患。

"夫君，当今陛下他当了十二年的皇帝，就甘心任人摆布，做一傀儡，直到宇文护病死？"

杨坚没有说话，他暗自忖度："装聋作哑十二年，要不就是真傻瓜，要么就是真英雄，大智如愚。我相信他是后者。"

"陛下是行韬光养晦之计，他一直在等待机会，可是这个机会还会等多久？也许还要三五年，也许是明年，或许就是明天。"但是他却帮不了宇文邕任何一点忙，杨坚想到这里，摇头长叹一声。

第四章

复兴伯业

乾德六年（577 年），宇文邕率军收复齐国境内五十州和一百六十二个郡。宇文邕光复中原，恢复了魏朝疆域。

普天同庆，万民欢呼。

"父亲，中原光复了！你可以安息了。武川后人的脚步不会停止，我们会一统天下。"杨坚在杨忠的陵墓前焚香祈祷。

等待这天

没过几天，杨坚听到了一个让他目瞪口呆的消息：宇文护死了！消息来得太突然，他有些难以置信。

原来宇文邕迎接宇文护的时候，早已做好了诛杀他的准备。促使他做出这个决定的是宇文直的反水。宇文直自从伐齐失利被宇文护罢黜职务后被彻底遗弃。无论宇文直如何哀求，宇文护都不予理睬。宇文直渐渐地对宇文护充满了怨恨，转而投向宇文邕，况且他与宇文邕本来就是同母兄弟。他密奏宇文邕愿意协助他诛杀宇文护，助他亲政。宇文邕陷入了沉思之中，隐忍了十数年，任凭宇文护飞扬跋扈，不就是为了等待这一天吗？天赐良机，岂能错过。但在他当傀儡皇帝的时候，宇文直可是宇文护的亲信。这次是宇文护的试探还是宇文直真心投诚，他有些把握不准。直到庞晃前来拜见宇文邕，才让宇文邕下定决心与宇文直合作。庞晃过去毕竟是宇文泰的侍卫，值得信任。

恰巧突厥犯边，宇文护前往同州督战。这对宇文邕来说是个机会，他冥思苦想，终于想出了一着险棋。

北方战事很快平息，宇文护准备从同州大本营返回京师。

深夜，万籁俱寂，夜黑风高，天空中的繁星都隐匿起来了，大地一片黢黑，只有半轮弯弯的月亮投射着微弱的光芒。

太庙内灯火通明，烟雾袅绕。宇文邕将心腹右宫伯宇文神举、内史下大夫王轨、右侍上大夫宇文孝伯召集过来，把计划详细地告诉了三人，并且做了细致的部署。同时宇文邕也令宇文宪悄悄出兵汉中，万一失败宇文邕则出逃至川蜀。

宇文护的仪仗队出现在了宇文邕的视线内。

宇文邕平复心绪，笑脸迎了上去，一番寒暄后，他告诉宇文护，太后年事已高，却颇好饮酒，屡次劝谏，太后均不采纳，希望宇文护能够劝说一番，并将谏文《酒诰》交给宇文护，希望以此谏太后。宇文护接过谏文不假思索点头应允。

两人很快来到了含仁殿，宇文护抬头环顾了一下四周走了进去，但就是这一动作让宇文邕的心情猛然紧张，额头和手心都沁出了层层汗珠。好在宇文护并没有在意。

宇文护隔着帐幔向太后行过礼后，奏道："臣听说太后颇好饮酒，太后年事已高，饮酒伤身，太后安康则是大周之幸，苍天之福。"宇文护说着从衣袖中掏出了谏文，缓缓地读了起来："明大命于妹邦。乃穆考文王，肇国在西土。厥诰毖庶邦、庶士越少正御事朝夕曰：'祀兹酒。'惟天降命，肇我民，惟元祀。天降威，我民用大乱丧德，亦罔非酒惟行；越小大邦用丧，亦罔非酒惟辜。"

宇文邕悄悄地绕到了宇文护的身后，迅速用手中的玉珽狠狠地向宇文护的后脑猛击了过去。宇文护猝不及防，一个趔趄倒在了地上。宇文护只感觉阵阵头晕目眩，忍着疼痛怒视着宇文邕。

宇文邕的目光里同样也充满了愤怒和仇恨。

两人都不说话冷冷地笑着。

"你终于还是动手了！"

"大周不能毁在你的手里！"

两人四目相对，充满愤怒却显得很平静。

宇文邕的心腹太监何泉从帐幔中出来，望着宇文护，手中的匕首竟然因为紧张落在了地上。

好在宇文直及时赶到，刀起，头落。

天和七年（572年）三月十八日，一代权臣宇文护就这样结束了性命。

结束了宇文护的专权，宇文邕亲掌朝纲，实现了朝政的统一。为了庆祝胜利，宇文邕下诏改元建德，表示要推行德政、建功立业。他杀了宇文护的帮凶，但并没有株连甚广，只是诛除首恶。他要做的是励精图治，共图王霸之业。为了安抚宇文护诸臣，召宇文护亲信宇文述任左宫伯，担任他的宿卫将领。

同时他向诸臣言明：朕即帝位以来，已经有十二年了。这十二年以来宇文护辅政，肆意诛杀，作威作福。虽然他目无君主，行违臣节，但终究没有篡权称帝，如今被诛，此事到此结束。如今天下尚未一统，东有高齐，南有陈国，正需要我们加强武备，纵横疆场，而不是继续内耗。

宇文护死了，杨坚也长长地舒了一口气。听到宇文邕的这番话，他知道离披上战袍、走上战场的日子也不远了。

难舍难分

相比长孙晟和贺若弼，杨坚还算是幸运的。父亲贺若敦因为不满宇文护专权被杀，贺若弼竟被充军，至今仍是一个兵卒。长孙晟也因家族未依附宇文护而未被重用，一直待在华州，在军营中做一些杂活。他本以为宇文邕当了皇帝能够重用他，可是一直等了十二年还杳无音信。虽然还是要遥遥无期地等待，但是长孙晟并没有自暴自弃。他一边研习《尚书》《战国策》《吕氏春秋》《百战奇略》等书籍，从中汲取权谋智慧；一边习武练剑，强身壮体，期待有朝一日能够驰骋疆场。就在他心灰意冷的时候，一个人的到来让他重新燃起了希望。

一天，长孙晟来到林间一块开阔的平地，舒活筋骨，开始练起武功。他一招一式由快而慢，凌空展翅，剑锋所抵之处只有树叶索索作响。

"好！好！太棒了！"身后传来了一阵清脆悦耳的赞许声。

长孙晟转过身去看到一位少女激动地呼叫着。清秀的脸庞，苗条的身材，在晨光的映照下更显楚楚动人，一头乌黑的头发披散开来，随风飘散。

那女子看着长孙晟痴痴地望着她，故意嗔怪起来。

"末将刚才失态，还望见谅。"长孙晟急忙拱手行礼。

"武功那么高强，你是哪个大将军啊？"那女子问道。

长孙晟一脸窘迫，道："卑职乃是华州军营的一名伙夫。"

"怎么可能？你的武艺那么高超，怎么会甘心当一名伙夫了，如今天下未平，正是用武之地，将军应该驰骋疆场，为国效力。"

"为国效力？那也得给我这个机会啊。"长孙晟苦笑着摇摇头。

"那你应该毛遂自荐，而不应该埋没掉啊。"

"天下虽大，可无我报效之地，如今朝纲不举，谈何自荐？"

"那我让父王去举荐你，这样你也不愁无用武之地了。"

"你父王？"

"就是赵王。我就是他的女儿千金公主，我皇叔就是当今皇上。"

长孙晟大吃一惊急忙拱手作揖："末将多有冒犯，请公主原谅！"

"不要那么拘谨，告诉我你是谁？"

"在下乃长孙晟。"

"长孙晟？哦，我想起来了，我父王曾经提起过你，是因为你们长孙家族不肯依附宇文护，所以你才不被重用。哪天去长安，我去找大冢宰，让他重用你。"

"公主，你太天真了。有些事情是无法成全的。"长孙晟道。

"其实你也不要绝望，这天下怎么说都是我们宇文皇室的。父王说，宇文护有些地方做得不对，但也是为了维护大周政权。再说忍辱负重、持之以恒者方能成大事，是金子总会发光的，是英雄总会建功立业。"

长孙晟想不到千金公主小小年纪居然如此深明大义，他叹气道："公主正值豆蔻年华，但愿不要被险恶的世道所羁绊。"

"你莫要悲观失望，我能遇到你也算有缘。"千金公主道，"我给你奏一首曲子听吧。"

千金公主坐下来，轻轻拨弄着琴弦，舒缓的曲子缓缓地传进了长孙晟的耳朵里。长孙晟听出来了，那是《高山流水》。长孙晟默默地听着，心绪渐渐平稳了下来，在这里他似乎找到了知音。

从此，千金公主经常来陪伴长孙晟。她似乎对兵战之事很感兴趣，长孙晟则结合过去的实战向她讲述战争的云诡波谲和权谋的阴险狡诈，千金公主则听得津津有味。

当长孙晟听到宇文邕诛杀宇文护的消息后，他既兴奋而又有些落寞。他知道他很可能要离开华州，果然不久，他接到了前往长安的诏书。若是没有遇到千金公主，他会毫不犹豫地离开这里，可是现在他竟然有些恋恋不舍了。想起她那水灵灵的大眼睛，嫣然的笑容，长孙晟一阵心动。

千金公主也知道长孙晟要离开了，急匆匆地找到了他。千金公主的秀发和衣裙随风舞动，如风中的蝴蝶一般轻盈飘逸。长孙晟发现阳光下的她那泉水般的眼睛里有晶莹的泪光在闪动，心也猛然颤抖起来。

"你真的要离开了吗？"千金公主轻声问道。

长孙晟点点头道："陛下刚刚亲政，任我为西北特巡使，让我即刻前往西北六州巡查，不必去长安朝见他。"

"不能不去吗？"她的眼眸满是失望。

"我已经在华州军营里待了二十多年，幸得皇上垂顾，终有机会为国效力，焉有不去之理？公主不是也说过好男儿当志在四方、胸怀天下？我等了这么多年，就是为了今天。"

"我应该为将军感到高兴，终于可以施展才智和抱负了。"千金公主破涕为笑，"终于能够建功立业了。"

长孙晟望着千金公主欲言又止。

"你还会回华州吗？还会回来看我吗？"千金公主开口道。

"窈窕淑女，君子好逑。"长孙晟说着脸红了起来，"公主，待我功成名就之时一定还会来华州看你！"

"仅仅是看我吗？"

长孙晟低下头不说话。

"好吧！你要信守诺言，我会在这里等你！"

千金公主嫣然一笑，长孙晟望着公主的盈盈笑意，也释怀地笑了起来。

"将军，就让我为您再弹奏一曲《明君曲》吧，算是为将军送行。"

千金公主挥动着纤指缓缓地拨动着琴弦，轻舒曼妙的乐声缓缓地响起。长孙晟望着千金公主，弯弯而细小的眉微皱，眼睛里似乎抹着一股难以言喻的忧伤。长孙晟缓缓地倒退着，默默地注视着千金公主，转过身来，随即泪水也无声地流淌了下来。他加快了脚步消失在丛林之中。

联姻皇室

杨坚预料得不错，他的命运真的否极泰来。不久，宇文邕下诏太子宇文赟迎娶杨坚的女儿杨丽华为太子妃。杨坚一夜之间成为皇亲国戚，轰动了整个长安城。长安的豪门贵族络绎不绝地前来府邸庆贺。杨坚第一次感到了极大的满足感，原来被人追捧也是一种享受。但多年残酷的政治生涯让他养成了谨小慎微的性格，他并没有得意忘形，面对如潮的达官贵人，他谦虚礼让，对于收到的厚礼他也都一一写信禀明宇文邕。

迎娶之日，杨府张灯结彩，高朋满座。

"杨兄啊，恭喜恭喜啊！"王谊笑盈盈地迎上去，"如今你成了太子的岳丈，前程锦绣，还望以后多多提携啊！"

"王兄乃关陇大族人家，将来有缘的话，一定会把女儿嫁给王兄之子。"

"那我们就一言为定！"王谊兴高采烈。

因为是迎娶太子妃，皇宫内也是喜气洋洋。待盛宴过后，杨坚前往皇宫向宇文邕谢恩。

"那罗延，以后我们就是亲家了，不必如此拘礼。怎么样，今天高兴吧？"宇文邕也喝了不少酒，显得很高兴。

"谢皇上隆恩，臣一定会为陛下鞠躬尽瘁，为大周贡献毕生余力。"杨坚道。

"好啦，大喜的日子就该欢庆，该放松，这些决心等着以后再给朕表决吧。对了，你知道朕为什么要迎娶你家女儿为太子妃吗？这是朕对你的重谢！没有你就没有朕的今天。"

"陛下，臣罪过，在陛下最困难的时候袖手旁观，为了活命离开京师外任，陛下诛灭奸臣，臣却不能帮助陛下。"

"你不这么做还能怎么样啊？出手相救无异于飞蛾扑火。好在你没有成为宇文护的爪牙，说明你经得住诱惑。知道朕为什么能如此果断处决宇文护吗？是因为庞晃，他告诉朕，你曾秘密劝他回心转意。宇文直向朕暗示投诚的时候，朕曾犹豫过，但是庞晃的出现，让朕下定了决心，因为他毕竟曾是先皇的侍卫，再加上你的劝说，所以朕才会与宇文直合作。"

杨坚这才恍然大悟，看来庞晃还真是他的贵人。

"朕之所以没有让你参与就是怕泄露机密，因为京师到处都是宇文护的密探，而他并没有放弃对你的监视。"

"陛下，这十二年来，你不但骗过了宇文护，就连臣有时候也觉得陛下已经放弃了。因为臣几次试探，陛下都无动于衷。"

"一着不慎全盘皆输，宇文护是何等狡诈之人，朕要是露出一丝马脚和破绽，那就重演两个哥哥的悲剧了。越是亲近之人，越是当成陌生人。"

"陛下英明，臣相信大周在陛下的引领下一定会所向披靡！"

宇文邕缓缓地走进内殿，掀开帷幕，杨坚看到了他绘制的长江地域图。

"那次你给朕送来这张长江水域图，朕很感动，也知道你想试探一下朕。可是皇宫到处都是宇文护的爪牙，只能欺骗你说拿出去烧了。"

"臣操之过急，差点坏了陛下的大计。"

"朕在这十二年中学会了隐忍。做任何事情都要充分准备。讨伐江南之前首先要收复中原。由于多年内斗，大周的兵力和财力都亟须恢复，待补充兵源和粮草后就对齐国动手。"

"恐怕我们还需几年来休养生息。"

"不会。有个地方有充足的兵源和钱财，得到它，朕很快就会得到巨大的财产和百万雄兵。"

"居然还有这种地方？"杨坚暗自思忖，显得有些疑惑。

"你很快就会知道的。"宇文邕意味深长地望着夜空。

杨坚回到府邸后，一切都恢复了平静。

"夫君，想不到我们一夜之间荣华加身，我父亲也平反了，兄弟姐妹也都回家了。真是一场梦。"伽罗不由得感慨。

"但是岳父和父亲还是离开了我们，我们饱受了多少磨难，我宁愿一家人平平安安，希望我们的子孙不再重演这种悲剧。"

"好在噩梦已经过去。我们终于不再那么压抑地生活了。"

"皇宫深似海，我们与皇家的距离更近了，福祸难测。"八年的侍卫生涯让杨坚铭心刻骨，他提醒伽罗，"千万不要得意忘形，以后的路或许并不平坦。"

"明天我去法门寺还愿，希望佛祖能够继续佑护我们杨家。"

杨坚听到这句话，突然想起智仙师父，自从到了长安，再未谋面，他心里突生一种内疚感，他嫁女儿这么重大的事儿都没有通报老人家，不禁感到懊悔。他准备忙过了这一阵子前往般若寺探望她。

取兵求财

正当杨坚期盼神佛能给他带来好运的时候，却得到了一个晴天霹雳般的消息，那就是宇文邕下诏毁灭佛教，要在大周境内展开轰轰烈烈的灭佛运动。

杨坚这才明白宇文邕所说的财富和兵源原来是要从寺庙中索取。他想到佛教即将遭遇灭顶之灾，急忙入宫劝谏宇文邕，希望宇文邕能够收回成命。

宇文邕大发雷霆："你以为朕灭佛是一时之气吗？在宇文护当政的十几年，朕做了一件事，就是派人查访佛教寺庙，得到的结果让朕大吃一惊，大周境内居然有寺庙四万多，僧尼三百多万，比大周的军队还多，更可恶的是他们占有大量的土地，不事生产，饱食终日。"

"灭佛兹事体大，关乎大周国运延绵，陛下不能为了一时之利而做出这等决定啊！"

"这些寺庙侵占大周的土地，隐匿人口，许多人游手好闲，易服以逃租赋。财者，国之基也；兵者，国之脉也，如今朕是无财可用，无兵可招，只能从寺庙中取财和扩充兵源。"

"神佛佑护着我们走到今天，我们当知恩图报，陛下万不可倒行逆施。"

"大周走到今天，全赖祖宗护佑，与佛教无半点关系。朕就要烧毁所有的经书，砸烂所有的佛像，令所有的僧尼还俗，从事生产。为了一统天下，朕就是要求兵于僧众之间，取地于塔庙之下。"宇文邕坚决地说道。

杨坚知道宇文邕决心已定，内心痛苦却也无能为力。

轰轰烈烈的灭佛运动在大周境内展开，宇文邕下诏：断佛、道二教，经像悉毁，罢沙门、道士，令体弱者还民，从事生产，年壮者参军。

看着一座座佛庙顷刻间被摧毁，杨坚和伽罗这对虔诚的佛教徒，内心也在滴血。杨坚更担心的是他的师父智仙。几天前他派人前往般若寺，智仙早已不知踪影，只剩下残败不堪的寺庙。这让他更加不安，他不停地派人在众僧尼中寻找师父，可是还是一无所获。

正当他心生绝望的时候，智仙却带着一个小尼姑衣衫褴褛地在一个深夜来到了杨坚的府邸。

"师父，徒儿不孝。十几年来未曾探望您，如今您遭此祸害，我却无能为力。"望着智仙失魂落魄的模样，杨坚悲痛不已。

"师父知道这些年你是怎么度过的。如今是皇帝亲自下令灭佛，岂是你一人所能阻止的？只是在我有生之年看到佛教被毁灭，真是痛心疾首。陛下下诏说天下大乱，佛乃是罪魁祸首。我不知道这是什么逻辑，生灵涂炭难道是佛的罪过？灭了佛难道就能让天下太平？"

"师父，徒儿也曾力劝陛下，可是无济于事。佛教的劫难在所难免。"

智仙道："这般对待佛教未免太过粗鲁，朝廷不加甄别，要为师还俗，老尼自幼遁入佛门，虔诚信奉佛祖，如今怎么能愧对佛祖？"

"既然如此，那师父不如就待在徒儿的府邸，让徒儿好生伺候，您也在这里安享晚年吧。"

智仙并没有应答，只是告诉杨坚："我知道圣意难违，但是那罗延，记住小时候师父教导你的话，你是金刚大力神，你一定要复兴佛教。"智仙紧紧地握住杨坚的手，直到杨坚点头应允，她才露出了几丝笑容。

杨坚向智仙倾诉了好几个时辰，直到夜半时分才离开。

"徒儿，以后的路你要自己把握住。要记住师父对你的嘱托，神佛会佑护你的。"智仙最后说道。

"师父，你早点歇息吧。明天徒儿再来看你。"杨坚离开后回头看到智仙眼含泪水，正依依不舍地目送他。

第二天当杨坚醒来的时候，智仙留下了一封信不辞而别。信中告诉杨坚，她要前往陈国传道讲佛。原来智仙师父早已决定离开大周了。她历尽千辛万苦来到长安就是为了见他一面。可惜杨坚并没有察觉，他以为从此可以照顾师父，让她安享晚年。可是他错了，想不到昨天的见面竟然成了告别。杨坚突然间明白了师父用意，这是在用实际行动告诉他，哪怕在绝望和黑暗的时候也要坚持信念不动摇。

杨坚想起了宇文邕，本来对他充满敬意，毕竟是他让杨家翻了身。可是面对佛教被毁，他又对宇文邕充满了恨意。"毁佛灭道，大逆不道，会遭上天的惩罚的。"杨坚想起了"天谴"二字，他不知道这个报应是否会在宇文邕身上应验。但他希望上天能给宇文邕一些惩罚，让他有所悔悟。

看到佛像被毁，佛经被烧，杨坚根本无法阻止灭佛的步伐，他明白只有掌握了最高的权力才能重新恢复佛教。此时他的欲望和野心也被这熊熊烈火燃烧了。但他同时很清楚宇文邕在与宇文护较量的十二年间，已经成长为一个明察善断、临危不乱而又坚忍不拔的优秀帝王。在宇文邕面前，他根本没有机会。杨坚想到这里，内心怅然若失。

中原光复

经过一年的整顿，大周境内寺、观已被铲除殆尽。灭佛运动，使得民役稍稀，租调年增，大周兵师日盛，国力渐强。宇文邕终于决定对齐国用兵了。

杨坚则向宇文邕奏议联合陈国灭齐，但宇文邕似乎对此并不感兴趣。

且说这陈顼和大周也颇有渊源，西魏恭帝初年，杨忠率军攻陷江陵，陈顼被迁居到潼关一带，保定二年（562 年），为了改善与陈国的关系，宇文护将陈顼遣送回国。六年后，陈顼发动政变，自立为帝。在宇文护当政期间，陈国皇帝陈顼屡屡联合齐国攻打大周，企图光复江陵之地。所以宇文邕对此也一直耿耿于怀。但杨坚对陈国、齐国和突厥的利害冲突了如指掌。

"陛下，陈顼曾被我们俘获，屡屡攻打我们，想一雪前耻，可以理解。如今中原分裂百余年，南北分裂近三百年，想击败齐国，不但要联合陈国，还要说服突厥中立，否则他们任何一方插手，都难以有必胜的把握。我们必须合纵连横，远交近攻，只有这样我们才有取胜的希望。孙子曰：'兵者，国之大事，死生之地，存亡之道，不可不察也。'我们的目标不仅仅是中原，还有江南。高瞻远瞩方能决胜千里。"

杨坚的一番话让宇文邕顿然醒悟。他一番思虑后遣使前往陈国，相约共同攻打齐国。为了获得突厥支持，他迎娶了突厥公主阿史那氏并立为皇后，得到了突厥可汗不出兵干涉的保证。

建德二年（573 年），陈顼接受宇文邕的建议派吴明彻率十万大军伐齐，齐国和陈国战事持续了一年，双方伤亡甚重。建德四年（575 年），宇文邕看到时机已到，向天下发布了讨伐齐国的诏书，倾国之兵讨伐齐国，光复中原。

宇文邕经过深思熟虑，欲据虎牢之地，先进军洛阳。洛阳乃天下之中，占据了洛阳齐国便一马平川，可以东进和北上，灭亡齐国指日可待，若是不攻洛阳，即使深入齐国腹地，也有被围歼的危险。

而杨坚提出了相反的意见。他虽然从未上过战场，可是在宇文护当政那些年，熟读兵书，对兵战之事已不陌生。

"洛阳乃军事要冲，精兵所聚，本朝每次东进均受阻于洛阳。我们若是强行攻打洛阳，胜算也不是太大。"

"那依爱卿之计该如何行军？"

"与其这般，不如放弃攻打洛阳，从平阳北上进攻晋阳，然后围攻齐国都城邺城。现在突厥答应不出兵救援齐国，那我们就没有腹背受敌之忧。"

宇文邕摇摇头："不行，你提出来的进军路线太冒险。一来突厥历来言而无信。二来晋阳城重兵云集，我们有取胜的把握吗？只有攻克洛阳，才能彻底击垮齐国，否则的话，若是洛阳发兵驰援，我们不但很难消灭齐国，也没有了后退之路。朕不能拿三军将士的性命冒险。"

"陛下，自从宇文丞相在世时，我们每次东进攻打洛阳都无功而返，齐国也深知洛阳的重要性，所以一直不停地巩固洛阳城防，洛阳集中了齐国最精锐的军队。恐怕一时难以突破。"

"攻占洛阳，消灭他的精锐军队，齐国也就灭亡了。"看到宇文邕一脸坚决的模样，杨坚清楚宇文邕决心坚持攻打洛阳，便不再劝说，而是请求率军讨伐。

"那罗延，朕知道你求战心切，但是你并没有率军出征过。兵者，国之大事。所以朕不敢贸然让你担当一军主帅。"宇文邕并没有任命杨坚为讨伐主将，而是任命他为偏师主帅，率军三万，从渭水转入黄河，顺流东下，负责粮草的运输。

宇文邕的这一安排让杨坚略微不快，但也只好应道："陛下，臣一定会尽职尽责，保障军队后勤供应。"

"朕这次给你三万军队就是让你在保证军粮运输的前提下，可以灵活指挥，希望能给朕一个惊喜。"

"陛下，陈国不知道这次是否还会趁火打劫，我们还是要防备陈国偷袭。"杨坚提醒道。

"朕不会让陈国得逞。朕已下令杨素和贺若弼率军阻遏陈军。"宇文邕道，"要适当重用这些年轻将军，得到了锻炼将来才能更好地为朝廷效力。"

提到贺若弼，杨坚这才想起了儿时的伙伴，一别二十余年，竟有些模糊了。他又问道："陛下，那长孙晟现下在哪里呢？"

"朕令他视察西北，了解那里的风土人情，为攻打突厥做好准备。但他知道朕要用兵中原，屡屡要求随朕出征，前几日朕准他回京。昨天驿站奏报，说今天就会到。"

不多久，侍卫奏报，长孙晟已经抵达华州。

"自从儿时华州分别，咱们再也没有团聚过。你现在就和朕一起去迎接长孙晟吧。"

长孙晟风尘仆仆前来，三人相见一番感慨。宇文邕携杨坚和长孙晟登山远望。

"陛下，您已经下诏伐齐。还好我赶到了。我愿为陛下驰骋疆场！"

宇文邕并没有应允反而问道："长孙晟，这两年你在西北边境有何感触？"

"陛下，边境民生凋敝，边民生活困苦。突厥垄断了西进之路，并且时常骚扰边境。"长孙晟接着详细向宇文邕和杨坚讲述了这两年的见闻和感触。

"长孙晟，朕令你为凉州刺史，在长安歇息一些时日就赴任吧。"

"陛下，难道你不让我随你出征吗？还记得当年我们送别那罗延时所说的话吗？"长孙晟显得很着急。

"朕一刻也没有忘记。灭高齐、定江南、平突厥，安天下。其实朕是在委你重任，灭了高齐，朕还要平定突厥，那才是我们最强劲的敌人。知彼知己，百战不殆，所以必须要提前刺探突厥内情，了解他们的山川地理和风俗人情。早晚有一天会与突厥决战，打通西域之路，记住，大周不仅仅要平定天下，还要威服四海。"宇文邕表情坚毅执着地说。

宇文邕说得铿锵有力，杨坚和长孙晟肃然而立。

"臣明白了陛下的雄心壮志。"长孙晟回答道，"现在我便即刻前往凉州赴任，待陛下平复中原之后，臣愿为陛下平灭突厥冲锋陷阵。"

"何必急于一时，回长安看看你的父母，朕刚刚与那罗延结为姻亲，朕也想与你共享富贵，不知你意下如何？"

长孙晟这时想起了千金公主，他要待功成名就之时再光明正大地迎娶她，但愿她能等几年。

"陛下，突厥未灭，何以为家？不破突厥誓不还。待踏平突厥之日，我自当成家立业。"

"有志气。到时候朕为你赐婚！"

长孙晟绝尘而去，渐渐消失在宇文邕和杨坚的视线之内。

"臣一定为陛下的雄韬伟略赴汤蹈火，助陛下完成千秋大业。"杨坚拱手作揖。

"那也是我们共同的梦想。朕让长孙晟任凉州刺史就是让他得到锻炼。将来平定江南时，贺若弼也能够独当一面。朕把你留在身边，辅佐朕处理朝政事务。朕希望我们四个人齐心协力，天下太平就让我们来实现吧。"

他真是一个雄才大略的皇帝！杨坚这时不知怎点想起了赵昭的预言，有这么一个皇帝，怎么会轮到他杨坚执政？

宇文邕在长安检阅大军后率军出征讨伐齐国。

杨坚虽然说是负责运输粮草，但是毕竟手握三万军队，而且是他第一次统兵作战，所以他还是颇为激动的。从小驰骋疆场的愿望终于在他三十五岁这一年实现了。

宇文邕率大军连战连捷，进逼河阴，大军如期抵达洛阳城下。

次日，旌旗蔽日，鼓声震天，两军很快在战鼓之中展开了激战，整整一天打得昏天暗地，胜负未分，直到傍晚才停止了攻杀。一时间，洛阳城内外横尸遍野，血流成河。

但是半个月过去了，洛阳城坚守如固。守洛阳的依旧是齐国的任城王高湝，帮他出谋划策的是李德林。

宇文邕不禁苦笑："看来齐国那个小皇帝还不算昏庸，居然让齐国第一才子李德林镇守洛阳，攻打洛阳的难度超乎朕的预料。"他下令加强了攻城力度，集中攻打东门和南门。可连续攻打了一个多月依然没有攻下洛阳。宇文邕忧心如焚。

同样忧虑的还有杨坚，长时间没有攻克洛阳城，凶多吉少。他负责运输粮草，自然也关注齐国粮草的动向。不久他派出的密探告知，齐国正在调集邺城和晋州的粮草驰援洛阳。

杨坚决定秘密率军前往相州伏击齐国的粮草大军。

众将大惊，原来相州距离齐国都城邺城只有漳河之隔，孤军深入被齐国察觉就有全军覆没的危险。"将军，此事关乎重大，我们负责大周的粮草运输，若是被齐军察觉，对大军是大灾难。我们即使要袭击齐国粮草，完全可以等他们抵达洛阳附近，何必如此孤注一掷？"

面对众人劝说，杨坚坚持己见："诸位也都知道，洛阳久攻不下，形势对我方十分不利。正是因为临近邺城，若是我们成功袭击，齐国会有所忌惮，为了都城安危，短时间内不会派出精锐军队驰援洛阳，也会让洛阳守军人心惶惶，或许攻守之势便可逆转，虽然冒险，但总不能眼睁睁地看着军队久攻不下而无所行动吧。战争瞬息万变，很可能会因为我们的行动而改变。"杨坚最终还是坚持率两万军队悄悄地向安阳进军，埋伏在险峻的太行山脉中。

然而让杨坚意料不到的事发生了，运送粮草的晋州和邺城的兵马并没有会合，反而兵分两路驰援洛阳。邺城的护送大军已经逼近，若是现在袭击必然会打草惊蛇。危急时刻，杨坚当机立断按兵不动，等待袭击从晋州运送粮草的兵马。

等了三天，终于等到了晋州驰援而来的粮草大军。杨坚一声令下，将护送大军打得落花流水，焚烧了所有的粮草后他又马不停蹄地追赶已经走到前面的邺城援军。邺城的护送大军并不知道杨坚已经率军迂回绕到其身后，所以行军缓慢。经过一夜行军，杨坚终于赶上了，截获了驰援的所有粮草。杨坚率军在洛阳和相州之间纵横驰骋，如入无人之境，让齐国君臣大为震惊。宇文邕和众将也不免精神抖擞。宇文邕下令趁机一鼓作气拿下洛阳，而终未如愿。虽然从晋州和邺城的驰援被杨坚打乱，但是从山东地区的援军正陆续赶赴洛阳。宇文邕怒火攻心，在阵前病倒了。这次他可是倾巢而出，若是被高齐内外夹攻，很可能全军覆没，谨慎思虑后，他决定撤兵。

杨坚接到撤军的命令不禁扼腕叹息，他想不到第一次上战场就无功而返，但失败已成定局，也只能撤军。让众人匪夷所思的是，杨坚居然下令将舟舰全部焚烧，从陆路撤回关内。

"将军，这是为何？"

"你们注意到了没有，如今黄河水涨，我们要回长安，必须逆流而上，万一被齐军追击就会全军覆没。"杨坚道。

"可是将军，齐军会追击我们吗？如今洛阳守军也无还击之力。"

杨坚道："万不可有侥幸心理。那个任城王和李德林可不是什么善茬儿，我不能拿众将士的性命做赌注，舟舰没了，大不了再造，你们可是大周最精锐的水军，若是出现差池，本将罪不可赦。"

李德林果然派出水军在途中拦截杨坚，企图报袭击粮草大军之仇，得知杨坚从陆路撤退后，只能作罢。众人得知消息后，都对杨坚钦佩有加。

"这个李德林果然不简单啊！"杨坚皱紧眉头，"有他在，征讨齐国真是困难重重。齐国有亡国之兆，无奈人才济济，哎，但愿能够早点找到破敌之策。"

宇文邕回到了长安，身体才渐渐恢复，对于讨伐齐国失利耿耿于怀，但他并没有气馁，随即命令军队积极备战，随时与齐国再次开战。他知道齐国经过连年与陈、周两国交战，兵力疲惫，士气消沉，所以不能让齐国有喘息的机会。他这才想起杨坚的奏议，强行攻打洛阳是行不通了，北上攻取晋阳不失为一策略。因为攻打洛阳失利，让他明白，即使攻下洛阳也是伤亡惨重，再想灭亡齐国是难上加难。

宇文邕召杨坚前来商议从北面进攻晋州的军事部署。

"晋州—晋阳—邺城。"宇文邕望着地域图沉吟。

"陛下，臣认为我们应当全力以赴攻打晋州。因为晋州是齐国的发祥地，齐国先祖皇陵在此。它位于军事重镇晋阳和齐国都城邺城之间，占领了这个地方，齐国必然大恐。若能够借机消灭齐军主力，那么攻灭齐国就易如反掌。"

"你是要诱敌深入，将齐军主力全部吸引到晋州这弹丸之地，然后与他们决一死战？"宇文邕接着问道，"万一齐国按兵不动呢？"

"齐国不会让先祖皇陵被我们占领的，若是齐军不来救援，我们就扬言要挖掘皇陵，到时候他们必然会倾主力来决战。"

宇文邕点头应允。杨坚则趁机请缨："陛下，臣愿意率军攻打晋州，引诱齐军主力前来决战。"

"大周精兵强将如云，何需你如此冒险？"

"臣愿意为大周赴汤蹈火，还望陛下成全。"

"朕知道你报国立功心切，可是不会让你孤身涉险。你放心，早晚有一天朕会让你建立更大的功业。"

杨坚怏怏不乐地回到家中，恰在这时高颎前来探望杨坚和伽罗。

"此次战争失利将军不必如此消沉，依在下看来，齐国迟早会灭亡。"高颎以为杨坚还在为讨伐失利苦恼。

"何以见得？"杨坚问道。

"我曾经在齐国待过，虽说是地域辽阔，但是朝廷对百姓无德，上下相谀，苟乱天道，必败亡也！大周如今一心思治，君臣同心，早晚会收复中原的。"高颎道。

"中原已经战乱数百年了……"杨坚叹道。

"五百年必有王者出，期间必有贤者明。如今皇上贤明，朝中多贤良之臣，军队有骁勇之将，周虽旧邦，其命维新，大周复兴有望。"

"那你认为我们该如何短时间内攻灭齐国？"杨坚问道。

"将军，从战术上讲，其实攻打洛阳没有什么不妥，但是从战略上是错误的。"听到这里，杨坚打起了精神，高颎则继续说下去，"多年来，齐国把重兵都部署在徐州和洛阳这两个地方，主要是为了攻打我们和陈国，当然也是出于防御的需要。对于北部防线，因为有突厥在后方，所以并没有太过担心。相比之下，北境防线空虚，若是突厥不干涉，打到邺城也是轻而易举，至少要比攻打洛阳容易多了。"

高颎的想法居然和他不谋而合！杨坚不禁连连点头，对高颎又多了几分欣赏。"洛阳是个硬骨头，难啃啊。本朝从立足关中开始，五十多年了都没有攻下洛阳，所以不如迂回进军，可能会收到意外效果。"杨坚道，"这也是齐国君臣为什么不定都洛阳的原因，只要潼关在我们手中，出兵洛阳朝夕可至。邺城就不一样了，只要不与突厥交恶就高枕无忧。"

"其实只要我们兵临邺城，即使齐国调集军队勤王，攻打京师也比攻打洛阳更能震慑齐国君臣。我已经向齐王提出这个平灭齐国的策略，齐王说他会禀告陛下，由陛下亲自定夺。"

"此役成功与否，就在于突厥了。若是突厥干预，我们还是不能取得成功。"杨坚忧心忡忡。

其实高颎也想到了，这是他们无能为力的，就看突厥贵族如何抉择了。

宇文邕最终决定北上袭击晋州，为了防止突厥出兵，宇文邕派阿史那皇后携带重金前往突厥，劝说其父他钵可汗不要出兵干预大周的军事行动。

这一次，杨坚被任命为主力右路第三军总管。

宇文邕以迅雷不及掩耳之势攻克了晋州。他按照预先的部署，让一万余名士兵留守晋州，迷惑齐国，吸引其主力调往晋州，他则率军佯装撤退，实则隐藏在大草原深处。刺史梁士彦主动请缨坚守晋州，并且立下了誓死守城，城破人亡的军令状。

果然，为了夺回晋州，齐国皇帝高纬下诏令齐军主力渐渐从各方云集而来，二十万大军很快赶赴晋州。

宇文邕则率军及时赶到。晋州注定要发生一场生死之战。

决战之日，天空阴霾笼罩，阴冷肃杀。宇文邕率众将士拼力厮杀，几乎全歼了齐国主力。

高纬仓皇逃到晋阳，仍是惊魂未定，他带去的十万大军已经全军覆没，惊慌之下，他打算前往突厥暂避祸难。但此举被李德林劝住了，因为宇文邕已经和突厥联姻，此时前往突厥便是自投罗网。他奏议坚壁清野，据城死守，待周军懈怠，再与之决战，联络陈国和突厥，晓以利害，许以重利，则大齐国运可保。

此时，高纬早已心乱如麻，对于李德林的奏议不闻不问。

春节刚过，宇文邕加强了对齐国的攻势，陆续攻克邺城的外围州郡，循序渐进地向邺城推进。高纬效仿其父高湛，将皇位传给了年仅八岁的太子，他则当起太上皇，希望得到佑护，让齐国安然无恙，但看到宇文邕咄咄逼人的攻势，高纬竟连夜悄悄地逃离了京师。

宇文邕明白，若是让高纬逃了便后患无穷。他命令各路大军严防死守，追捕高纬君臣。

杨坚得到高纬逃跑的消息，也紧张万分，如果高纬逃脱，那中原虽收复，但还是得不到安宁。

宇文宪也召来杨坚，商议追捕高纬。

"你认为高纬会逃往何方？"

"臣认为高纬君臣现在走投无路，可能会向东方向逃窜。"

"向东？"宇文宪呵呵一笑，"东面是大海，怎么可能？本王以为他们逃往突厥和陈国的可能性大。"

"齐王，他们可能会逃到突厥和陈国，但是南北都有我们重兵把守，一时之间恐怕很难强行突破我们的防线。"

"向东更是无路可走，因为最东面是茫茫大海。"

"只要有船，便是生路。再说齐鲁地区历来商业发达，船只纵横四海，渡船出海并不难。"

宇文宪恍然大悟，让杨坚先行率军追捕高纬。

杨坚预料得不错，高纬君臣果然打算从海路逃窜。他星夜兼程终于提前赶到青州，阻遏了高纬君臣的退路，但杨坚并没有即刻擒拿高纬，而是等待着宇文宪的到来。其实他也渴望亲手俘获高纬君臣，这对他来说是卓著的功勋，但冷静下来，他决定要把这份功劳让给宇文宪。

宇文宪率军赶到，高纬并没有做多少抵抗就投降了。经过一番厮杀，任城王高湝也被俘，唯有齐国营州刺史高宝宁和范阳王高绍义冲破重围，逃到突厥。

杨坚率军攻破营州后，本欲继续向北追击，但是却被众人拦住了。

"高宝宁已经逃到突厥境地，我们若是追击，惹怒突厥，对我们大大不妙。"杨坚的妹夫窦荣定劝道。

杨坚遥望远方："除恶务尽，若是留下高齐余孽，对于大周是个祸患。现在皇后在突厥，我们可请皇上联络突厥，前往突厥将高宝宁带回来。"

"如今我们已经光复了中原，趁突厥还未醒悟，不要惹恼了突厥，我们再与突厥交恶，形势堪忧。"杨坚听了窦荣定的话，放弃了追击的打算，率军返回长安。

乾德六年（577 年），宇文邕率军收复齐国境内五十州和一百六十二个郡。宇文邕光复中原，恢复了魏朝疆域。

普天同庆，万民欢呼。

"父亲，中原光复了！你可以安息了。武川后人的脚步不会停止，我们会一统天下。"杨坚在杨忠的陵墓前焚香祈祷。

杨坚向宇文邕陈述了高宝宁逃到突厥之事，宇文邕并没有在意，他认为高纬君臣都已经被俘，一个高宝宁兴不起大的风浪。

宇文邕返回了邺城后带着杨坚专程去拜访颜之推和李德林，希望二人能辅佐他。

李德林则要求宇文邕进用贤良、退贬不肖、哀鳏寡、养孤独、恤贫穷、选才能，能够以身作则，表率天下。若此，则愿意忠心辅佐宇文邕。

宇文邕凛然而道："此乃天下太平之计，朕岂能不受？朕在此对天发誓，一定会选贤使能，顺天地之义，行先王之道，复先王法典，整军经武，一统天下，与民休养治世太平。"

杨坚从宇文邕这里又看到了帝王的胸怀，虚怀若谷，不计前嫌，不拘一格重用人才。

宇文邕很快下诏在齐国境内毁灭佛教。佛庙寺塔加以改造成俗宅，充为宅第，三百万僧人，皆复军民，还归编户。

杨坚看着佛塔被破、佛经被毁，他保持了沉默。宇文邕已经下诏灭佛，即使公然劝说也无济于事，恐怕还会失去宇文邕的信任。不但如此，他还主动申请毁灭洛阳的佛教，这让宇文邕颇为满意。

"君命难违，待我足够强大时，一定会光复佛教，建造更辉煌更壮观的寺庙，将佛法发扬光大。"杨坚在一处即将被摧毁的佛像前默默叨着。

与此同时，宇文邕也下诏对征伐的将士论功行赏，除了杨坚，又加封韦孝宽、于冀、李穆、王雄等为柱国。

宇文邕对于杨坚的表现十分满意，决定对他委以重任，封他为定州总管。

"你陪伴朕的时间最长，本想留你在朕的身边，但是思前想后还是决定让你镇守定州。如今中原刚刚平复，难免会有人不甘心失败而图谋颠覆，朕需要派亲信之臣镇守定州，以安齐国臣民之心。"

"臣会全力镇守定州，安稳中原，绝不会让锋镝再起。"杨坚激动地说道。

"另外你在任随州刺史的时候，也痛陈地方吏治弊端，定州总辖五州三十二郡，到了地方就大刀阔斧地改革吧，若是成功了，朕就推而广之，下诏天下效仿。"

杨坚对能够出任定州总管是美滋滋的，定州可是军事重镇，在那里不但能够治理地方，还能近距离接触突厥，了解这个强大的敌人。他终于能够像父亲那般镇守一方，虽然已经过了不惑之年。他不由得想起了大器晚成这个成语。不过，相比于内心的期望，如今还是有些落差。

初掌实权

杨坚带着宇文邕的嘱托来到定州赴任，为了能够全身投入和料理州政事务，他将妻儿都留在了长安。刚刚走到洛阳，庞晃前来迎接。因为诛杀宇文护有功，宇文邕重赏了庞晃，但庞晃得知杨坚就任定州总管后申请前往常山郡任太守，宇文邕也就答应了。

杨坚见到庞晃喜出望外。他认为自己能够转运，与庞晃是有关系的。宇文邕已经告诉杨坚，是庞晃坚定了他诛杀宇文护的决心，庞晃也一定在宇文邕面前说起杨坚。

"庞将军，我能有今天真的太感谢你了。"

"总管何出此言，其实这是你的造化。你还会走得更远，待总管日后飞黄腾达的时候还望不要忘记我。"

"庞将军莫见外，你我在长江夜游之日便已经是同坐一条船，生死与共了。"杨坚说完，两人心照不宣地哈哈大笑。

"庞将军，你为何要离开宇文直？"杨坚不经意地问道。

谁知庞晃却显得神色凝重，悄悄告诉杨坚："将军，卫王似乎对陛下牢骚满腹，颇有怨言，暗中有谋反之心。"

杨坚也是吃了一惊，但随即莞尔一笑："也罢，我本来想教训一番宇文直，想不到他自投罗网，他要真谋反，就自寻死路了。"

"其实我跟随卫王这么多年，多少也有些感情。我劝他一朝天子一朝臣，他在宇文护当政时权势熏天，如今陛下执政，岂会再重用他？能够安享晚年就是最好的结果。可是卫王以为他帮助皇上剪灭了宇文护，还是不被重用，心有不甘。"

杨坚并没有说话，庞晃见状便道："将军，你要不要告诉陛下？"

"不必了。他真要谋反必然会被陛下察觉。你也要记住，当今陛下已经是天下第一君王，没有人能欺骗他，也没有人能挑战他。如果宇文直执迷不悟，他会死无葬身之地的。"

杨坚和庞晃一起同行前往定州。到了常山，杨坚嘱咐庞晃抓紧训练一支招之能战的精锐骑兵。

杨坚来到了定州后也受到了士绅的热情欢迎，因为有了随州的教训，他格外小心。

"将军初来定州，我等深感荣幸。我们在西门举行了盛大的欢迎仪式，还望将军不要拂了我们对将军的一片心意。"

"为什么不在南门呢？"杨坚本想推辞，"定州城坐北朝南，西门好像不吉利吧，日落西山，可不是好兆头。再说一路奔波，本将也有些乏了，就不必绕道西门了吧。"

"将军可能有所不知。定州城西门曾经长期关闭，不通行人。但是前几天西门却自动开启了，我们都惊讶不已，后来定州的定慧寺住持说是有贤者光临定州。不久我们就听说将军到任，才知道将军乃贤者，且又自西而来，所以我们组织了盛大的仪式迎接将军。"

杨坚一听内心很高兴："如果我不去的话，那可就不是贤明的总管了，这个理由我是没法拒绝的。"

没过几天，杨坚视察鲜虞郡的防御工作，当他看到破烂不堪的城防时勃然大怒："就是这样的城防，怎么能抵抗得住突厥的进攻？突厥难道就会放过鲜虞郡？"

"禀总管，这是突厥进攻的前线，突厥人兵强马壮，尤其是骑兵冠绝天下，再坚固的城防也抵挡不住突厥的袭击，与其这般不如让他袭击就好了，他们也就是抢了东西就走，再说反正也没有什么东西好抢的了。只要定州城安然无恙就好。"

杨坚竟然无语反驳，阴沉着脸怒道："难道他们就不屠杀城中的百姓？你们的责任是保家卫国，有这样当兵的吗？"

"总管，我们并不软弱。每次突厥到来我们都会让百姓提前转移，待他们进入城中我们再与他们血战，互有伤亡。后来都形成了例行公事，每次他们来城中劫掠一番就走了，算是给上头一个交代。待突厥退走后，百姓出来各行其是。若总管说我们不是优秀的军人，可但凡突厥动手杀我鲜虞郡百姓，我们绝不会让他们活着出去，我们鲜虞郡有三千余名军人，每年伤亡都在一千余人。这些都是阵亡花名册，还望总管详查。"

杨坚震惊了，他望着这一页页阵亡名单无言以对。

"你叫什么名字？"杨坚抬头问道。

"末将史万岁，京兆杜陵人。"

"好，史万岁，如果本将对突厥用兵，你愿意参战吗？"

"马革裹尸，死而无憾！"史万岁凛然说道，"看到突厥猖狂，末将早就想与突厥决战，何时我们不再对突厥低声下气，便是我朝扬眉吐气之日。"

"放心吧，这一天不会太远。我们收复了中原，下一步就会用兵突厥，要让他们知道中原王朝不会沉沦，更不会对戎狄之国屈服。"

"总管大人，何时能用兵突厥呢？"史万岁急切地问道。

"这需要陛下通盘考虑。战争不是儿戏，必须慎重。"杨坚说着看到史万岁失望的表情，"你抓紧练兵吧，虽然近期不可能大规模用兵，但是应该给突厥一点颜色看看，让他们领教一下大周的军威所在。"

后来杨坚才知道这个史万岁的来头。他的父亲史静任沧州刺史，他从小随父在军营长大，擅长骑马射箭，勇猛凶悍，积累了丰富的战争经验。杨坚父亲杨忠生前参与的周和齐的邙山之战，十五岁的史万岁随父从军。对于那场战争，他印象太深刻了，他观察战场形势，告诉父亲周军将败，让父亲做好撤离的准备，由于史万岁提前准备，避免了全军覆没的危险。

杨坚虽然没有参加那场战争，但是同样印象深刻，那场战争几乎让周军损失殆尽。战场形势瞬息万变，史万岁居然能够觉察出来，不得不说他是个战争天才，值得重用。

去年，宇文邕率军平齐，史静战死，史万岁以忠臣之子，拜开府仪同三司，袭爵为太平县公，他主动要求前往突厥前线的鲜虞郡任职。

杨坚回到定州后，暗中集结军队，积极备战，他准备与突厥打一场真正的战争。果不其然，突厥不久便气势汹汹地前来犯边。当突厥人再次进入鲜虞郡的时候，史万岁奉命将其全部歼灭。杨坚同时命令庞晃率三千骑兵绕道太行山东麓，从后面袭击突厥。

杨坚是想效仿平灭高齐那般偷袭突厥，然而几天过去了却没有任何动静。此次率领突厥犯边的是突厥的叶护阿史那摄图，此人是伊利可汗阿史那土门之孙，逸可汗阿史那科罗之子，逸可汗临死前，舍弃儿子摄图而让其弟木杆继任可汗之位，木杆可汗去世，摄图的另一位叔父他钵可汗继任汗位。他钵可汗任命摄图为尔伏可汗，统治突厥东部。摄图是个战争狂人，屡屡出兵侵扰中原，他反对他钵可汗绥靖忍让的政策，主张武力征讨中原，但是他钵可汗乐于享受中原王朝源源不断的贡赋，对于摄图的征伐之策并没有太大的兴趣。

摄图虽然暴躁，但却不毛躁，每次战争，其他突厥军队大都是劫掠一番一走了之。而他的军队每次都进退如一。当他听说突厥士兵被杀后，勃然大怒，但他并没有立即发兵，冷静下来问道："新上任的定州总管是谁？"

"回禀可汗，定州总管乃是杨坚，是大周名将杨忠之子，因在平齐战役中追击逃亡的齐国君臣有功，而被封为定州总管，他上任后积极备战，训练将士，大有与我们大战一番的态势。"

摄图听到杨坚的名字，微微皱了皱眉头："看起来大周的皇帝对他很重视，之前他也就是个默默无名之辈，如今被委任为定州总管，应该有两下子，否则也不会将定州交付于他。"

"可汗，杨坚虽然之前没有战绩，但听说平齐战役的策略就是他提出来的。还有，在战争中他奔袭千里袭击了齐国的粮草大军，此人不可小觑。"

"名门之后，将门虎子，果然不简单。"摄图听到杨坚偷袭之事，立马警觉起来，"偷袭？这次他会不会如法炮制？"

"可汗未免有些危言耸听了吧。再说定州的骑兵根本不是我们的对手，谈何偷袭？要是来了就能将他们就地消灭。"

"恐怕他是有心无力，定州的军队勉强能够防御，要说偷袭我们突厥军简直是异想天开。"阿史那染干说道。这染干乃摄图的侄子，自幼跟随摄图在军中长大。

其他一些突厥将军也纷纷赞同这一看法，摄图脸色却阴沉下来："战争最大的忌讳便是骄傲轻敌。以少胜多，以劣胜优的战争还少吗？调查下去，看看定州各个郡县有什么特别的动静！"

一番调查，让摄图更加警惕，据常山城中的突厥密探来报，郡守庞晃在几日之前趁月黑风高率一股骑兵悄悄出发，去向不明。

"这个杨坚果然想故技重演。可惜的是他碰到的是我摄图，这次我要让杨坚知道突厥军队的厉害，让他永远害怕突厥。"

"可汗想怎么做？"

摄图来回踱步，与几位突厥将军耳语一番后，得意地笑了。

"他们汉人就喜欢要些权谋，都说兵不厌诈，那我将计就计，给这个新任定州总管送上一份大礼，让他以后识趣一点。"

杨坚终于等到了突厥要报复鲜虞郡的消息。可过了好几天突厥才有所行动，他不得不担心起来。因为之前有这等事突厥会立即发兵攻城的。他想了解这次突厥统帅是谁，出动了多少军队，可他却探知不到任何消息。突厥就像幽灵一般近在眼前，却一无所知。

他本来的计划是利用鲜虞郡为诱饵，惹怒突厥，将突厥吸引到定州城下，然后四面合围歼灭突厥，然后庞晃从后方杀伐进来，打突厥措手不及；若是突厥撤离，庞晃也可在半途中截杀突厥。

但他现在却恐惧起来。他望着边境阙场这来来往往的商队，思考片刻，脸色凝重地发出命令："马上联系庞晃，让他见机行事！"

"回总管，庞晃已经深入太行山麓，现在已经杳无音信。"

杨坚不由得愁眉苦脸，显得局促不安。

"总管何必如此惊慌？突厥又不是天兵天将，未战先怯，恐怕会动摇军心。"史万岁劝道。

"我是怕突厥人识破了我们的计谋。那么庞晃所率的三千骑兵就危险了。"

"突厥有这么厉害吗？"

"你看这些经商之人，或许他们已经把我们这里的一举一动都告诉了突厥。之前齐国君臣朝议政事，第二天突厥人就能获知。他们一定建立了很多密探机构，而这些密探并未随齐国灭亡而消失，不得不警惕。"杨坚望着那些突厥商人若有所思，"不要轻视任何敌人。突厥能够驾驭中原王朝多年，除了军事强之外，他们的将军也都是有谋略之人。如今突厥过了好几天才有所行动，突厥到底探知到了什么、有什么部署我们都不知道。都说知彼知己百战不殆，若是不能侦探到敌人的意图而鲁莽行事，必然会付出沉重的代价。"

"那总管大人，我们现在该怎么办？"

"别无他法，现在不能放弃，否则庞晃更加危险。但愿庞晃能够根据战场形势做出正确的决断。"

"将军是做了最坏的打算，万一我们的计划没有被突厥识破，那么这一切就不存在了。"

"希望我是杞人忧天。"杨坚思索好久终于下了决心，"来人，命令定州城精锐军队全部开赴鲜虞郡。"

摄图命令突厥军队进攻鲜虞郡，然后围攻定州，他本以为庞晃出走，杨坚会放弃鲜虞郡。但是摄图想不到杨坚在鲜虞郡部署了重兵，让突厥一时进攻受挫。

"这个杨坚有意思，我本来以为他会放弃鲜虞郡，退缩防守定州，想不到他居然有这等气魄在这里与我周旋，要是失败了定州城就岌岌可危。"

"直到今天我才知道与我交手的是摄图。这个摄图不简单，攻城有条不紊，用兵主次分明，是个将才。"杨坚对摄图也有了深刻的了解。

"总管大人，我们之前的计划是在定州城与突厥决战，为何突然改变了计划？"

"因为我对突厥不了解，这次用兵，我也没有来得及禀报陛下，所以不能拿定州城做赌注。虽说定州城固若金汤，但是稍有差池必然会让朝廷惊慌。中原刚刚恢复，若是定州出现闪失，我这个定州总管难辞其咎。现在想来，当初的决策有些太冒险了，我是以为突厥和齐国一样会毫无察觉。"

"但是总管随机应变，临机决断，也让突厥措手不及。"

"只求平安无事便好。其实在鲜虞郡与突厥大战，也是为了提醒庞晃计划有变。那三千骑兵若真的被围歼，我这总管也是当到头了。"

杨坚和摄图在鲜虞郡，展开了激烈的较量，但是双方似乎都有所保留。摄图本来打算攻打定州，即使攻打不下来，也会对大周形成震慑，如今在一个小小的鲜虞展开较量，即使攻下来也得不偿失。他之所以大张旗鼓，也是为了探知庞晃率领的骑兵的下落。

其实杨坚也是在虚张声势，他集中重兵在鲜虞郡，就是让突厥的进攻受阻，进而让庞晃知道形势危急做出撤逃的准备。

打了一整天，摄图终于侦探到庞晃的骑兵出现在突厥后方的沙河附近，摄图当即决定围歼这批骑兵。杨坚看到突厥军如此迅速撤离，便派兵在后侵扰，但是他却得知有股突厥骑兵绕过常山正向定州城进发。杨坚大惊失色，他已经将定州的大部分军队调离出来，虽然他猜测可能是突厥故意牵制其兵力，但他仍不敢大意，急忙令卢贲率军驰援定州。袭扰突厥之计落空了，望着突厥军队绝尘而去，杨坚更加忧心忡忡，他不知道庞晃能否安然脱险。

几天过去了，一点消息也没有。杨坚派兵搜寻，整个定州范围内也找不到半点踪影。若是这三千骑兵被突厥围歼，那他就闯了大祸。

他急忙向宇文邕奏疏，如实陈述了整个战争的经过，请求责罚。谁知奏疏刚刚抵达长安，他收到了庞晃的消息，庞晃竟然率军安然抵达宣化。原来庞晃得知杨坚在鲜虞郡与突厥决战，猜测事情有变，于是他当机立断与众人商量好了逃脱路线。

好在庞晃和领兵的将军对这里地形相当熟悉，他们派出少量骑兵四面出击成功地迷惑突厥军队。经过昼夜行军，主力军队安全抵达宣化府，但是也付出了三百余名骑兵的伤亡代价。好在保全了主力，杨坚也终于放下心来，经过这一番折腾，杨坚真正认识到突厥的强大，要想短时间内打败突厥是不可能的。同时他也钦佩宇文邕的高瞻远瞩，怪不得早早地让长孙晟前往凉州刺探突厥内情。突厥在周和齐两国对峙之时早已在京师和边境重镇安插了大量的突厥密探，而大周对突厥的情报工作却相形见绌。当然，杨坚也很快将这些突厥商人赶出了定州。

宇文邕了解到实情后并没有责罚杨坚，反而下诏褒扬。然而在这褒扬的背后，京师长安并不平静。自从杨坚被委任为定州总管后，几双警惕的眼睛就盯住了他。不是因为杨坚太有才，而是因为太子真不争气。宇文邕诛灭宇文护后，为了防止权臣擅权，显皇室正统，早早地立了皇子宇文赟为太子。可是宇文赟是个不务正业、刚愎自用的纨绔子弟。正当宇文邕在前线出生入死讨伐齐国的时候，太子宇文赟却在长安城内日夜饮宴，好不自在。他风流成性，一次看到东宫内职掌衣物执事的女子怦然心动，强行召幸了她，谁知竟然让其怀孕，宇文赟怕宇文邕怪罪，打算将她赶出宫去，在太子妃杨丽华的劝说下，宇文赟才让其留在宫中。在刘昉和郑译的怂恿下，宇文赟玩得不亦乐乎。就在宇文邕凯旋之日，宇文赟还沉醉在酒色中，差点耽误了迎驾。

起初，宇文邕令刘昉和郑译为东宫属官，当得知太子的劣迹后，立即贬斥了二人，令宇文孝伯为太子太傅，对其严加管教。宇文邕有时也亲自杖责宇文赟，在宇文邕的威吓下，宇文赟收敛了许多，倒也装得道貌岸然。

但宇文邕的心腹之臣却看得一清二楚，以太子的品行，不堪承托国家大任，若是他继承大业，恐怕又是一场劫难。所以他们开始留意太子身边的人，很自然就注意到了太子的岳父杨坚，如此沉稳而又隐隐生威的实力派人物，将来谁还能够驾驭得了他？

首先发难的是齐王宇文宪和内史王轨。

杨坚虽然在讨伐齐国之时将俘获高纬君臣的大功让给了宇文宪，但宇文宪并不买账。朝廷对杨坚委以重任，他并不赞同。看到杨坚策划的对突厥的大反击，他更加忧心忡忡。

和他同样担忧的还有内史王轨。两人很快走到了一起。

"齐王，恕臣直言，陛下让杨坚镇守定州，我总有一种不安的感觉。如今杨坚在定州搞得风生水起，深得军民拥戴，此次反击突厥，虽然没有取得成功，但是可见此人谋略之深，将来太子怎么是他的对手？"

宇文宪也叹气道："王大人，你我忧虑甚同。定州乃天下精兵之处。如今太子已经成年却整日不务正业，看不出有什么好的才能和品德。而杨坚却德才兼备，又是岳丈，若现在不加以抑制，恐怕将来又是一个权臣。本王之所以这么忧虑杨坚，并非嫉妒，乃是太子实在是难成大器，若太子是英明之主，本王也不会这般焦虑。"

"既然这样，我们就向皇上奏明，请陛下以此次擅自用兵突厥为由除掉杨坚。"王轨道。

"如今刚刚收复中原，皇兄不会效仿宇文护滥杀功臣勋将，没有充分理由很难让皇兄痛杀杨坚的。"宇文宪道，"当初我也曾劝陛下不要重用杨坚，可是陛下还是任命他为定州总管。"

"如今太子不思进取，玩物丧志，将来杨坚岂不是潜在的威胁？"王轨说完这句话，两人都沉默了。他们抬起头互相注视着，握紧了拳头。

"进宫劝说陛下吧，也许陛下能够听得进去。"

来到皇宫见到宇文邕，王轨跪倒在地："陛下，皇太子非社稷主，杨坚貌有反相，为了大周的江山社稷，还望陛下及早除之。"

宇文邕大为震悚，但他仍旧面色平静地问道："你说杨坚谋反，可有真凭实据？"

"陛下，杨坚的确相貌非常，臣弟每次见了，也都心神恍惚。这种人绝非甘居人下，太子懦弱，如今杨坚强势崛起，难道陛下不担心宇文护之祸重演吗？"宇文宪开口道。

宇文邕低头沉思。

"杨坚是太子的岳丈，以太子的表现，杨坚日后主政的几率极大。西汉的王莽开始也是深藏不露，是个温文尔雅的君子，可正是他窃取了汉朝的政权，成了窃国大盗，陛下不得不防。"王轨言辞恳切地劝说。

"这就是你们让朕杀杨坚的理由？杨坚并无大过，朕总不能凭你们这样的一面之词就杀他。"宇文邕皱紧了眉头，"如今中原收复，我们现在应该精诚团结，而不是自相残杀。"

"陛下三思，杨坚绝不容忽视，否则后患无穷。"宇文宪道。

"诛杀了宇文护，朕就说过绝不效仿他诛杀功臣勋将。杨坚谦虚谨慎，你们何必如此惶惶？"宇文邕显得十分不满，"现在我们更应该众志成城，而不是互相猜忌，这样下去我们是不会发展壮大的，更莫谈一统天下了。你们现在让朕杀了杨坚，那是不是还要将太子身边的能臣全部杀掉。那朕真的就成了第二个宇文护了。这样的话国家永远不会复兴，也就别谈什么北击突厥，南下伐陈了。"

"陛下除掉杨坚，大周天下就高枕无忧，也一样不会耽搁陛下平定天下的雄心壮志。"

"放肆！"宇文邕终于恼怒了，"你们在这要杀杨坚，可你们知道他在定州做什么吗？一年之内给朕训练出来五千名精锐骑兵；奖励耕织，开垦了大片的荒地；定州辖境内百姓安居乐业，军队士气高涨。这样一个治军理政的贤能人才，你们要朕杀了他，无异于自毁长城。"

"朕一直告诉你们，要以复兴大周为己任。可是你们却屡屡怀疑忠正贤良之臣，甚至动起杀心。为君者，当虚怀若谷，但为臣者也不应该心胸狭窄。朕送你们四个字，精诚团结，不但要领悟，还要身体力行。"

宇文邕终究没有对杨坚下手，还特意下诏褒赞他。但是王轨和宇文宪的话他并非没有听进去，太子的德行他当然心里也明白，但是如今诸子年幼，略大一点的次子整日吃喝玩乐，也毫无治国之才。所以这不是杀杨坚就能解决的问题。

宇文邕并没有放弃对太子的培养，当他得知吐谷浑出兵侵占西北边境时，思量一番任命太子为统帅领军出征。

杨坚知道太子领衔出征后却是摇头不已。他经过几番接触也摸清了太子的秉性，宇文赟就是个胸无大志且狂妄无知的人，可偏偏这样的人要继承大周皇位。杨坚有时候也想不通，只能用天命来解释。

"我在京城的时候也听说过太子不少的荒唐事儿，如今太子率军出征吐谷浑，不知道这次太子能否争口气啊？"卢贲道。

杨坚轻轻摇头："你不懂皇上的心思，太子就是烂泥也要硬糊上墙，陛下这是在增加太子的威望。小小的吐谷浑，居然让王轨、尉迟运、于翼、韦孝宽等人随军出征。这场战争胜负已定。"

卢贲恍然大悟："皇上真是用心良苦，为了太子兴师动众弄这么一场戏。"

"我这个宝贝女婿千万别惹出什么乱子来。"然而杨坚的担心竟然成真。

吐谷浑王吕夸闻大周率军征讨，且得知率军的主将皆是叱咤风云的勇猛之将，大为惶恐，率主力逃往伏俟城。王轨令大军向青海湖畔进逼。有这么多精兵良将冲锋陷阵，宇文赟也确实没有把这次战争当回事，将士在前线浴血奋战的时候，他却让郑译物色了几位西域女子供其享乐，笙歌艳舞，好不快活。

宇文邕得知吕夸已经将主力隐匿藏遁后就令大军班师回朝。王轨回到长安，将太子在西征期间的所作所为如实地向宇文邕禀报。宇文邕闻讯勃然大怒，将宇文赟按倒在地亲自捶打，与此同时，郑译等人也被军士处以杖刑。

宇文邕对太子彻底失望了，王轨则趁机再次劝说宇文邕诛杀杨坚。

"朕明白你的意思，你一直劝朕杀杨坚其实还在为太子的事忧虑啊。怕将来他继承皇位驾驭不了朝廷局势。"

"凡事预则立，不预则废，太子的事才是关乎整个社稷的存亡绝续。"王轨恳切地说道，"皇上是雄才大略的君主。但江山必须要后继有人啊。即使陛下的事业没有完成，但是只要子孙后代能够继承您的理想也足以安慰。就像陛下一般继承太祖之志，最终光复了中原。但是太子这般不争气，谈何收复江南，涤荡突厥？臣实在为社稷忧虑啊！"

宇文邕陷入了沉思之中。

"太子虽然不成器，可是朕的次子汉王也没有什么才能。其他儿子尚且年幼，朕实在没有决心废掉太子。"宇文邕沉重地说道，"朕的兄弟宇文神举和宇文宪的确是文韬武略很有才干，可是朕若将皇权交与他们执掌，岂不是重蹈宇文护的覆辙？江山传承无序恐非社稷之福。"

王轨默然无语，宇文护的教训太过深刻，宇文邕是不会让兄弟掌权的。

"朕现在也无可奈何，所能做的就是加强对太子的教育，还有为他选择辅政之臣，希望你们能够尽心竭力。不求他开疆拓土，只求他能稳住大周的江山，朕便心满意足了。至于统一天下就让后继的有为君主来完成吧。"

"臣定会全力辅佐，但还有一重顾虑。"王轨斗胆奏道，"杨坚相貌异常，真有反相，还望陛下下决心除掉杨坚。"

宇文邕脸色顿时冷淡了下来，皱着眉头道："朕不知道你们怎么会对杨坚有这么大的反感，难道我们君臣之间真的要离心离德吗？杨坚在前方苦心对付高宝宁余孽和突厥，而你们却怀疑他的忠心。这会让多少功臣勋将寒心？"

"太子昏弱，而杨坚却深有谋略，如今他又是太子的岳父，皇上不得不防。"王轨劝道，"臣也知道陛下念及旧情，可是太子掌权后，必然会重用杨坚，那时候谁还是杨坚的对手？还望陛下为了江山社稷三思。"

"杨坚救过朕，没有他朕可能当不了这个皇帝，所以才投桃报李，与他结为姻亲。难道你就不这么想想，杨坚与朕年纪差不多，我们活在世上顶多也就是二十余年的时间，他纵有天大的野心也耐不过时间的消磨啊。再说太子虽不成器，但也不至于懦弱，加上太子还这么年轻，即使杨坚日后有野心也已经到了耄耋之年，有心无力了。"

"臣对杨坚还是有很大的戒心。此人城府深沉，素有谋略，陛下在的话他会安分守己，若是太子继承大业，难以制服他。"王轨道，"这样吧，不妨召杨坚进京，臣找术士为他相面，若他真是非常之人，陛下到时候再下决心吧。"

宇文邕不接话。"太子的事才是关乎整个社稷的存亡绝续。还望陛下恩准。"王轨见宇文邕面色犹豫，又趁机说道。

宇文邕虽不信这一套，但在王轨三番两次的劝说下，多少也对杨坚有些警惕。他沉吟片刻同意了。

杨坚也听闻了太子在征伐吐谷浑时的荒唐事儿。

"太子居然这么折腾。好端端的一个树立威望的机会又让他搞成了笑话。若是将来他执掌大周天下，恐非天下之幸。"

"陛下英武神明，应该知道太子的品行，既然如此不堪，为何不废立太子？"卢贲不解地说道。

"陛下也有难处，他怎能不知道太子不贤，可是陛下是不会轻易废黜太子的。"

"这是为何？"

"宇文护之祸近在眼前，为什么会发生？还不是因为当年宇文泰丞相怕他的儿子无法掌控朝臣武将，所以让宇文护当政？之后的事情你就知道了。若是当时丞相让他的儿子承继大权，也就不会有自相残杀之事了。陛下是不会让他的兄弟继承皇位的。可惜的是陛下的几个皇子要么年幼，要么更加不堪。"

杨坚想起这个太子连连摇头，暗自思忖：也不知道宇文皇室这个天下能否平安无事？

中道崩殂

不久，杨坚接到了入朝诏书，正当他准备前往京师的时候，高宝宁、高绍义在突厥的支持下，集结高齐残部，气势汹汹地入侵定州。面对一触即发的战事，他只得奏请延缓入朝。杨坚调兵遣将，亲往前线备战，对于高宝宁出没的郡县重点防守。高宝宁在几处郡县发动袭击均未得手，看到杨坚举措得当，军心稳定，徘徊了数日就渐渐离去。

待高宝宁撤军之后，杨坚前往京师朝见。

"陛下，此次高宝宁入侵，其实是突厥在背后支持。"杨坚向宇文邕如实奏报了北方边境的紧张局势。

"朕停止了对突厥的朝贡后，突厥就恼羞成怒，支持高宝宁不停地骚扰北方边境。我们与突厥的战事很可能一触即发。"

"臣认为我们现在还不宜与突厥开战，不如先收复了陈国再做打算。"

"爱卿怎么会有这种想法？收复中原后朕下一步便是用兵突厥，这是朝廷早已定下的军事策略。"

"陛下，经过这段时间的接触与冲突，臣才真正知道突厥太过强大，一时难以攻克。不但如此，突厥骑兵纵横千里，且拥兵数十万，大周暂时还是无法对抗。突厥来犯，我们守城尚且只能自保，若是出兵草原，无必胜把握，太过冒险。还有他们对我们了如指掌，而我们对突厥却知之甚少。所以臣的设想是不如先收复江南，然后举国之力，训练骑兵，待有了一支和突厥相抗衡的骑兵部队，我们再与突厥决战。"

"爱卿想法甚好，但是平江南也并不容易。南北分裂三百余年，多少有志君主饮马长江，可最终还是跨不过长江。再说用兵江南必须要倾举国之兵，不解决突厥就无法解决江南。你想先易后难，突厥不让你遂愿啊！所以，那罗延你要记住，讨伐江南一定要先解决突厥边患。"

"陛下高瞻远瞩，臣佩服。"

杨坚一路思考着走出了皇宫，他感觉宇文邕的想法甚对，并且宇文邕已经付诸实践，他让长孙晟及早刺探突厥内情，看来早有准备。杨坚对宇文邕又钦佩了几分，看来十二年的隐忍和磨砺对宇文邕是个宝贵的财富，这让他成为世上智谋双全的君王。

杨坚当然不知道，在宇文邕和杨坚对话之际，术士来和则在偏房默默地注视着他们。

"刚才那个人就是随国公、定州总管杨坚。你不是善于看人面相吗？朕想问问你对他的看法。"宇文邕待杨坚离开后问道。

"陛下，随国公的确相貌非常，不同于凡人。"

宇文邕听后警觉了起来。

来和随即说道："陛下，随国公面相随和，是个守节义的人，此人只可为将，不必多虑。随国公将帅之才，还望陛下知人善任。"

"来和的话你也听到了，这下你该放心了吧。"待来和退下后，宇文邕对王轨说道。

王轨却是恼怒不已，他本来是让来和告诉宇文邕，杨坚乃有反相，欲早除之，可是来和却没有照他说的那般做。

"杨坚心机深沉，不得不防。"

"心机深沉最莫过于朕，朕在宇文护的监视下生活了十二年，冷眼旁观朝政大局，看人看事不比那来和差。抛开感情，朕也敢担保杨坚不敢犯谋逆之事。"

"陛下若在，杨坚不敢。但是陛下若不在了还敢担保杨坚是忠臣吗？当年丞相在世时，宇文护不也是规规矩矩的吗？"

宇文邕沉默了，他知道开弓没有回头箭，杀了一个就会杀第二个，所以多年来，对于朝臣他一直宽容。除非罪大恶极，证据确凿者，他才不能容忍。

"如果杨坚真是深藏不露，那就是天命吧，又能奈之若何？要知道天命不可违啊！"宇文邕意味深长地对王轨说道。

杨坚因为担心定州局势，只在长安待了两三天便启程赴任。临行前他探望了郑译。如今郑译已经罢黜在家，很多人都敬而远之。看到杨坚来访，郑译自然心头一热。

"杨兄如今位高权重，是皇上眼前的红人。居然还没有忘记我，不瞒你说，自从我被贬谪为民之后，你是第一个前来探望我的。"

"同窗之谊，牢不可破。郑兄现在的处境我当年也体会过。但是任何时候我都不会忘记你们当年对我的帮助。将来我们无论谁飞黄腾达，也无论谁落魄了，都应该荣辱共担。"

"杨兄，我若有翻身之际定不忘今日之约。"

杨坚正欲离开之际，郑译突然想起了什么，对着他耳语一番。杨坚听着脸色大变。

深夜静悄悄的，杨坚独自一人来到京城的一处道观。他来这里就是为了见来和。原来郑译将宫中相面之事告诉了杨坚。他不知道郑译是从何处探听出来的消息，但是他内心却被刀扎了一般。

"杨坚拜见先生，谢先生救命之恩！"杨坚在殿外拱手作揖。

"是随国公啊，进来吧。"来和打坐完之后闭目养神，待杨坚走进殿来他便开口道，"其实我在这里等候你多时了。"

"先生，我听说在陛下召见我时，暗中请你为我相面。不知是否属实？"

"如果我当时说错一句话那随国公的命运可就不好说了。"

来和短短一句话让杨坚神色大变，痛苦地摇了摇头："谢先生救命之恩。"

"救你的不是我。是上天！"来和遥首指天，"随国公可曾记得，二十多年前也有人为你相过面并且帮你躲过了一次劫难。"

杨坚想起了赵昭，不待杨坚回答，来和又说："他就是我的师父，临终前他告诉我要全力保护随国公，说实话，我在暗中观察了随国公数次，你有夺天下之势。"

"你真是不知天高地厚。如今陛下英明神武，谁也不是他的对手。这一点任何朝臣都清楚。和陛下作对就是自寻死路。"

"但是陛下若是不在了呢？"

"陛下和我年岁相当，年富力强，你们这般说就是痴人说梦。人贵有自知之明，我还是安心做守节之臣吧。"

"也罢，世事难料。现在时机未到，将军还是暂时安分守己吧。但是时机到了还望将军莫负天意。"杨坚听后不语。

"一个毁佛灭道，不敬畏天命的君主又怎能得上天佑护呢？将军要相信天道有还。"杨坚刚走到殿外就听到了来和的喃喃自语。

杨坚怀着无奈的心情回到定州。一路上他思前想后，猜测恐怕这非宇文邕本意，否则他就回不到定州了。定是他身边内臣所为，担心太子无德。想不到这皇亲国戚的身份又让他多了几丝危险。他立功越大，以后危险就越大。看来以后他也只能暂收锋芒了。

杨坚路过常山郡，此时庞晃早已从宣化回到郡守任上并且受到朝廷褒奖。杨坚与庞晃早已成私密之交，杨坚在苦闷之中将真相告诉了庞晃。庞晃听后恼怒万分："将军为朝廷安邦御侮，想不到朝廷居然这般猜忌将军，真让人寒心。"

"宫门深似海，高处不胜寒，想不到成为皇亲国戚还是备受猜忌。"

"虽然我曾经是宇文泰的侍卫，但是经过宇文护的祸乱，也知道宇文皇室真的难以撑起平复天下的重任。如今的陛下虽然英武神明，但是他毁灭佛教，悖逆天理。知道我为什么要背弃宇文皇室吗？是因为皇上他不尊崇佛教也就罢了，居然毁灭佛教，我们庞家历代信佛，他摧毁了我的信仰，也让我彻底对皇室死心。末将听说将军生于寺庙，长于寺庙，将来必然会复兴佛教，还望将军不要拂了天下人之心。"

听闻此言，杨坚思绪万千，他首先想起了智仙师父，从小师父就一直向他灌输他是神佛之子，是拯救人间的使者。他曾经一次次地怀疑、否定，如今他似乎又燃起了希望。

"庞将军，我早就说过，现在谁也无法和陛下抗争。只能徐徐图之，否则就是死路一条。"杨坚劝慰道。

杨坚回到定州，召集各地郡守，要求各郡县招募骑兵，并且规定百姓驯养战马，上交良马者可免除一年赋税和徭役。

其间，摄图率军来到幽州边境。

"这个杨坚真不简单，上一次差点全歼了他的骑兵，如今变本加厉，突厥又出现了一位强劲的敌人。"摄图皱着眉头说道。

"要是我们的大可汗有叔父这般见识，我们突厥岂会走到今天这地步？"染干道。

"我早就对可汗说过，只有武力才能臣服汉人。可是他偏偏迷恋自己是大周皇帝的岳父。如今倒好，大周停止了朝贡。他这才醒悟，早知如此，何必当初？"摄图免不了对他钵可汗一番抱怨。

"突厥与汉人势不两立。还是叔父看得远。不过好在我们在军事上还占有优势，要逼大周臣服，还是靠战争。"

"现在形势不一样了。以前是周和齐两个国家互相争斗，我们利用他们的矛盾坐收渔翁之利。如今中原统一了，若他们举国之兵力与我们决战，我们也占不了多少便宜。"摄图说道。

"那我们现在就任由他们强大？"

"不可能！"摄图眼神如鹰隼般眺望远方，"必须要扼杀住大周的崛起，否则突厥就要步匈奴后尘了。"

"是不是我们要对大周来一次大的反击？"

"我回去和大可汗商量，不能坐视大周强大无动于衷。我们要在幽州、定州、凉州数千里全面发起对大周的战争，短时间内要让大周一蹶不振。"

王轨和宇文宪并没有放弃劝说宇文邕诛杀杨坚。当他们知道宇文邕的态度后退而求其次，请求宇文邕罢黜杨坚定州总管之职。宇文邕渐渐也接受了两人的劝说，对杨坚起了疑心。王轨说的或许有道理，外戚专权前都是谦谦君子，如今太子不成器，若是让杨坚继续建立功勋，增加威望，对朝廷未必是好事。宇文邕改任杨坚为亳州总管。因为此时的陈国本想借灭齐之机夺回徐州和兖州，可是却未能遂愿，所以屡屡入侵江北之地。宇文邕以此为理由让杨坚前往亳州赴任。

杨坚正在定州积极训练士卒，备战突厥，突然之间接到了改任亳州总管的诏令，他又惊又恼，暗地里不免对宇文邕颇有微词，但他也似乎忖度出宇文邕的忧虑，只能无奈地遵从。庞晃得知杨坚调任的消息心里也不高兴。分别时，他对杨坚说："将军为了打击突厥训士卒、调军备，整军经武，用心良苦，想不到朝廷居然做出如此让人心寒的事来。"

"这都是命。遵守吧，不要自怨自艾。"杨坚叹气道。

"燕、代是出精兵的地方，如今将军训练了数万精锐铁骑。中原刚刚平复，毁灭佛教，已经引起天下公愤，今若兴兵，必然群起响应。"

"鲁莽！匹夫之见！你可低估了陛下。你说宇文直意欲叛乱，他举手之间将其平灭。再说绝不能为了个人的私欲和野心而陷朝廷不顾，让满朝文武再陷入自相残杀的地步。至于你说的天下，一切皆有定数。属于你的上天会赐予给你，强求不得。"杨坚说着渐渐冷静下来，"时机还不成熟，不能轻举妄动，否则我们就会死得很快，更遑论宏图大业了。"

庞晃不再劝说，但表示要追寻杨坚前往亳州。

杨坚也担心庞晃会在无意中透露出他们的秘密，他上书宇文邕请求庞晃转任车骑将军，随其前往亳州。宇文邕不假思索地同意了。

杨坚刚刚抵达亳州，宇文邕调兵遣将展开了对陈国的打击。起先他令杨素故意放弃了徐州，当陈军在大将吴明彻率领下进入徐州后，宇文邕令王谊、元谐、贺若弼、杨素等人调集军队迅速完成了对陈军的合围。在彭城一战中，陈军大败，几乎全军覆没，吴明彻也被俘。经此一战，陈国元气大伤，再也没有能力出兵侵扰江北，大周的南线稳定了下来。宇文邕格外高兴，下令改元宣政。

杨坚明白宇文邕这是向天下表明决心，他要一展宏图，实现天下大治。他多想随着宇文邕一起实现少年的梦想，可是如今他也只能待在亳州。

"将军在思考什么？"庞晃看到杨坚凝神不语。

"如今南境平稳，陛下可能要用兵突厥了。"杨坚道，"其实突厥也做好了准备，这场大战在所难免。若是对突厥的战争打赢了，那么天下一统也就指日可待了。再过个三五年，必然会收复江南。这三百多年的南北分裂对峙的局面就可以结束了。"

"如果不离开定州，将军也会成为进攻突厥的主力之一。"

"事情早已经过去了，不必耿耿于怀。做人当要有大胸怀，以天下和朝廷利益为重！"杨坚转口说道，"我只是担心突厥不会那么好对付。这场战争若是失败了，恐怕对大周也是一场劫难。任何一方都输不起，否则攻守之势就会逆转。"

虽然离开了定州，注定无缘与突厥之战，但杨坚并没有因此气馁。恰好亳州地处长江下游，可以对长江下游的地形和水文进行详细的考察，他知道宇文邕早晚要用兵江南，如今整个长江中下游的军事要隘他都成竹在胸，若想顺利平复江南，以宇文邕的稳妥的行事风格来看必然会重用他，到时候他就是平陈主帅的不二人选。

杨坚来到山阳县望着对面的长江愁眉苦脸。

"将军为何事发愁？"宇文忻问道。宇文忻也是皇族贵胄，其父宇文贵如今是大司马，加封徐国公。宇文忻骁勇善战，平灭齐国立有大功，被晋升为大将军。

"我实地勘察了长江中下游所有的要隘，发现这个山阳地形特殊，两面环山，风平浪静，你看只要把这个渠道打通，与扬州接壤，然后入长江，这样的话，这条河道就是个极好的运输通道。将来攻克了建康，我们从这里仅仅一天就能将粮草和军队运送过去。"

"都说将军智勇双全，今日听此一言，果然名不虚传。"宇文忻赞道，"如今陛下正要用兵突厥，将军身在亳州，却在谋划江南之事。如此深谋远虑，我等自叹不如。"

"谁都知道宇文将军的战功，在战场上令敌人闻风丧胆。相信陛下应该征召将军前往北境了吧。"

"我刚刚收到皇上的诏书，令我前往定州。"

杨坚听到定州，忍不住黯然神伤，注视着长江水默默不语。其实坐镇定州的应该是他，想到这里，他内心免不了又对宇文邕多了几分抱怨。

"如果将军要主持开凿山阳这条运河，我向你举荐一人，他是我大周最杰出的能工巧匠。"宇文忻道。

"他是何人？"

"那就是本将的胞弟宇文凯。"

"举贤不避亲，看来将军对你弟弟还是很有信心的。"

"我这个弟弟不善兵战，对疆场甚无好感，但是从小研习土木水利，对于挖凿运河兴建土木之类的颇有一番研究。恰好他正在扬州，将军可以去与他探讨一番。"

"求之不得。将来若有需要，我一定会举荐皇上重用宇文凯的。"杨坚向宇文忻做了保证。

"现在不是他用武之地。如今陛下志在天下一统，疆场才是建功立业之地。恐怕他这辈子也难有出息，所以父亲也对他不抱希望了。"

"此言差也。将军有成千上万，但是像宇文凯这样的人才却是少有，说不定以后会比将军更能光耀门楣。"

宇文忻转身离开的时候，杨坚叫住了他："将军，定州有数万骑兵，还望将军能够知兵善用，痛击突厥，祝愿将军旗开得胜。"

"我知道将军在定州为征战突厥所做的努力，我会率这些精锐之兵，与突厥决战草原，让突厥真正地害怕大周。"

"若突厥之战能够顺利，这样平复江南便可期待。"

不久，杨坚在勘探长江水段时就让宇文恺跟随而行，宇文恺的水利知识让杨坚也大为佩服，长江各水段的潮汐、雨雾、水流等情况他都了如指掌。这些年他在扬州将关于长江的各类书籍全都用心阅读了一遍，结合自己心得体会，对于水利改造早已成竹在胸。

"要是早点知道宇文恺之才，倒省了好多精力。"杨坚暗自思忖着。

"宇文恺，如果把山阳和扬州这段拿运河连接在一起，那么将来就能大大缩短伐陈时运送军队和粮草的时间吧。"

"这是最短的距离了。我听兄长说将军有开凿山阳运河的打算，就对将军十分佩服。这个河段要是开凿成功了，一定会有利于平复江南。"

杨坚点点头："各朝代收复江南无论怎么行军，最后还都是从上游几个地方渡过长江。若是在下游逡巡不进，对面的陈国就有喘息之机。"

当宇文恺询问何时动工之时，杨坚沉默了。如今宇文邕全力用兵突厥，恐怕此时不会同意开凿这段运河。

"说是开凿，其实是疏通而已。这条河道初凿于春秋末年，当时出于战争的临时需要，工程因陋就简，水道曲折浅涩，只通小舟，不通大船。又因南北战乱荒废了，几乎不能通船了。只要将军禀告皇上，我们量力而行，陛下应该会同意吧。"

杨坚告诉宇文恺如今朝廷全力用兵突厥，等与突厥的战争结束再向朝廷做详细奏述。

摄图回到突厥王庭，劝说他钵可汗对大周用兵。他钵可汗对于宇文邕停止贡赋也十分恼怒，他后悔当初没有听从摄图的建议支援齐国，避免齐国亡国。为了报复大周，他基本上同意了摄图在边境数千里同时发起对大周的战争，令摄图全权负责，积极备战。

宇文邕从长孙晟处也知道了突厥的动向，他也在积极地调兵遣将，对突厥实施致命打击。可是他的身体却每况愈下，早朝也只能勉强坚持下来。王轨劝说宇文邕多加休养，实在不行就恢复对突厥的贡赋，避免战争。宇文邕拒绝了，他告诉王轨："朕统一了中原，是中原的皇帝，当承继先祖遗志，痛击突厥，而不是忍气吞声。中原王朝从来没有如此向夷狄屈服，过去的忍辱朕要用战争来雪耻。你是担心朕的身体，可是太子不堪大任，趁着朕还活着，就替他解决突厥边患吧。只求苍天让朕多活两年。"宇文邕显得神色哀伤。

该来的总是要来了。不久，在突厥的授意下，高宝宁和高绍义在北方边境发动了袭击，包围了幽州，同时突厥又入侵定州和凉州。幽州总管于翼奏报已经有三名刺史阵亡。长孙晟也奏疏凉州受到吐谷浑和突厥的两面夹击，形势危急。

宇文邕也做好了迎敌准备，他下诏御驾亲征，亲带大军，分五道出塞，在打击突厥的同时，彻底解决齐国余孽高宝宁、高绍义之流。

王轨看到宇文邕虚弱的身体，本欲劝阻，可是看到面色凝重的宇文邕，于是将话咽了下去。

宇文邕率领大军前往幽州与高宝宁决战，他这次是提精锐之兵到来，与高宝宁进行一番血战。高宝宁损失惨重，很快偃旗息鼓，撤到了辽东。宇文邕马不停蹄地前往辽东，在辽东与高宝宁发生了激战。正当高宝宁力战不支的时候，摄图却派兵全力攻击幽州，幽州形势危急，宇文邕只能挥师驰援，暂时阻遏了局势的恶化。可谁知高宝宁又流窜到定州，好在宇文忻早有准备，但高宝宁也牵制了宇文忻与宇文邕会合。突厥就这般与宇文邕周旋，神出鬼没，宇文邕始终找不到突厥的主力，而其他四路大军也被突厥侵扰不断。

正当宇文邕恼怒之际，突厥大军却出现了，十万大军三面合围幽州，而大周的其他各路大军均被突厥牵制，一时间难以驰援。

"叔父，你这虚虚实实，一招致命，原来就是要宇文邕的老命！"染干十分兴奋。

"这个皇帝真是太厉害了。若不除掉他，将来定会是突厥的劲敌。"摄图道。

"我们有十万突厥大军云集幽州，如今大周军队有三路大军被我们牵制，不能救援。定州和幽州两路大军也就区区十万，恐怕大周皇帝在劫难逃了。"

面对突厥的围攻，宇文邕并没有慌乱，他有条不紊地部署幽州的防御。

"突厥才是中原最大的威胁，既然他们来了，朕就与他们决战，否则中原永无宁日。"

"如今突厥主力围攻幽州，形势危急。他们切断了幽州和定州的联系，让我们没有了后退之路，这招实在过于歹毒，我们要做好万全准备。"齐王宇文宪奏述道。

"他们想要朕的命！置之死地而后生。十万突厥又何妨！既然来了，就让幽州成为他们的坟墓吧！"宇文邕说完，望着远处突厥营帐凝神思索。

"家国天下重要，万不可鲁莽。"王轨劝道，"突厥非一日能剿灭，若是失利，对我们大周可是损失巨大，还望陛下三思。"

"你们难道没有破釜沉舟的勇气吗？既然突围无望，不如决一死战，胜负难料。"宇文邕握紧拳头，"朕之所以这么有信心，就是因为定州有五万骑兵，那可是杨坚费尽千辛万苦打造的精锐骑兵，朕相信杨坚，相信这支骑兵部队！要是杨坚在的话，他一定也不会放过这个绝妙的良机吧。"宇文邕现在真的有些后悔让杨坚前往亳州。

杨坚虽在亳州，却也关注着大周和突厥的这场战争。不知怎的，他对这场战争总是有种担心。得知突厥兵围幽州之事，他当即决定率军北上驰援。

"将军，如今你未得诏令，若是被陛下猜忌和怪罪，后果难料。"庞晃提醒道。

"如今陛下有难，岂能袖手旁观？若是其他各地有率军勤王的，而我却在亳州静观其变，那才会让皇上失望。"

"将军，亳州离幽州相隔数千里，只怕是远水解不了近渴。再说中原各州一定会闻风而动。将军这一去，无论成败都于事无补。"

"成败不论，但是却不能不有所行动。"杨坚岂不知这是徒劳无益，想坐镇定州的是他，虽然突厥猖狂，但也是围歼突厥的大好时机。如今却置身事外，他是何等的不甘心。若是他在定州一定会和宇文邕通力协作，运筹帷幄，痛击这股突厥，即使不能全歼，也会让其付出惨重代价。想到这里，杨坚无奈地摇头叹息，他思虑再三放弃北上转而率军南下，拦截趁火打劫的陈国。

好在宇文忻率领定州骑兵终于突破了突厥的防线，全力向幽州驰援。

摄图闻讯脸色大变："定州部署了突厥的五万军队，大周军队怎么能够突围并且浩浩荡荡地向幽州赶来？"

"我们中了大周的调虎离山之计，有个内史叫李德林的，在深夜调集军队猛攻阿波可汗军帐，声势浩大，我们调集军队救援的时候，宇文忻率军从东门突围。"

"好一个声东击西，调虎离山。这个李德林果然厉害！"

"叔父知道这个人？"染干道。

"中原第一才子，我岂能不知？"摄图又问道，"宇文忻带了多少军队过来？"

"大约有三万骑兵。"

"这是歼灭大周皇帝的好时机，绝不能轻易放弃。马上让阿波可汗派兵追击宇文忻。染干，你亲率一万军队南下堵截宇文忻，前后夹击，一定不要让宇文忻靠近幽州。还有，马上进攻幽州城！务必要在七天之内攻下幽州！"

"叔父，我们要小心被大周两面夹击。"染干提醒道。

摄图看到众位将军有所迟疑，铿然说道："我们绝不能错过这次围攻大周皇帝的机会。这是上天赐予我们最好的机会，不会再有第二次了。鼓起勇气，攻破幽州，整个中原就是我们突厥的了。突厥崛起在此一战！"

宇文邕得知宇文忻率三万骑兵赶赴而来的时候，开心地笑了。

"朕就知道，定州骑兵一定能突破突厥防线。这下朕更有信心了。"

"陛下，突厥知道了宇文忻奔赴而来，不但不撤退，反而加紧对幽州的进攻。可见突厥是有备而来。"宇文宪道，"臣弟认为我们应该静观时变。"

"朕就希望突厥这么孤注一掷。突厥短时间内也无法攻破幽州。只要我们坚持到十日，待各地援军到来就一鼓作气围歼这股突厥军队。朕一定要让他们付出代价。传令下去，各军要振作精神，守住幽州。夜间可酌情袭击突厥，不时侵扰，让突厥军队无法休息，让他们白天无法全力攻城。待突厥疲惫再主动出击。"

然而仅仅过了五日，突厥却悄无声息地撤退了，事先没有任何征兆，而且是全线撤退。众人都松了一口气，可是宇文邕却愁眉不展。他猜测突厥内部一定发生了大的变故，否则怎会这么无缘无故地撤军？他本来想趁机围歼这股突厥军队，如今只能无功而返。

其实宇文邕的身体越来越虚弱，就是因为围歼突厥的这口气让他一直坚持着，如今突厥撤退了，他放松下来的同时也病倒了。

王轨等人见状劝宇文邕班师回朝，回京静心休养。但是谁也想不到宇文邕的病情会迅速恶化，回京途中竟然滴水不进。王轨和宇文宪忧心忡忡，他们不但为宇文邕的病情担心，更为大周的未来忧虑。

宇文邕似乎也预感到自己大限将至，召来了王轨、宇文孝伯、宇文宪、尉迟运四人。他们惶恐不已，跪拜在地。

"朕快不行了，现在任命你们四人为顾命大臣，要对你们交代一些事。"

"苍天真是无情，为何不眷顾陛下，壮志未酬，臣等也不甘心啊。"王轨哭泣不已。

"不要伤悲了，天意如此，又能奈何？"宇文邕道，"朕让你们四位担任顾命大臣，希望你们好好辅佐太子，不指望他开疆拓土，只希望他能保境安民。"

四人点头应允，王轨突然想到了什么，奏道："陛下，臣有一事相求，还望陛下恩准。"

"有什么事儿就直说吧。"

"臣请求陛下下诏处死杨坚！"

宇文邕沉默了，好大一会儿，他才虚弱地说道："朕知道你们担心杨坚日后势力做大，但是朕能做这个皇帝，杨坚功莫大焉。他一直被猜忌，可是却不曾有过丝毫的怨愤。朕其实后悔将他调往亳州，若是有他在定州，突厥不会这么容易全身而退。杨坚是大才之人，留下他吧，将来大周有难时，或许他能挺身而出。"

"可是……"

"如果连你们四个人都无法节制住他，那也是天意。就像朕这般，即将不久于世，不可抗拒。"宇文邕叹息道，"若真的是天命所归就随他去吧。大周王朝从建立起便命途多舛，如今太子又非英明之主，朕现在死不瞑目，又岂能再杀功臣良将？朕不会再杀一人，都留下来吧，如若杨坚真的叛逆，又能奈何？天命不可违。"

"早一点到长安吧。朕还有话要对太子说。"宇文邕下令让御驾昼夜不停地赶赴长安。

然而一切晚矣，宇文邕病势继续恶化，咳出鲜血。宇文邕自知命不久矣，两行泪水在他沧桑的脸庞上滑落了下来，他显得很凄楚："朕说过要率你们踏平长江的，可是天不遂人愿。但朕收复了中原，可以无愧地去见父皇和武川先祖了。只是朕不甘心，为什么就不能再给朕几年的时间，让朕统一了江南，完成这千古大业？"

漆黑的夜空中不时地传来几声乌鸦的哀鸣声，甚是凄苦。

"箫鼓鸣兮发棹歌，欢乐极兮哀情多，少壮几时兮奈老何。"宇文邕望着跪在地上的众臣，"你们都是朕的股肱之臣，大周的江山社稷朕就拜托你们了，让太子做一个守成之君，确保大周江山稳固。"宇文邕语重心长地将最后的希望托付给随他南征北战的众位亲信臣子。

这也成了他最后的遗言。当夜，宇文邕死于乘舆之中。

杨坚有些庆幸没有贸然率军北上，由于准备充分，他在扬州布防，成功阻击了陈国攻打徐州和南兖州的企图。

"庞晃，你说突厥为什么会突然撤军？"

"按说突厥这次全线出击，就是要重创我大周，可是却无缘无故地撤退，难不成突厥也发生了什么大事？"

"一定发生了大的变故。这个摄图也是个有勇有谋之人，既然围住了陛下，他是不会轻易放弃的。只不过可惜了，这次没有对突厥形成重创，却与突厥彻底结仇，恐怕将来我们的日子不会那么好过了。"杨坚说完叹息一声。

杨坚也在这个深夜收到一份诏书，严令各地守将无旨意不得擅自调防，前去勤王的各地大军火速返回驻地，违者严惩。同时令驻守江淮的总管和刺史进入战备状态，防止陈国入侵。

"莫非朝廷也出现了什么乱子？"杨坚皱着眉头望着这份措辞严厉的诏书。不过他并没有多想，他猜想或许突厥的威胁还未解除，这么做是为了安稳人心，维护朝政稳定吧。这样看来宇文邕也许会重用他。他了解宇文邕，他不会无端猜忌功臣的，要不是他身边的臣子蛊惑，他断然不会让自己离开定州。

其实杨坚在亳州还在悄悄地做一件事儿，那就是寻找智仙，他甚至派人悄悄潜入陈国寻觅，可是半年过去了，却杳无音讯，不免惆怅不已。

第五章

政变前夕

　　杨坚看了一下宇文赟，宇文赟已经形容枯槁，奄奄一息。当他们两人的眼神对视时，杨坚明显感觉到宇文赟的不甘和恼怒。杨坚望着宇文赟冷冷地微笑着，心里暗道：曾经你那么狂妄，现在却在这儿等待死亡，这就是宿命。我终于等到了这一天。

　　当天夜里，宇文赟撒手归天。

塞翁失马，焉知非福

几天后，杨坚也获悉宇文邕病逝的消息。他大为悲痛，这种悲伤他在父亲病逝后曾有过，只不过此时的心情更是五味杂陈。其实杨坚是把一统天下的梦想寄托在了宇文邕身上，希望追随着他实现天下大治。如今宇文邕驾崩，让他的这种寄托也烟消云散。万千悲凉无处问，他想起少时和宇文邕在华山立下的誓言，当年是那么意气风发，如今思往事，大业未成，人却已逝。

从内心里，他认为宇文邕触怒了神佛，从而折损寿命，让他过早得离开人世。

他奏请回京祭拜宇文邕，一直未被准许。他多少也了解宇文赟暴戾恣睢、狂妄自大的品性，这样的一个人当了皇帝，大周就凶多吉少了，他隐约地感觉大周朝廷可能要变天了。

此时，宇文赟根本没有时间顾及杨坚。他得知宇文邕驾崩的消息后并没有一丝的哀戚神色，反而高兴得手舞足蹈。

"真是死得太晚了。"宇文赟用手摸着被杖责时所留下的伤疤，恨恨地说。当天夜里，宇文赟乘着酒劲来到了宇文邕的殡宫，在父皇的后宫内撒野逞欲，逼迫嫔妃满足他的淫欲，许多嫔妃不堪欺辱，自尽而死。

王轨无法忍受宇文赟如此荒淫乱政，声色俱厉地训斥宇文赟。宇文赟勃然大怒，但因为王轨是顾命大臣，位高权重，一时颇为忌惮，他将王轨逐出朝廷，令其前往徐州赴任。

宇文邕被安葬在孝陵，追封为武帝，庙号高祖。武帝刚刚下葬完毕，宇文赟下诏令朝廷官员除去孝服，带头不守孝制，纵情声色，而他偏偏将宇文邕的陵墓命名为孝陵。百官愕然无语。

刘昉和郑译被任命为上大夫，总管内府事务，作威作福。宇文赟身边的亲狎侍从也都纷纷出任要职。这些人多是世家子弟，并无军功资历，他们平日以褒狎无赖、阿谀奉承而得宠，在为太子属官时屡受排挤，自然记恨那些看不起他们的元老重臣，有他们在，这些人估计也难有出头之日。于是他们积极唆使宇文赟逞凶斗狠，清洗前朝旧臣，将大权统统集中到他们手里，便于窃弄。

宇文赟见宇文宪位尊望重又颇得人心，大为忧虑，刘昉趁机告诉他要宇文孝伯协助杀害齐王。宇文孝伯不允。宇文赟恼羞成怒，随后召集郑译密谋杀害齐王。宇文宪被骗到宫中，宇文赟则命令军士将宇文宪活活勒死。他还趁机将宇文宪的心腹大将军王兴、独孤熊、豆卢信等人杀害。

这只是一场大规模残杀的开始。不久，宇文赟禁不住刘昉和郑译的劝说，赐死了宇文孝伯，随后又派人将德高望重的宇文神举毒死。另一个顾命大臣尉迟运被贬谪到秦州后也是日夜担忧，最终忧郁而死。

宇文赟随后又将在京的亲王全都赶出了京师，无诏令不准进入京师。

郑译、刘昉对王轨是深恶痛绝，便怂恿宇文赟诛杀王轨，宇文赟令人前往徐州赐死王轨。

短短几个月，宇文赟将宇文邕生前任命的四位顾命大臣杀害殆尽。

杨坚也被这无情的杀戮震惊了，他想不到宇文赟居然如此丧心病狂。他忧心忡忡，朝廷又要经历一场浩劫了，为什么每次君王更迭都会重复杀戮的悲剧？

"陛下，你若泉下有知，一定死不瞑目吧。"杨坚痛心疾首，同时他也暗自庆幸远离了京师，宇文赟连他的皇叔、同族兄弟都杀，若是他在长安能否幸免于难还不好说。如今看来调任亳州也算是因祸得福。

然而没过多久，杨坚接到诏令，他被任命为大后丞。原来，杀害了四位顾命大臣后，宇文赟充实并提升内史、御正等直属机构，将大权集中到皇帝手中。但宇文赟杀了那么多先帝的功臣勋将，刘昉、郑译之流当然无法震慑朝臣，各地均有零星的叛乱。两人思前想后决定让杨坚走到前台，他们与杨坚曾是太学同窗，认为杨坚谦逊恭厚，能安抚百官，于是一拍即合。宇文赟听了刘、郑二人的建议后设置四辅官，以上柱国大冢宰越王盛为大前疑，相州总管蜀国公尉迟炯为大右弼，申国公李穆为大左辅，大司马随国公杨坚为大后丞。当然他们只是象征性的虚职而已。

杨坚抵达京师便感到了风声鹤唳，朝臣们惶惶不安。宇文赟如此恣意妄为，并非所有的朝臣都缄默不语，京兆尹乐运奏陈宇文赟八大过失，惹得他恼羞成怒，对朝臣更加猜忌。他肆意鞭打、杖击臣子，甚至于朝堂之上打死大臣，此外还秘密派心腹窥伺群臣，只要发现谁有小的过失就治罪。

短短一年的时间，宇文邕辛辛苦苦创建的国泰民安、君臣思治的大好局面，经过宇文赟一番奢性、暴政的折腾，君臣已离心离德，上下怨声载道。

当杨坚目睹了宇文赟的所作所为后也大为痛惜："如今皇帝实在无德，肆意杀戮，人人自危，先帝现在泉下有知也会后悔万分吧。"

"夫君，你千万别胡乱说话了，也不要在背后说皇上的坏话。说不定这后面就有人监视。上月御史大夫因为在府邸对他发了一番牢骚，结果第二天就被他在朝堂之上打得皮开肉绽。"

"他这般作孽，武帝开创的宏伟大业就毁在他手里了。你看看短短一年的时间，朝政让他搞得乌烟瘴气，功臣良将都被杀了。伽罗，我不会明哲保身，我要在力所能及的范围之内保住先帝历经千辛万苦开创的大业。"

"夫君，咱们这个女婿比起宇文护有过之而无不及。"

"我不会故意激怒他，我只是尽力而为。好在他身边的刘昉和郑译都是我的太学同窗，平时的交谊也都不错。只要不触犯他，他们都会为我说话的。"

"只是苦了咱们的女儿。"

宇文赟当了皇帝后，杨丽华自然成了皇后，但除杨丽华之外，宇文赟又设立了四位皇后，将后宫制度搅和得一塌糊涂。杨丽华温柔敦厚，对宇文赟声色犬马的生活也多加劝谏。宇文赟虽宠爱杨丽华，但日渐厌恶。

不久，突厥犯边，边境烽烟再起。刘昉和郑译等人犯了难，他们在朝堂弄权是把好手，可是谁也没有上过战场，自然不敢领兵出征，但也不想让那些武将建功立业。究竟让何人挂帅出征，他们再次想到了杨坚。

"郑兄，依我看不如就让杨坚领兵出征吧，这样的话，你我便可高枕无忧。若是击退了突厥，奏请皇上升他为大前疑，成为百官之首，也算是对他投桃报李吧。"

郑译点点头："他是国丈，领兵出征皇上也放心，是出征的不二主帅。"

于是，杨坚就这样率大军前往夏州和朔州北御突厥。临行之前，他令长孙晟从凉州赶往夏州。

"长孙晟，我想知道一年前突厥为什么突然撤兵？"杨坚见到长孙晟，首先开口问了这个问题。

"那罗……"长孙晟似觉不妥，转而说道，"大将军，我经过多方打探，才知道是突厥的他钵可汗在军前病重，一度昏迷。所以突厥才匆匆撤军。"

杨坚不禁黯然神伤："真是天不佑大周，为什么病逝的不是突厥可汗？若是突厥可汗死了，那么我们现在可能就饮马长江了。哎，知天命尽人事，天意违背不得。"

长孙晟脸色沉重："想不到居然是我们的陛下先走了，一年多了我还没能亲自前往孝陵祭拜。"

"长孙晟，莫要悲伤。彻底打服突厥，才是对先帝最大的告慰。"杨坚转而问道，"这次领兵的突厥将军又是摄图。这个摄图到底是什么来历？"

"我经过多方打探，对突厥内情已有所了解。突厥帝业多是兄弟相承，从伊利可汗、逸可汗、木杆可汗到他钵可汗，都是如此。这个摄图就是逸可汗之子，他钵可汗的侄子。"

"原来如此。既然现在的他钵可汗病重，那摄图有没有继承可汗之位的可能？"

"有这个可能。逸可汗、木杆可汗、他钵可汗都有儿子在世，且都在突厥军中担任要职，但要论德高望重、功勋卓著当然要属这个摄图了。"

"若是他当了突厥可汗，那我们可真就麻烦了。一时之间恐怕很难搞定突厥了。"杨坚眉头紧蹙，"我们还是先解决眼前的祸患吧。"

长孙晟又向杨坚详细介绍了他所知道的一些突厥内情。一番对话，长孙晟也放松了下来，开始以名字相称。

"那罗延，待战事结束后，我是否可以前往长安祭奠先帝？"

"你还是待在凉州吧。远离长安也就远离了危险。"杨坚看到长孙晟满脸的失望又解释道，"如今的朝廷已经不是先帝那般了。陛下暴戾恣睢，朝政大权又被刘昉、郑译等人把持，我虽然是四辅官，但也是有名无实，你贸然进京，被人抓住了什么把柄，恐怕就难以脱身了。陛下杀了那么多人，可都是先帝身边的亲信啊。"

"皇上短短一年时间就将先帝十几年苦心经营的大好局面毁于一旦。你还记得我们少年时的约定吗？如今朝政如此混乱，我们也不能眼睁睁地看着先帝的伟业逝去和凋零吧？"

"梦想岂能忘记？就是在宇文护当政时期，我都没有动摇过。先帝当政，这个梦想触手可及，如今却遥不可及了。"

摄图率军在云州、朔州等地发起了攻击，虽然得一时之势，但周军在杨坚的部署下积极防御，突厥虽攻占一城，却很快又被周军夺回。

"这个杨坚是个难缠的角色，一年前若是他在定州，恐怕我们很难全身而退。"摄图道，"大周果然人才辈出，他们的皇帝死了，现在这个皇帝残暴荒淫，杀了那么多的忠臣良将，本以为能够趁火打劫，想不到大周居然还有如此骁勇之将。"

"叔父，难道我们就无功而返吗？"染干问道。

"哼！我们的目的已经达到。大周的皇帝很快就会将金银布帛进贡给我们。"

"这次我要让杨坚感到无能为力，无可奈何！"摄图又冷冷地笑着，眼神中透着难以捉摸的深奥含义。

杨坚视察前线，看到被攻破的城池，哀鸿遍野。"早晚有一天我们会让突厥血债血还！"杨坚恼怒不已，"真是猖狂，不能就这么便宜了他们！"

杨坚打算在定州骑兵到达后，部署对突厥的反击。可突厥却无任何行动。

"这次一定要给他们以教训，将这股突厥军队围歼，让他们付出骄傲轻敌的代价。"杨坚调兵遣将，暗中集结好作战军队。

正当杨坚要对突厥反戈一击的时候，却收到了宇文赟的停战诏书。原来，突厥袭击得手后遣使前往长安谈判，要求大周恢复对突厥的朝贡。宇文赟本来就对突厥心存忌惮，听闻求和满心欢喜，当即应允了赔偿之事。

"耻辱！奇耻大辱！"杨坚彻底怒了。

"我们在前线出生入死奋勇杀敌，如今倒好，烧杀抢掠完了，居然还要给他们战争赔偿。真窝囊！怪不得突厥毫无防备，原来他们早有打算。"长孙晟痛心不已。

杨坚不说话了，他心中仅存的一点希望荡然无存。

"这个朝廷真的不值我们效力了。"杨坚注视着突厥耀武扬威般从容撤离，这是他作为一名主帅的羞辱，而远在长安的宇文赟是不在乎的，宇文赟不关心他们是全军覆没还是安然无恙，只要他能够继续寻欢作乐，不要说金银财宝，就是他们将士的性命也随时可以拿来做交换。

"这样的朝廷还有存在的必要吗？"杨坚突然想起智仙的教诲、赵昭的预言，难道这一切是真的吗？但改朝换代又是何其难也，况且宇文赟年轻气盛，而他已经四十岁了，还有机会吗？

杨坚回京后当上了大前疑，而其他三位辅官为了自保请求前往地方任职，宇文赟也干脆让李穆任并州总管、尉迟迥为相州总管，对于宇文盛，也诏"以丰州武当、安昌二郡，邑万户为越国"，令其出京就国。

不久，一个消息更令杨坚等朝臣错愕，宇文赟宣布退位，将皇位禅让给年仅七岁的太子宇文阐，立其为帝，他则自称天元皇帝。当然大权还是握在他手里，只是不再上早朝而已，这更方便了他平日里随意游戏。为了监控群臣，他命令群臣必须每五天要到天台朝见，朝见前先素食三天，洁身一天，如若不遵行则要遭到刑杖。许多官员都被实施拷打，忍气吞声。

杨坚也经常被无端训斥，他特意前往华州，走进般若寺，往事渐渐清晰，但少年的气盛和远大志向，已经消磨殆尽，面对朝政乱局，他也几度心灰意冷。

"师父，你在哪里？你可知道徒儿现在多么痛苦和无助，朝廷在宇文赟的放纵和刘昉、郑译等人的干涉下，处于极度混乱的状态。朝臣只求苟安幸免，全然没有了先帝在位时君臣思治、开拓进取的氛围。"杨坚跪在破旧的佛像前默默祈祷。

杨坚起身后，一位老尼将一封书信交给了杨坚，告知他这是智仙留给他的。杨坚打开后，上面赫然写着两行字：那罗延，你就是金刚大力神，尽人事，听天命，勇往直前。

杨坚识得这是智仙的笔迹。这应该是在宇文邕毁灭佛教的时候留下的。看来智仙一直没有放弃对他的期望。看来还是师父了解他。其实时下的乱局对他来说何尝不是个机遇。宇文赟虽然年轻，但是却荒淫无度，天不假年。作为百官之首，利用特殊地位，他还是能从容布局的。

在他的政治生涯中，经历了多少猜忌和磨难，能够无数次的逃脱并且安然无恙，也许这就是天意。夺取统治权力，守护最初梦想，不至于一生都碌碌无为，也需要非凡的毅力和勇气。那么就做好一切准备，让上天来决定命运吧。

暗中布局

　　杨坚很快提拔了不少名门望族。对于陇西李氏，他首先奏请李穆的儿子李雅任荆州总管，李崇为怀州刺史；对于安定梁氏，奏请梁睿为安州总管，梁士彦为亳州总管；对于于谨家族，奏请长子于翼为幽州总管。另外对于河东柳氏、京兆韦氏、范阳卢氏等望族大氏，也均委以重任。这些名门望族，刘昉、郑译等人也不敢轻易得罪，况且杨坚对于刘昉和郑译家族的人也大加提拔，所以自然也都通过了。杨坚也加强了与元谐、王谊、宇文忻等勋臣贵族的交往。

　　杨坚做这些都是在不动声色中完成的。对于勋臣望族，他采取的策略便是广泛接触，但不深交，以免被宇文赟猜忌。

　　伽罗对于杨坚的所作所为也大为不解："夫君，你提拔了这么多人，但是对于登门拜访的却一概拒绝。你这么做未免有些不近人情吧。不过话说回来，这些豪门贵族哪个不是炙手可热？人家也未必会感激你。"

　　"我就是让他们以为这本是他们应得的，而我只不过是做了个顺水人情而已。如果我不拒绝，被宇文赟察觉了，那就人头落地了。咱们这个女婿暴戾，对权力极度眷恋，对威胁他的人也非常警惕。我若与这些人走得太近，会引起他的怀疑和猜忌。"

　　"既然这样，你还操这份心有什么用？倒不如在家颐养天年得了，我们这个女婿也不会体会你的良苦用心。"

　　听到这里，杨坚沉默了，他思忖到底要不要告诉伽罗，半晌他才认真地说道："伽罗，我要告诉你一件事，如今的乱局对我来说未尝不是一个机遇。"

　　伽罗似乎明白杨坚所想，并没有太大的惊讶："夫君，你终于下定决心了。"

　　"以前武帝在位时，我是心甘情愿为他效力，虽然有人在蛊惑，但是我始终觉得没有机会。现在不一样了，宇文赟荒淫无道，滥杀忠臣良将，我不能眼睁睁地看着天下大业毁于一旦。再者，宇文赟纵情声色，观其相貌，寿命不长，如今他又令诸王离开长安，说不定会有天赐良机，何不放手一搏？"

　　"这个朝廷真的不值得我们效忠了，宇文护杀了我父亲，我们在他的阴影下战战兢兢生活了十几年。宇文邕当了皇帝，可是却毁灭了佛教，杨家和独孤家族历代信佛，这种被毁灭被折磨的痛苦我们都亲身经历。夫君，既然你下定了决心，无论生死我都会陪你走下去。"

"别看我不求回报地提拔关陇贵族，真到了生死较量的那一天，他们也会成为支持我的强大势力。"

"放手做吧。事在人为，万一上天垂顾，也未可知。再说宇文赟生性残暴，为了自保也要结交豪门权贵，总比到头来束手就擒好吧。"

杨坚就这样为夺权不动声色地布局着，在暗中也招纳了不少党羽。

不久，杨坚又发现李德林在朝廷任内史，但却郁郁不得志，原来宇文赟只顾纵情声色，对李德林的奏议根本不予理会。这些奏疏杨坚翻阅后大为惊叹，里面提到的一些治国策略和理念，让杨坚大受启发。

于是，杨坚找到了李德林，但是李德林看上去不免有些消沉。

"李大人果然是文武双全，在平灭齐国的时候我便知道了大人的威名，如今看了大人的几份奏疏更是心生敬佩。"

"看了又如何？难道大前疑可以实施吗？"

杨坚摇摇头。

"我看你也就是个傀儡而已。我对将军也是略有耳闻，将军也算是有自知之明之人，既然无能为力，何必忝居高位，尸位素餐？"

杨坚听得出李德林揶揄的口吻，并不在意，回应道："无为之人忝列高位，心中有愧。杨某不才，只想做些力所能及的事儿。"

"力所能及？敢问将军能做啥事？皇上荒淫无道，将军可曾劝谏？不理朝政，将军可曾提醒？皇上杀忠臣，将军可曾相救？我看将军还不如关在牢狱中的京兆尹乐运。"

杨坚脸色阴沉："大人佩服乐运，可是乐运奏陈皇上八大过失后，换来的是皇上对朝臣更加严苛和变本加厉的刑罚。难道这就是大人想要的结果？"

李德林不说话了。

"我在随州和定州任职时，深知地方弊政，也想早日革除。但是冰冻三尺非一日之寒，实现弊革风清，也非一日能成。操之过急只会功亏一篑。再说如今皇上……"

李德林听到这里，微微闭上双眼："可惜了先帝创下的大好基业，若是有为君主，只要励精图治，定然会收复江南，可是他却杀光了先帝身边的功臣良将，南北分治已经有三百余年了。大周错过了这次机会，不知上天还会不会眷顾。"

"杨某不才，但是也不会轻易让机会就这么溜走。"

听到这句话，李德林目光炯炯地望着杨坚，杨坚自知失言，低头不语。

"将军提拔了不少关陇贵族，这些人将来对将军来说利弊两端，福祸相依。德林送你八个字：韬光匿迹，广交深结。"李德林说完，起身离开。

"真不愧是齐国第一才子。"杨坚暗忖着，"看来他似乎看出了一些端倪。"这样的人的确是他所需要的。

虽然不能大刀阔斧地改革，但是杨坚还是做了不少实事。不久，西北诸州大旱，杨坚奏请减免了一些赋税，调拨粮食救济灾民。对于军队，他严查吃空饷，有了随州的刘同克扣抚恤金的教训后，杨坚对于发放抚恤金格外重视，制定了严格的领发流程，发现弄虚作假的轻者流放，重者判处死刑。一时间，涣散的朝廷渐渐有了起色，朝野内外也对杨坚赞誉有加。

虽然宇文赟整日声色犬马，纵情享乐，还是注意到了杨坚。宇文赟虽然没有政治远见，不懂得积德树恩，但是却善于不择手段地铲除异己。由于有宇文护的教训，宇文赟虽然年轻，但也格外警惕第二个权臣的出现。为了加强集权，他已经把宇文邕时期的掌权臣子铲除殆尽，同时令宗室亲王各就封国赴任，以免留下隐患。即便如此，他还不放心，经常派人秘密查访，监视朝臣的行为举止。现在他环顾四下，陡然发现身边居然还有个杨坚，当他看到杨坚在朝中的声望越来越高后，大为警惕，心里对杨坚莫名地动了杀机。恰在这时杨丽华因为劝诫宇文赟要关心国事，把宇文赟惹恼了。

"谁给你的胆子来劝朕？信不信朕杀了你！"宇文赟恶言相向，下旨将她关入冷宫。

消息很快传到杨府，独孤伽罗慌了神。

杨坚镇定下来告诉伽罗："为今之计只能你前往皇宫谢罪，丽华估计是冒犯了他。只要你卑躬屈膝向其求饶谢罪，我们的女儿应该不会有事。"

"万一他要杀了丽华呢？"

"丽华温柔贤淑，其他妃子也会为其求情，再说我在朝廷这两年，对宇文赟的脾性多少还是了解的。你先去试一下，我现在去求求郑译、刘昉他们。"

独孤伽罗急忙奔向皇宫，见到宇文赟不停地叩头求饶，不大一会儿满脸都浸满了鲜血。

宇文赟这才渐渐消了怒气，赦免了杨丽华。

"回去告诉杨坚，不要以为是国丈他就无法无天。要是再让朕生气，朕就下旨诛了你们全族！"

伽罗头破血流回到府邸，杨坚急忙令太医诊治。

从此，杨坚动辄得咎，宇文赟对其所奏所请一概不允，每每议事都对杨坚大加斥责。面对性情无常的宇文赟，杨坚开始变得谨小慎微。

"宇文赟好像盯上我了。"杨坚忧虑地告诉伽罗。

"夫君，那该怎么办？"

"宇文赟无德，不知道笼聚人心，却不择手段地铲除异己，看来大周朝国运难测。"杨坚此时更坚定了他的看法。

"既然宇文赟这般残暴，国运难测正是你大展宏图之际。"伽罗道，"总不能被人猜忌一辈子吧？"

"此等事只能看造化，现在不能轻举妄动。如今我不能待在京师了，否则宇文赟早晚会对我下手。"杨坚说道。

"那你离开了京师还有机会吗？离开长安，中枢的消息、朝廷的人事变动都不在你掌握之内，那么这两年的苦心经营可就是白费了。"

"如今宇文赟盯上了我，我若留在京师就有性命之忧了。他说诛我们全家，可不是说着玩的。我继续留在京师也会因他的猜忌招来祸患。"

"难道你就真放弃了？"

"不是放弃，是暂时蛰伏，在宇文赟的眼皮底下发展势力，并非易事。其实我并没有做好万全的准备，既然宇文赟猜忌于我，那不如暂时放弃吧。我出镇地方，可进退自如。等到宇文赟怒气消了，我再设法调回京师。伽罗，改朝换代这种事我们只能等待。宇文赟虽然荒淫无道，可是他却年富力强，我虽说他不长寿，但总还能折腾个三五年，还有这等事情只能看天意，强求不得，或许机会就在明天，或许真的没有机会了。"杨坚说到这里，想起未来都是未知，摇头不已。

"你什么时候离开京师？准备去哪里？"

"我先去找找郑译，让他奏请宇文赟将我外派出去。我还是希望能够去扬州，还想看到收复江南。若此，便死而无憾了。"杨坚似乎还未从刚才的思绪中回过神来。

"无论处境多么艰难，夫君总是想着收复中原、平定江南。"

"这是我们小时候的一个誓言，可惜先帝赍志而没，希望我能完成遗愿，不要把这个遗憾带进坟墓里。"

第二天，杨坚入宫依然受到宇文赟的怒斥，他连连俯首认罪。退下后他看到郑译，悄悄拉他到无人之处。

"郑兄，你刚刚也看到了皇上又对我龙颜大怒，我待在京师恐怕将有性命之忧，还望郑兄从中斡旋，给我谋个外任职位，好保全性命。"

郑译明白杨坚的处境，本来他就是自己和刘昉拉过来应付局面的，如今朝政已被他们牢牢掌控，杨坚也没有多少用处了。他也清楚宇文赟已经对杨坚有所猜忌，若不是他从中斡旋几次，说不定杨坚真有血光之灾。

"机会成熟，待有合适的空缺我一定会为杨兄谋职外任。"郑译爽快地应承下来。杨坚又拜托郑译越快越好，以免夜长梦多。

郑译来到宇文赟面前，看到他正对着江南地图沉吟不语。

"郑卿，你来得正好。朕准备筹划对南朝用兵，你意下如何？"

郑译了解宇文赟，用兵江南恐怕是为了满足虚荣心，一旦受挫他就会改弦更张。

"此计甚妙，只是不知陛下为何突然对南朝用兵？"

"朕虽然自称天元皇帝，可却无尺寸之功。与先帝平齐功业相比，更是相形见绌。朕想收复江南，这样才能光照千秋。你认为如何？"

郑译果然猜中了宇文赟的心思，他突然想起杨坚所托，献策道："陛下所做决策英武神明。但要用兵江南，须有威望的重臣前去调度和镇抚。"

"那要选择何人挂帅主政江南？"

"随国公智勇双全，可以任命他为扬州总管调度江南兵马。"郑译趁机说道。

此时，宇文赟对杨坚正看不顺眼，几次想动手除掉他。听到郑译这话，顿时想出一箭双雕之计："这样也好，朕正想把他调离京师，就任他为扬州总管。另外朕令你就任你江南行军大总管，若是平复了陈国，你功德无量。若是败了，朕要拿杨坚是问。"

听闻此言，郑译受宠若惊，欢喜地跪地谢恩。

宇文赟又皱着眉头说："我们若是派兵攻打陈国，突厥会不会趁机而入？这两年突厥总是侵扰大周边境。突厥兵甲强盛，朕甚为忌惮。"

郑译对突厥也胆战心惊，但他似乎想出了法子，奏道："臣想出了一个办法，皇上不妨效仿汉文之故事，与突厥和亲。"

"和亲？"

"我们选一个公主，嫁给突厥可汗，让突厥短时间内不会侵扰大周，正好我们可以用兵江南。再者，突厥出兵无非就是抢劫粮食和财物而已，我们多向突厥进贡一些，花钱消灾。"

宇文赟也觉得甚对，但他又眉头紧蹙："可是朕的女儿都尚在襁褓之中。"

"不妨从宗室亲王的女儿中选择一位嫁给突厥可汗便是。臣听说赵王的女儿千金公主如今已经长大成人，不妨派她过去。"郑译道。

"这件事就交给爱卿了。"宇文赟转忧为喜。

杨坚接到任命，如逢大赦，庆幸终于离开这生死之地。可是他又有些失落，实话实说，这次外任虽然躲过了眼前之灾，可是却前途渺茫，更遑论将来能否重回京师执掌大权了。他很清楚将来若有变故，也无能为力了，以地方反抗中央是很难成功的。想到这里，杨坚心事重重，从位极人臣到流放外地，也只能感叹命塞时乖。他来到法门寺，默默地祈祷，希望神佛能佑护他渡过劫难。

杨坚走出法门寺，正好遇见了来和。杨坚遂向他辞行。

来和得知杨坚前往扬州赴任，不禁哈哈大笑："将军认为天元皇帝能收复江南？其实这是将军外出避祸的意思吧？但如今京师才是你最该待的地方。"

"皇上的旨意已经下达，若是违背恐怕就是杀头之祸。"

"恕贫道直言，前几日我进宫，视天元相貌，寿命亦不长。他耽恣声色，以吾观之，贻将不久。如今诸侯微弱，各令就国，无深根固本之计，天元杀戮忠良，民心愤怨，何能久远？吾仰观玄象，俯察人事，周运已尽，将军不可不思虑。"来和说完，意味深长地望着杨坚。

"他好色荒淫但也年轻气盛，而他已经猜忌于我，不得不外出避难。"

"将军若走，必会后悔终生。"

杨坚苦笑道："你和你师父都说我有帝王之相，可帝王之位岂是那么容易得到的？国家历尽艰难，好不容易才盼来一丝希望，又被天元无情剿灭。我不求君临天下，只求驰骋疆场。"

"天道昭昭，或许这就是黎明前的黑暗吧。等到机会来临时，还望将军勇敢面对。"来和最后说道。

因为来和的劝阻，杨坚有所踌躇，他自称有足疾，暂缓启程，决定在京师多逗留些时日。

天降机遇

进入五月，天气渐渐热了起来。

一日夜晚，杨坚准备更衣入睡，却听得外面阵阵喧嚷声，探究一番才知道宇文赟兴致来临，夜驾天兴宫，巡游作乐。

宇文赟的浑身戾气不但苦了朝臣，也让身边的嫔妃受尽折磨。年初的时候，宇文赟突然想去洛阳，令四位皇后并驾齐驱，他则骑驿马驱使，哪位皇后落后了他便鞭打谴责，一日驱驰三百余里，意犹未尽。

"天元皇帝这般折腾，真是苦了咱们的女儿。"

"你见到女儿告诉她，莫要再惹怒皇帝了，忍气吞声吧。"杨坚也无可奈何，"看来我还是早日离开这个是非之地吧。"

又过了三五日，杨坚正准备离京赴任之时，却接到了入宫的诏书。这个时候召见他，他猜测宫内一定发生了大事，因为宇文赟似乎把他都忘记了。

那天深夜，宇文赟夜驾巡游，谁也都没有在意。可是第二天，他却起不了身，病势沉重，左右迅速护送他回宫，御医经过多方救治，不但丝毫不见好转，甚至连声音都嘶哑，说不出话来。宇文赟似乎也感觉到凶多吉少，便诏令赵王宇文招、陈王宇文纯、越王宇文盛、代王宇文达、滕王宇文迪火速入朝，准备嘱以后事。

然而仅仅过了一天，宇文赟就快不行了。他等不及五王到京了，令御正中大夫颜之仪和刘昉俱入卧内，起草遗诏，诏令五王监国，辅佐少主。

刘昉已经知道宇文赟时日无多，少主不能亲理朝政，若五王监国，那么必然大权旁落，他们这帮宇文赟宠信的臣子定会失势，且朝臣对他们恨之入骨，早欲除之而后快。

"陛下若真不在了，我们也没有好下场。"刘昉出来后将遗诏内容告诉了郑译以及御史大夫柳裘、内史大夫韦谟以及御正下士皇甫绩。

武帝宇文邕的功臣惨死的下场就在眼前，他们自然清楚日后的处境和下场，一朝天子一朝臣，要想保住荣华富贵，必须继续执掌权力。

"必须找一个人能够保护我们的权力和地位。"他们再一次想到了杨坚，"如今邀五王进京的诏书已经发出去了，趁我们还有能力控制内廷，必须要快速行动。"刘昉果断地说道，"马上邀请杨坚入宫侍疾，相机行事，迟则生变。"

"可是那个颜之仪该如何处置？这个人太过执拗，也不知道皇上怎么会让他一直待在身边。"郑译有些为难。

"郑兄，不可有妇人之仁。万不得已就把他……"刘昉说着做出了个杀人的动作。

当刘昉和郑译将实情告诉他的时候，杨坚简直不相信自己的耳朵。他想不到命运之神真的向他招手了。他内心大喜，但表面上要推辞一番，谁知刘昉却直接开口道："将军，如今形势紧要，若为之，当速决断，如果还要推辞，那么我就粉墨登场了。"

柳裘等人也在一旁劝说："机不可失，如今将军要早定大计，否则当后悔莫及。"

看来他们是真的着急了。杨坚不再推辞一口答应了下来："坚愿与诸位共渡难关，共享富贵，永不相负。"

杨坚看了一下宇文赟，宇文赟已经形容枯槁，奄奄一息。当他们两人的眼神对视时，杨坚明显感觉到宇文赟的不甘和恼怒。杨坚望着宇文赟冷冷地微笑着，心里暗道：曾经你那么狂妄，现在却在这儿等待死亡，这就是宿命。我终于等到了这一天。

当天夜里，宇文赟撒手归天。

郑译和刘昉秘不发丧，以假诏令杨坚都督内外诸军事。但是这一诏书必须有同受遗命的颜之仪签署方能生效。颜之仪知道这不是宇文赟的旨意，不肯签字，厉声斥责刘昉："陛下刚刚驾崩，尔等便做出这等悖逆之事。陛下待你们不薄，尔等备受皇恩，当思尽忠报国，奈何以神器假以外姓之人？之仪有死而已，绝不能诬罔陛下！"

刘昉见状，知道颜之仪志不可屈，不与他辩解，代他签发了诏书。颜之仪认为只有宗室亲王入朝辅政才是正理，可是眼下五个亲王还在路上。如今形势大为不妙，恐怕等不到几位亲王进京了。他急忙和亲信宦官商议秘密告知在朝的大将军宇文仲入内辅政，控制皇宫。孰料被郑译得知了消息，他立刻告诉杨坚。可是消息还是传了出去，杨坚内心大惊，急忙让刘昉控制禁军，并且让其侄杨雄火速驰援。然而刘昉等人却吓得脸色苍白。

"不要担心，没有诏书，宇文仲恐怕不敢轻举妄动，你们不要乱，将颜之仪软禁，控制好皇宫，静观时变。"杨坚冷静地说道。

杨坚判断得不错，宇文仲对此将信将疑，并且忌惮宇文赟的残暴，只率少数亲卫军赶往皇宫。杨坚在御座前逮捕了宇文仲，控制了皇宫。刘昉和郑译也都虚惊一场。

杨坚当夜以宇文赟的名义发布了一份假诏书，宣布杨坚总知内外兵马事，控制京城禁卫军。虽然他没有颜之仪的亲笔签署，但这难不倒杨坚，他让女儿杨丽华以皇太后的名义昭告天下，随后他有条不紊地进行部署，令杨雄和庞晃、卢贲等心腹执掌长安禁卫军，以防不测。

好在杨坚在皇宫内调度有方，取得了初步胜利。他也知道秘不发丧不可久拖，于是在宇文赟病逝两天后，正式发布宇文赟死亡的消息。同时他以宇文阐名义下诏任自己为左大丞相，总揽朝政。为了掩人耳目，又任命宇文赞为上柱国，右大丞相，秦王宇文执为上柱国，共同辅佐少主。杨坚所选的这两位亲王都是年纪轻轻的纨绔子弟，且将宇文赞置于自己之上，外示尊崇，并无实权，不会对他构成真正的威胁。他顺利控制了京师。

这只是夺权路途的开始，鹿死谁手，还未知晓。但他清楚，谁具备玩转朝纲的实力，谁最终才能夺得天下。

杨坚回到府邸看望伽罗，伽罗自从杨坚走后一直担惊受怕，后来看到杨坚稳住了局势，也稍稍安心。

"夫君，苍天佑护，想不到我们真的能主宰天下。"

"一切太过突然，差一点让宇文仲捷足先登。好在我控制了局势，不过较量才刚开始。"

"事到如今，已无退路，就勇敢地走下去吧，我会与你同生共死。"

"我以后就会待在皇宫全力以赴应付政变之事。现在你可以联络岳父的一些故旧部将，看哪些有意追随我，我现在特别需要关陇贵族和勋臣胄将的支持，没有他们，必败无疑。"

杨坚当夜返回皇宫坐镇，以防不测。他同时也开始筹建丞相府。宇文阐所居住的皇宫称正阳宫，就是原来的东宫。宇文赟所居住的皇宫为天台。正阳宫经改造与天台建制相同，设纳言、御正、左右宫伯。杨坚遂让宇文阐移居天台，正阳宫改为丞相府，成为杨坚临时主政的地方。杨坚要群臣和他一起前往丞相府总署朝政。但是朝臣们面对骤变的形势无所适从，人心浮动。

"坚承蒙皇恩，愿与诸位共享富贵，同生共死。一句话，想荣华富贵、升官发财的跟我来吧。"

但是众臣仍旧惊慌困惑，两两三三，窃窃私语。杨坚也料到会有不服者或动摇者，所以他早就密令担任宿卫的部将卢贲领兵在外环侍，杨坚一挥手，卢贲率禁军赶来，怒目而视："想追求富贵的，当跟随丞相。"说着拔刀相向。此时气氛凝重，令人不寒而栗，百官们此时倒也识趣了，在士兵的"护送"下，跟随杨坚前往丞相府开府办公，被迫向杨坚俯首效忠。

杨坚以刘昉有定策之功，拜上大将军，封黄国公；郑译兼领天宫都府，总六府事，封沛国公，并且对两人赏赐巨万，出入以甲士相从。其实，杨坚对刘、郑二人的赏赐多半是出于稳定朝局的需要。在他内心里是极为鄙视刘昉等人的，他们并没有军功资历，也没有真正治国理政的本领，目前对他们只能采取尊崇、笼络之举。他当然清楚要想站稳脚跟，最根本的是要渐渐确定新的领导核心，迅速组建属于自己的心腹集团。而勋贵之臣目前与大周皇室尚有千丝万缕的联系，他不敢贸然邀请，一番思考后，他将目光投向了与皇室没有深厚渊源却又有智勇双全的后起之秀。他首先相中的两个人是高颎和李德林。为此，他召来独孤陀和杨雄分别去劝说两人。

"你们也知道如今形势尚不明朗，但我内无心腹可寄托，一着不慎会招致败亡，刘昉、郑译之流胸无大志，我必须要将自己的心腹拉到这个权力的中心，高颎他与我相识很久，此人忠厚，患难见忠心，他与你们独孤家族渊源颇深。我希望你能够劝说他为我效力。我定不负于他。"杨坚停顿一下又道，"对于李德林，我本想亲自劝说，但无奈寸步不能离开。他可是齐国第一才子，大周数次讨伐齐国，皆因此人而失败。周武帝对他极为重用，此人洞烛其奸，我企图篡权之事，他或许猜出一些端倪。杨雄，即使他不从，无论用何种方式一定要把他给带到丞相府。"

"我等定全力以赴。"两人说完迅速离开。

杨坚也很快收到了五王即将进入长安的消息。

"山雨欲来风满楼，该面对的还是要面对。"

只不过这不是和风细雨，而又是一场血雨腥风。杨坚突然拔剑出鞘，目光凝重地望着寒光闪闪、锋利无比的长剑，紧握剑柄，神情坚毅。

独孤陀和杨雄的劝说都很顺利，高颎和李德林也对宇文赟的倒行逆施颇为不满。高颎与杨坚长期交往，了解杨坚的志向。当得知杨坚主政后便誓死相随，当着独孤陀的面，向杨坚发誓："高颎愿意追随国公，纵然大事不成，全族被诛亦在所不惜。"

其实李德林早在杨坚任大前疑，不断提拔关陇勋贵时就对杨坚的动机有所怀疑。他本想上奏宇文赟注意杨坚的这些举动，但看到宇文赟重用奸佞，如此丧心病狂地杀戮也就忍住了。当杨雄前来劝说时，李德林想不到在这么多的关陇勋贵中杨坚偏偏选择了他，可见杨坚的勇气和毅力。不知怎的，他莫名地生出些许感动。他与杨坚并不怎么相熟，可是杨坚却在这等紧要关头重用他，他本以为他的那些治国理政的抱负都无从施展了，送上门的机会岂能放过？都说良禽择木而栖，贤臣择主而事，或许这一次选择，会让他的平生抱负得以施展。

"李大人，叔父是诚心诚意邀请大人。朝廷令他总文武事，经国重任，非大人才智辅佐，否则无以成就大业。还望大人勿要推辞。"杨雄诚恳地说道。

"既然丞相有如此诚意，德林愿以死奉公！"李德林郑重表态。

杨坚得到了两人的明确答复和支持后，稍稍心安。从此以后，两人成了杨坚的心腹，与杨坚共担风雨，共同为新王朝出谋划策。

杨坚很清楚他是矫诏入朝总揽朝政，所以他明白当务之急是要牢牢地控制京师，赢取朝野认可，进而巩固丞相府的权力。

他首先下诏停止修建长城以及洛阳宫城，释放被征讨而来的数十万役夫，接着废除了宇文赟制定的严酷的《刑书要制》。

就在五王进京的当天，杨坚下令撤销对佛、道二教的禁令，正式恢复佛教，对于仍信佛信道者，可进入寺庙、道观，官府要妥善安顿。

杨坚恢复了佛教，算是对智仙有了交代。他现在才真正理解师父所谓的金刚大力神的含义，在人间那就是帝王之命，如今九五之尊近在咫尺。

"师父，徒儿已经恢复了佛教，求您佑护我能够执掌天下，我一定会做世间光明的使者，结束战乱，带来和平，让百姓安居乐业！"

不久，杨坚又下令凡改鲜卑姓的，一律恢复汉姓。

杨坚这些除旧布新的应急措施，一时间让京畿地区安稳了下来，也笼络了一定的人心。与此同时，他派亲信控制住京师内外的一切中枢要务部门。对于大周宗室的五位亲王，他们一进京，杨坚就派人日夜监视他们的动向。但是他知道忠于皇室的勋贵依然存在，反对的势力也在暗流涌动，顷刻之间就会聚集乃至树立反旗。那么争取到关陇豪族的支持乃是最关键的一步，但是现在他又不能过早地暴露篡权的野心，所以对于豪族的拉拢，他现在不宜操之过急。多年的隐忍让他知道，有时候等待也是一种机会。

李德林则提醒杨坚着手准备平定即将来临的叛乱。

"其实这一个多月以来，本相都一直在暗中部署，但是打击目标要明确，否则会很被动。本相想来想去，关外地区叛乱的可能性最大。"

"大周刚刚收复齐国，人情未就，人心未附，若是有人反叛的话，必然会云集响应。想必丞相也揣度出最有可能叛乱的人了吧？"李德林问道。

"相州总管尉迟炯和豫州总管司马消难恐怕会有异心。"杨坚脱口而出。

尉迟炯是宇文泰的外甥，是大周皇室的重要成员，自然要维护皇室权威，巩固权力。宇文赟的皇后中有个叫尉迟繁炽的，就是尉迟炯的孙女。其实尉迟繁炽原来是大周宗室西阳公宇文温的夫人。按照宗室制度，宗室妇女每年都要入朝朝见，由于尉迟繁炽明艳照人，在朝见中周宣帝双眼紧紧瞪着她，被她的美貌吸引住了，遂强迫临幸，后来被封为第五位皇后。作为夫家宇文温咽不下这口气，便相邀尉迟炯起兵讨伐，尉迟炯权衡再三没有应允，结果宇文温兵败被杀，家破人亡。司马消难也不会甘心让杨坚执政，因为他的女儿就是宇文阐的皇后。

"丞相，司马消难必反无疑。在高齐的时候，他娶了高欢之女，官拜驸马都尉，后来背弃朝廷，投奔大周，还是你的父亲杨忠大将军冒死从高齐境内救他出来。此人性情狡诈，他的女儿如今是皇后，必然会不甘心大权旁落。"李德林道，"若是尉迟炯和司马消难联合起来，恐怕整个关外地区都会叛乱。丞相要做好这种准备。"

"他们两个早晚会反叛的，但是好在我还掌握主动，宇文赟倒行逆施，杀了那么多的忠臣良将，让关陇勋贵已经彻底寒心，要他们做出选择的时候，他们会倾向于本相。没有宇文赟这般折腾，我根本就没有机会。"

"其实丞相还忽略了一个人。"

"本朝的三十多位总管，我来回掂量了好几次，还有谁会必然反叛呢？"

"丞相是否想过益州总管王谦？"

"他会反叛吗？"杨坚摇摇头，"他是十二大将军王雄之子，承袭父爵，身居重位，如今已经六十多岁了，没有必要如此冒险吧？"

"王谦生性恭谨，无他才能，只因世受皇恩，才有此殊荣和地位，他随太子出征讨伐的时候，回京后诸将都把太子的荒唐罪过禀告武帝，唯独王谦沉默不言，所以宇文赟当了皇帝后，对他大加重用，让他任益州总管，总辖川蜀十八州一百四十六县。他虽然老了，但是个知恩图报的人。"

杨坚沉默不语，若是益州也反了，那情况就大为不妙了。

"丞相，再多的人反叛也不足为惧，关键是千万不要让他们联合起来。哪怕狼烟四起，丞相坐镇京师也会各个击破。要是他们齐心协力，恐难对付。"李德林道。

"尉迟炯和司马消难都是为了篡权，即使联合也是貌合神离，各有打算。王谦虽无韬略，但真反的话，必然会牵制大批兵力，也着实难以对付。不过我还是不希望自相残杀。因为本朝走到今天不容易，若是没有内耗，本朝早已无敌天下。"

"那是丞相的一厢情愿，要掌握大权必然要经历流血和战争。"李德林道，"即使丞相改朝换代之后，也会面临更大的洗礼。丞相还是要抑制那些武川显贵吧？"

"你怎么知道？"杨坚内心一惊，用犀利的眼神望着李德林，嘴角轻轻一笑。

"关陇显贵中能才之人很多，丞相偏偏选择德林和高颎，而我们都是高齐旧人，并无深厚根基，可见丞相是要除旧布新，力度绝对非常大。德林之所以说出来就是想和丞相坦诚相见。丞相有大志向，德林必竭诚效力。"

"四十多年来，我伴随着武川军士起起落落，武川军士之所以这么多灾多难，还是在于它的体制和弊端，要想避免这种悲剧，就必须要对朝廷和军队进行全方位的改革。我真的很佩服先生，这些我都藏在心里，想不到先生都想到了，怪不得当年我们屡屡不能攻下齐国，先生真的是高瞻远瞩。既然先生如此坦诚，本相也会诚意相待。"

这个李德林果然是权谋高手。杨坚虽然这么想，但是内心却极为不舒服，就好像藏在心底的私密被人偷窥一般。

第六章
平定三方叛乱

　　杀了二人之后，尉迟炯召集文武士庶，登城北楼，慷慨誓师：
"杨坚本就平庸之人，无功无禄，仰仗自己是天元皇帝的岳父，
不思君恩报国，反挟幼主以令天下，不臣之心昭然若揭。先帝
要我领兵于此，实乃将天下安危寄托于我，今与众卿举义旗，
讨伐杨坚。胜了，可以共享富贵，功在社稷；败了，也是为国
效忠，不失为忠臣良将。"

　　尉迟炯祭祀天地后，发檄文昭告天下，以清君侧、匡扶社
稷的名义起兵讨伐杨坚。

运筹帷幄

话说宇文赟病逝公告天下之后，镇守各地的关陇勋贵和皇亲国戚反应不一。尉迟炯、司马消难、王谦三人知道宇文赟病逝的消息，都有所犹豫，刚开始尉迟炯和司马消难还抱有希望，以为会招他们进入朝廷。王谦则举棋不定，接到诏书，他考虑再三派部下奉表入京，表示服从朝廷诏令。

直到他们得知杨坚被任命为左大丞相，才恍然大悟，杨坚篡周的野心暴露无遗。他们也在暗中积极准备反叛。大周宗室的五位亲王回到京师见大权旁落也咬牙切齿，暗中联合起来发誓要捍卫宇文皇室政权。

其实杨坚也在准备对付尉迟炯，在宇文赟死讯发布的第五天，杨坚任命上柱国韦孝宽为相州总管，准备替代尉迟炯，对尉迟炯动手。杨坚之所以选择韦孝宽，也是因为只有韦孝宽和尉迟炯功业相醇，最主要的是韦孝宽是在岳父独孤信手下成长起来的，屡建功勋，忠于皇室，若选择他，韦孝宽会更加倾向于杨坚。

"丞相现在就任命韦孝宽为相州总管，这不是逼着尉迟炯早点反叛吗？"高颎担忧起来。

"我就是逼着他早点反叛。"

"这是为何？"

"高颎啊，你虽然政务达练，但是权谋这方面还是多多请教一下李德林。既然我们预料到尉迟炯早晚会反叛，他反的时间越晚，就准备得越充分。而现在不少贵族都在徘徊观望，拖得时间越长，对我们越是不利。早点让他反，我们可能会更主动一些。"

"陛下，这风险也很大。如果尉迟炯真的反了，那么高齐旧地全部反叛，声势浩大，关陇豪族和武川军事勋贵是否会真心效忠我们现在不得而知。韦孝宽如果失败，那么尉迟炯兵临长安也不是没有可能。"

"你说得对，但是篡位夺权本来就是有风险的事儿，不是你死就是我活。我已做好了失败的准备，就让这屠刀早一点落地，到底谁胜谁败，除了人为，还要看天意。"

杨坚又告诉高颎，让他做好平叛的军队调度和粮草供应等事宜。

独孤伽罗也告诉杨坚，她让哥哥联系了父亲独孤信的部将以及之前与独孤家关系密切的几个家族，很多人都模棱两可，没有给予明确的回复。

杨坚似乎早已料到，平静地说道："这很正常，岳父已经去世那么多年，很多人即使顾念旧情也不会拿身家性命冒险。至于那些豪门贵族，只有在事态明朗的时候才会表态。"

"夫君既然走上这条路就不应该心慈手软。"

"十三岁来到长安，我就见识了权力斗争的无情和残酷，岳父死于皇权争斗，父亲也因为皇权郁郁而终，我则因为皇权而备受猜忌，这个时候我岂能有妇人之仁，只有登上九五之尊，得到最高权力才能实现抱负，做自己想做而不能做的事儿。"

杨坚很清楚要想成功就是要争取到文武贵族的支持，他不会这么等待下去，经过郑译的联络，他首先去拜访王谊。王谊经过二十多年的南征北战，功勋卓著，先后历任雍州刺史、相州刺史、襄州总管，封杨国公，宇文赟时官拜大司徒，也算是关陇勋贵的代表。

"丞相光临府邸，令鄙府蓬荜生辉。我也一直想找丞相，只是丞相公务繁忙。之前我们就说你一定会飞黄腾达的，如今果然是一飞冲天了。以后这个'天'可就变了。"王谊笑得很不自在。

"即使变天了也不会亏待你们。因为这个天下是我们共同的。"杨坚直接回应道。

"既然你如此坦诚，那我就不必遮遮掩掩了，丞相这么做是打算要改朝换代吧？"

"不瞒你说，我正有此意。"

"那你有多大的把握呢？"

"没有十足的把握，但是机遇在眼前唯有全力以赴。"

王谊沉默了，若有所思。

杨坚道："我知道王兄的担忧，杨坚不是薄情之人，我会保住关陇贵族和武川军士的荣华富贵，并且会为你们和子孙加官晋爵。"

王谊眉头稍稍舒展开来："现在我还能叫你一声杨兄，将来就要有君臣之别了。你要言而有信，不要像宣帝那般滥杀功臣勋将。"

"我今天就是来给你一颗定心丸的。记得我女儿被选为太子妃的时候，你我曾经有言，将来若有意可结为亲家。如今小女阿五刚刚成年，如果我能顺利登基，一定会将小女嫁与你家公子奉孝，决不食言。"

"杨兄果然重情重义！"王谊情不自禁地拍案叫绝，"既然你我结为亲家，你的事情就是我们王家的事情。从今天起，我与你生死与共，全力以赴效犬马之劳。"

"永不相负！"杨坚郑重地说道，"司马消难可能并不安分，如今他的女儿是皇后，他一定不会甘心丧失权力的。他领衔豫州总管，总辖十六州，二十万大军，不可小觑，所以若是他反叛还望王兄能够亲自挂帅平叛。"

王谊爽快地答应了，不仅如此，他还向杨坚保证劝说元谐归附。作为北魏皇族的元氏如果能够支持他，那么必然会有一大部分人倒向他。杨坚喜出望外。

在长安的宗室亲王对杨坚篡政恼羞成怒，特别是明帝长子毕王宇文贤断定杨坚会倾覆大周的江山社稷，他联络其他亲王暗中活动，发誓要捍卫宇文氏政权。他出资招纳亡命之徒组建军队，企图谋杀杨坚。当然这一切都逃不过杨坚的耳目，他并没有阻止宇文贤的行为。

韦孝宽为了不让天下再一次分裂，决定冒险前往相州，企图说服尉迟炯放弃反叛。但此举却招来李德林和高颎的忧虑，他们担心韦孝宽若是归附了尉迟炯，那么对于杨坚来说无疑是灭顶之灾。

"你们不是军人，体会不了韦将军的良苦用心。虽然我也知道战争无可避免，但是如果尉迟炯愿意放弃，那么也未尝不是一件好事。本朝经历了太多的灾难，要不然早就南平陈国，北踏突厥了。韦将军岂不知希望渺茫？既然选择了他，如果连这点信任都没有，那是不能成就大业的。"面对二人的担忧，杨坚不以为然。

同时，杨坚也决定假戏真做，韦孝宽刚刚启程，杨坚派使者破六韩裒前往相州传旨，令尉迟炯火速归朝。

此时的尉迟炯在积极为叛乱做准备。他在高齐旧都邺城为宇文赟举行了祭悼大典，一股股军队不停地向相州聚集。他得知韦孝宽前来相州，大喜过望，派大都督贺兰贵前去迎接，他的打算是说服韦孝宽和他一起率军诛剿杨坚，匡扶社稷，如果韦孝宽不从，就杀了他，以绝后患。同时，尉迟炯已经派人联系了突厥和陈国，以获得支援。

韦孝宽进入相州地界就感觉到了异常，各地军队调动频繁。他派出的人也都纷纷反映各种可疑动静，征粮征兵，看来尉迟炯是必叛无疑了。他本想就此逃离，却偏偏在朝歌遇到了贺兰贵。此时韦孝宽并没有慌乱，反而装作若无其事一般。不久韦孝宽的侄子韦艺也赶来了，原来为了不让韦孝宽起疑心，尉迟炯与韦艺倾心相交，派他前来接应韦孝宽。韦艺本身也是宇文皇室的拥护者，不满杨坚篡权。韦孝宽询问尉迟炯动向，韦艺不肯向韦孝宽说明真实来意，韦孝宽佯装大怒要斩韦艺，韦艺惊恐之下将尉迟炯谋反的实情和盘托出，并且劝说韦孝宽效忠皇室。

"侄儿，你错了。现在不是效忠皇室，而是在杨坚和尉迟炯之间做出选择，你认为他们俩谁有胜算？"

韦艺这才恍然大悟，决定跟随叔父韦孝宽返回。两人深夜悄悄起程，为了防备尉迟炯的追兵，韦孝宽每过一个驿站，就将驿站中所有的马匹都带走。果然得知韦孝宽逃离，尉迟炯懊恼不已，亲自率兵追击，无奈沿途驿站没有换乘的马匹，延迟了时间，韦孝宽有惊无险地抵达了安全地带。

杨坚也得到了尉迟炯即将反叛的确凿消息，他派杨尚希领精兵镇守潼关，加强防御，同时又以和亲的名义派人携带重金前往突厥修好。杨坚并没有与陈国接触，反而主动与大周的附属国梁国来往，借梁国国主萧岿生日之际，派出庞大的使团朝贺，赠送了大量的稀奇珠宝和财物。

双方剑拔弩张，纵横捭阖，但此时却小心翼翼，没有公然撕破脸。

尉迟炯主动与司马消难联络，希望同时起兵讨伐杨坚，司马消难自忖其兵力无法与杨坚对抗，自然响应尉迟炯。因为此前尉迟炯任益州总管，许多部将都在益州任职，他一边修书与王谦，一边令部将劝说王谦起兵讨伐杨坚，匡扶社稷。王谦想起他世受国恩，若不忠皇室也心中有愧，面对尉迟炯的使者和众将劝说，他最终下定决心讨伐杨坚，将图匡复。

尉迟炯得到司马消难、王谦的回应后终于放心。这时南北的使者都已经归来，他们分别得到了陈国和高宝宁的支持，陈国要求割让江淮六州之地，高宝宁则希望至少要将河北十州之地割让给他。为了得到帮助，尉迟炯也只好答应。虽然没有得到突厥出兵相助的答复，但是突厥却可以为他提供数千匹战马。突厥就是想坐山观虎斗，渔翁得利。

六月，一切准备就绪后，尉迟炯终于向杨坚摊牌了。其实破六韩裒前往相州就是去送死，可是他却依然慷慨赴难，所以他刚到相州就被尉迟炯识破，只是当时为了不让杨坚抓住把柄，没有杀了破六韩裒。谁知破六韩裒居然说服了相州总管府长史晋昶，要他做内应。尉迟炯决定斩杀破六韩裒和晋昶，祭旗，起兵讨伐杨坚。

杀了二人之后，尉迟炯召集文武士庶，登城北楼，慷慨誓师："杨坚本就平庸之人，无功无禄，仰仗自己是天元皇帝的岳父，不思君恩报国，反挟幼主以令天下，不臣之心昭然若揭。先帝要我领兵于此，实乃将天下安危寄托于我，今与众卿举义旗，讨伐杨坚。胜了，可以共享富贵，功在社稷；败了，也是为国效忠，不失为忠臣良将。"

尉迟炯祭祀大地后，发檄文昭告天下，以清君侧、匡扶社稷的名义起兵讨伐杨坚。

杨坚很快收到了尉迟炯的讨伐檄文，他准备杀死毕王宇文贤，之所以纵容毕王，就是为了这一天。杀毕王以示和宇文皇室正式决裂，同时威慑京师内那些蠢蠢欲动的亲王和朝臣。

杨丽华得知杨坚要杀了毕王，前来府邸想劝诫杨坚，可是杨坚始终不肯见杨丽华。杨丽华不肯离去，无奈之下，杨坚让伽罗出来安抚杨丽华。

"女儿你就不要为难你父亲了，我们现在也是迫不得已。"伽罗劝道。

"这难道就是理由？你们这是在强词夺理！"杨丽华泪如泉涌，"为什么？为什么就不能做一个忠臣，偏偏要大开杀戒，偏偏要夺权篡位？"

"你要冷静，现在尉迟炯已经叛乱，在京的宗室也是蠢蠢欲动，我们别无选择。"

"母亲，女儿想不到你也会这么冷漠，说到底毕王还是您的亲外甥，他可是您姐姐的亲生骨肉啊，难道您就一点都不怜惜？"

伽罗似乎没有丝毫的动容："他们现在已经向我们摊牌了，这是你死我活的争斗。若是心慈手软，将来死的就是我们。"

"我懂了。但是我现在后悔了，我真后悔帮助父亲坐上了大丞相的位置，说到底还是我杀了毕王。"

"丽华……"

"不要叫我丽华，我现在是大周的皇太后！"杨丽华怒吼道，"既然你们表明了你们的立场和态度，那我也向你们表明，我已经是宇文皇室的人了，我会以死捍卫大周政权，从今以后我们形同路人，将来会成为敌人。"杨丽华说完，决绝地转身离开。

杨坚在偏房也听到了杨丽华这句话，内心如刀绞般痛苦。连女儿都与自己决裂了，今后还会有更多的人背叛他，但是杨坚并没有因此而退缩，通往皇权的道路是充满孤独和冷漠的。就在尉迟炯起兵叛乱的当天，他下令诛杀了毕王宇文贤和他的三个儿子，同时任命韦孝宽为行军大元帅，率军讨伐尉迟炯。

杨坚和尉迟炯都亮出了底牌，开始了终极较量。

尉迟炯叛乱后，他所下辖的相州、卫州、黎州、洛州、贝州、赵州、冀州、沧州、瀛州全部响应；尉迟炯侄子尉迟勤所管辖的青州、光州、莒州、胶州也起兵叛乱；荣州刺史宇文胄也以宇文宗室的名义讨伐杨坚。同时东楚州、申州、潼州也相继起兵。尉迟炯派人攻打建州，建州刺史宇文弁率全州投降，又派人攻下了潞州，活捉了刺史赵威。上大将军宇文威率军攻下了汴州。同时大将军檀让攻占了曹州、亳州。

一时间，广袤千里的山东、河北地区都归附了尉迟炯，声势浩大。不但如此，司马消难也起兵讨伐杨坚，一个月后，益州总管王谦率部叛乱。一些封疆大吏也在动摇观望中走上了反叛的道路。

大敌当前，刘昉、郑译等人惊慌失措，完全乱了方寸，他们想不到居然会招致如此祸患，情急之下居然想与尉迟炯讲和，好在被杨坚劝了回去。

杨坚召集李德林商议平叛事宜，不满地说道："刘昉、郑译如此不堪一击，幸好本相还有你们，否则凶多吉少。"

"丞相，三方叛乱实在是阵势惊人，处理不当，胜负难料。"

杨坚点点头："我们要部署好应敌之策，不能自乱阵脚。尉迟炯、司马消难、王谦三股势力分别自东、东南、西南对长安形成弧形包围圈，他们中的任何一方只要兵临长安，我们就失败了。所以万不可疏忽和大意，特别是尉迟炯的势力最大，从他的讨伐檄文来看，他利用大周皇室舅甥关系以及个人威望，以安周室为辞，号令天下，如今几乎所有的高齐旧地全部云集响应。"杨坚指着地图详细地分析。

"尉迟炯也算是本朝的元老，虽已经六十多了，但是毕竟久经沙场，他联络司马消难和王谦，又与突厥和陈国勾结，可见智谋非一般人所能敌。"李德林道，"虽然不能让他们任何一人靠近长安，但还要分轻重缓急，处置得当才能各个击破。"

杨坚望着地图凝神思索，缓缓说道："既然尉迟炯是我们最大的敌人，那就是让韦孝宽率主力大军与之对抗，沿太行山、虎牢关一线部署重兵，伺机决战。对于高宝宁只有让并州总管李穆与之周旋。"

"李穆态度如何？他很关键。"

"我现在不知他到底作何打算，但是前几天我刚刚派柳裘前去说服他。"

杨坚又令长孙晟联络突厥，贿以重金，以固北疆安全。对于王谦的叛乱，杨坚接受王谊的建议，任梁睿为益州总管，前往川蜀平叛，以此来拉拢关陇的梁氏家族。面对尉迟炯声势浩大的叛乱，杨坚也没有慌乱，他坐镇京师调兵遣将从容平叛。可是结果并不如他想象得那般顺利，他向韦孝宽不断增兵，集中了梁士彦、元谐、宇文忻、宇文述、崔弘度、杨素和李询等精英宿将，这些功勋卓著的将军，在韦孝宽的领导下自然是心服口服，然而有人却不满杨坚的篡权，更忧虑杨坚将来会如何对待他们。对于他们来说，到底是支持杨坚还是支持尉迟炯私底下议论纷纷，偏偏在这时，尉迟炯暗中派人用高官厚禄拉拢诱惑他们，更有人传言梁士彦、宇文忻、崔弘度等人接受了尉迟炯馈赠的黄金，不免军营骚动，军心涣散。所以韦孝宽所统帅的主力部队虽然看上去兵强马壮，可是却各怀鬼胎。

其实，韦孝宽对将士这些举动一清二楚，早在他逃离到河阳时，奉命守卫河阳的八百鲜卑将士就准备叛变，策应尉迟炯。河阳是洛阳的前哨，而洛阳是平叛的战略要地，河阳失守则洛阳难保，好在韦孝宽沉着镇定，他伪造了一封官府文件，让守军前往洛阳领赏，到了洛阳则把他们扣押了下来，稳稳地控制了洛阳。

如今的形势让韦孝宽犯难了，这些将士是担心将来能否保住自己的地位和富贵，如果不能让他们心安，他们岂会在疆场上拼死效力？但这不是他作为主帅所能解决的，韦孝宽派李浑前往长安将前线情况如实向杨坚奏报。

杨坚不免大吃一惊。他本以为众将士会齐心协力效力朝廷，想不到他们居然有如此阳奉阴违，若是这般，那长安也就岌岌可危。杨坚想到这如坐针毡，情急之下他首先想到撤换这些人，以绝后患。他本想让刘昉、郑译两人前往洛阳安抚将士，监督军队，可两人玩弄权术，翻云覆雨是把好手，要他们到前线却吓破了胆，自然全都拒绝了。

李德林知道了这件事，也吓坏了，急忙入宫见杨坚，一针见血地指出杨坚的失误："丞相与诸将，都是朝廷勋贵，就是现在也没有上下服从的关系。现在丞相也只能凭借天子的诏令来控制和驾驭他们。丞相怀疑他们有二心，那么又怎么能保证后面派出去的人不会接受尉迟炯的馈赠呢？再说，接受馈赠黄金，只是听闻，虚实不明，在没有查明的情况下，将他们撤换会带来什么后果？军中将领岂不是人人自危？况且临阵换将乃是军中大忌。战国时代，乐毅攻打下齐国七十余城，燕国却突然换掉乐毅导致功败垂成，赵国以赵括代替廉颇而导致长平大战惨败。丞相难道是想要重蹈覆辙吗？"

李德林的一番话让杨坚恍然大悟，他庆幸还没有鲁莽行事。

"是我太糊涂了，若不是你及时劝阻，几乎坏了大事。"

"丞相为平叛殚精竭虑，谋划周全，突闻此事自然慌乱。"李德林道，"德林愿前往洛阳督军，竭尽所能为丞相解除尉迟炯兵患。"

但杨坚并没有应许，经过这些时日相处，他深切地感受到李德林的高瞻远瞩，但现在京师毕竟还不安稳，不能让他离开京师。考虑一番，他让高颍前往洛阳督军。

高颍以生命相托绝不会辜负厚望。这时候于冀的长孙于仲文因为不肯依附尉迟炯，尉迟炯派兵包围东郡，于仲文终因寡不敌众，仓皇逃亡到了长安，妻子儿女都被尉迟炯杀害。杨坚虽然替于仲文悲痛，但内心却是欢喜的。因为于仲文是于翼的儿子，于谨的孙子，于氏家族乃是大周第一功臣，如今尉迟炯杀了于仲文全家，无疑将于家推向了他这边。如果于仲文出现在洛阳，那么其他武川将领一定会安下心来，于是他令于仲文为河南道行军总管，跟随高颍安抚前线。

果然，于翼也恼羞成怒，他此时任幽州总管，表示效忠朝廷。对于尉迟炯派来的使者，于翼派人送往长安，并且抵抗了高宝宁的进攻，挫败了高宝宁和尉迟炯在中原会合的企图。

杨坚在调兵遣将全力平叛的同时，继续拉拢关陇勋贵。就在柳裘前往并州的时候，尉迟炯也派使者前去游说李穆。李穆家族顿时出现了分裂，李穆的儿子李士荣和侄子李崇倾向于尉迟炯，认为并州乃是天下精兵之处、战略要地，只要和尉迟炯联合，则必胜无疑。李穆一时犹豫不决。

杨坚对于柳裘能否说服李穆并没有把握，如今韦孝宽把李浑送到长安，杨坚明白其用心。李浑是李穆的儿子，于是，他让李浑前往并州劝说其父，希望能够说服这位朝中元老。对于杨坚的企图，李穆心知肚明，他所犹豫的是，他明白这一次绝不是仅仅支持杨坚辅政这么简单，还要考虑是否支持他接下来的改朝换代。如今叛乱四起，李穆将宇文皇室诸王都反复掂量了一遍，觉得没有一个人能堪当大任。思前想后，终于下定决心，支持杨坚。他将李氏诸子孙召集过来，要求李氏家族全力支持朝廷，不得追随尉迟炯，并且抓获了尉迟炯的儿子朔州刺史尉迟谊。李穆让李浑带着熨斗和十三环金带连同尉迟谊一起前往长安，并且让李浑转告杨坚："愿执威柄以熨安天下。"其实李穆的意思已经不言自明，十三环金带本来就是天子之物，可见他的用意。

李穆的侄子李崇本来打算响应尉迟炯，得知李穆追随了杨坚，仰天长叹："全家富贵者几十人，蒙受皇恩，正值国家危难，如今却不能匡扶社稷，还有何面目存活于天地间？"但是李穆以族长身份表态，他也无可奈何只能追随，拒绝了尉迟炯的诱降。

杨坚得知李穆的态度后，急忙派李浑前往韦孝宽处，将这个消息告诉了韦孝宽和前方将士，以求稳定军心。

杨坚刚刚送别高颎和于仲文离开京师，地处江陵的梁国国主就派亲信中书舍人柳庄来到了长安。杨坚明白，这是梁国君臣前来长安打探虚实。杨坚每日设盛宴款待柳庄，谈笑风生，丝毫不提平叛之事。待离别之际杨坚告诉柳庄："当年我在随州的时候，深受梁主的特殊照顾，如今大周朝廷皇帝年纪幼小，我虽不才，但是受顾命之托，辅佐朝政。梁主世代交好于朝廷，应该善始善终。"

柳庄在京师这几天也是明察暗访，对形势有了明确的判断，当下表示梁国君臣必然会忠于朝廷，绝无二心。

果然，柳庄回到梁国后，梁国君臣正在激烈地争论讨伐事宜。

梁国的君臣看到尉迟炯、司马消难、王谦三方叛乱声势浩大。尉迟炯的使者也来江陵劝说梁主举义旗讨伐杨坚，军中将领纷纷劝说梁主合谋共举伟业，他们认为这样进可以忠于皇室，退可以夺取秦岭以南地区，自立为国，彻底摆脱附属国的地位。

就在众人各执一词的时候，梁主犹豫不决，他在焦急地等待着柳庄回来。

柳庄来到江陵后，详细奏述了京师的形势，并且劝梁主："今日之形势与三国何其相似，当年袁绍、刘表和诸葛诞都是当时的英雄豪杰，占据着战略要地，拥有强兵猛将，然而终没有建功立业，反倒是祸难很快降临了。究其原因还是曹操和司马懿挟天子以令诸侯，拥有京都，名正言顺。如今尉迟炯虽说是老将，然年迈体衰，无力担当大事；司马消难和王谦未见有什么功业，不过是平庸之辈，没有什么旷世的救主才能；大周的将军们也都经过宇文赟残酷的杀戮，对于皇室并没有多少感情了。以臣的预料尉迟炯必将覆灭，我们若追随尉迟炯恐怕那是自取灭亡，不如按兵不动，保境安民，观察形势再做决策。"

梁主深感柳庄分析得极为有道理，采纳了柳庄的谏言，不但如此还给梁睿送去大批粮草，同时派兵阻止陈国进兵江淮。

命悬一线

高颎和于仲文快马加鞭赶到了洛阳。

此时的洛阳早已经军心涣散，死气沉沉。由于于仲文出身勋贵，所以一到洛阳，众将纷纷向他打探消息。宇文忻和于仲文私下交友甚好，宇文忻直接向于仲文吐露出自己的忧虑，这也是众多前线将士的担忧。

于仲文道："丞相已经说了，对于众人之前与尉迟炯的交往都不予追究。建功者必重赏！包括我们于家在内关中大族和曾经皇族的元氏、定州李氏、弘农杨氏都已经明确表示支持丞相，我们万万不可失去这个建功立业的机会。"

众人终于放心了，决心为朝廷效力。

洛阳府，韦孝宽笑容满面地迎接了高颎。

"高颎啊，你果然是才智非凡啊，带来一份诏书，带来一个于仲文，所有的形势都逆转了。"

"还望将军能早日平定叛乱，以安朝廷和天下之心。"高颎道。

韦孝宽率领大军到了武陟，而尉迟炯的儿子尉迟惇则带领十万大军驻扎在武德郡，两军就隔着沁水摆开了阵势。当时正好连日暴雨，沁水暴涨，无法渡河，孝宽让部队先停了下来。

韦孝宽彻夜未眠，望着地图沉吟不语。

"老将军，您还在想着御敌之策？"

韦孝宽点点头。

"尉迟惇在上游，我们在下游，他也是兵力强盛，和我们也是实力相当。我们要渡过沁水，那么只有一种选择，那就是架桥。"高颎开口道。

"架设浮桥也不能阻挡他们用火攻击我们啊，毕竟我们这可是数十万大军啊。"韦孝宽说出了他的忧虑。

"我已经想好了对策。"高颎指着沁水地形图，"这是沁水最狭窄的地方，我们可以在这里架设浮桥，在架桥的同时用铁链设置障碍阻击尉迟惇用火筏来烧毁浮桥。大军渡过浮桥后，立即焚烧浮桥。"

"您这是要破釜沉舟，背水一战。"韦孝宽明白了高颎的想法。

"将军，势均力敌之下，只有置之死地而后生。"

"果然后生可畏，好，就照你说的办！"

果然，桥刚修到一半，尉迟惇从上游扔下了好多大木头筏子，泼上油，点着火，顺流而下，想要把桥烧毁。好在高颎防着这一招，那些木头被早有准备的高颎阻挡在铁链之下。桥一搭好，韦孝宽赶紧亲自率领大军渡河。那尉迟惇应该死守河滩的险要阵地，过来一个杀一个。可是，尉迟惇不这么想，他自作聪明，一看韦孝宽率领大军渡河了，马上命令部队向后撤，主动给韦孝宽腾地方。他的意思是，等韦孝宽的军队过来一半，还有一半在桥上的时候发动反击，打韦孝宽一个措手不及。这样韦孝宽的军队就会慌乱起来，这样渡过沁水的和尚在浮桥上的士兵便会互相践踏，死伤无数。问题是，韦孝宽哪给他这个机会？一看尉迟惇的军队后撤了，他大叫一声："今日一战，有进无退！"下令擂鼓助威，让各支部队全速渡河。

高颎此时也趁机高喊："昔日项羽破釜沉舟，灭掉大秦，我们现在也只能是背水一战，否则死无葬身之地。"

说完，高颎马上下令把桥给烧了！将士们一看退路断了，都鼓起勇气，奋勇向前，这一下，尉迟惇的军队可招架不住了，有组织的后撤变成了无组织的逃命，被杀的、被踩死的，不计其数。尉迟惇很快被击退，狼狈不堪地狂奔一百余里。

在争取于翼、李穆以及梁国的较量中，尉迟炯完全失败，被杨坚占了上风。如今尉迟惇兵败而归，他攻打洛阳的计划落空了，不得不退守邺城，他心里清楚，离失败也不远了。

前线形势渐渐好转，杨坚惴惴不安的心也逐渐平静下来。在此期间，他前去终南山拜访了苏威，希望苏威能够出山帮助他。

苏威何许人也？此人乃大周大行台左丞苏绰之子。苏绰深得宇文泰信任，参与机密，创制了计账、户籍等法，精简冗员，设置屯田、乡官，增加国家赋税收入。苏绰为大周改革所草拟的《六条诏书》即治心身、敦教化、尽地利、擢贤良、恤狱讼、均赋役，为大周的强盛和军事的强大奠定了坚实的基础。而苏威自幼聪敏，师从其父，对于财赋了如指掌，当年宇文护也是看重了他的才能，强行将女儿嫁给了他。但是他似乎预料到宇文护不能成事，不肯为其效力，携全家到终南山躲避。新王朝若要崛起乃至强盛非他出山不可。其实杨坚之所以顺利邀请到苏威，一来是因为杨坚的诚意，二来是因为高颎向苏威详细说明了杨坚的雄心壮志。苏威也不想一生都碌碌无为，这对他来说也是一个机会，思虑再三答应了杨坚。

在尉迟炯起兵叛乱的时候，在京的宗室亲王也没有闲着。赵王宇文招和越王宇文盛冥思苦想密谋刺杀杨坚，但是鉴于丞相府守卫森严，他们根本无从下手，一番谋虑，他们决定铤而走险。

杨坚接到赵王邀请，前往赵王府邸赴宴。众人一阵紧张，杨坚倒是气定神闲，决定前去赴宴。庞晃和卢贲劝说杨坚很可能这是一场鸿门宴，凶多吉少。

杨坚则很轻松，似乎对于众人的忧虑不以为然："鸿门宴又如何？刘邦最终不还是安然无恙吗？"其实在他的心底还有另外一个想法，那就是要利用这次机会将宇文皇室成员一网打尽，以绝后患。

在这么一个非常时期，杨坚自然十分小心，他令御膳房做好了酒菜送到赵王府，让宇文招在酒菜中无机可乘。

虽然大家各怀心思，但是宴会并没有出现什么变故。

"丞相，先帝突然驾崩，多亏了丞相坐镇京师，丞相若能忠心护主，我们对丞相感激不尽。"宇文招说道。

杨坚似乎听出了话外之音，笑道："赵王，当年宇文丞相效仿周礼，以周礼改革官制，甚至朝廷的诏书也都仿先秦体，就是希望以周礼治天下，让大周社稷永存，但是天元皇帝倒行逆施，滥杀无辜。你知道这意味着什么吗？"

"丞相请讲。"

"国之将亡，必有七患：一患大兴宫殿，劳民伤财；二患骄奢淫逸、穷尽民用；三患修法禁言；四患不问国事；五患小人当道；六患国无贤能；七患赏罚失威。还有国之将亡必有大恶，恶者莫大于杀功臣！天元皇帝可都占全了。"

杨坚此语一出，宇文宗室举座大惊。

"丞相若能尊贤使能，俊杰在位，则是大周天下之福。"宇文招故作轻松地笑道。

杨坚就是故意说给他们这些宗室听的："可惜天元皇帝，不知敬德保民，落得这般下场，还是古人说的好，皇天无亲，惟德是辅。这也是天命吧。"

赵王使了下眼色，令人端上来了水果，令人奇怪的是西瓜并没有切开，赵王拿起藏在帷席中的佩刀，企图借切西瓜之计行刺杨坚。卢贲注意到这一切，突然横在赵王面前，赵王本来就心惊胆战，见到卢贲横眉怒目地出现在他面前，心里一阵咯噔，手里的佩刀也掉在了地上，声音显得格外的清脆。

杨坚望着掉在地上的佩刀，又望着赵王，冷冷地笑着："好了，你们就自娱自乐吧，丞相府事务繁忙，我要走了，诸位好自为之。"

杨坚脱离了险境，安全返回，赵王行刺未果，气急败坏将自己的手掌都抓出了血。

前线的形势对杨坚越来越有利，大将军王谊率军与杨素合兵击溃了宇文胄，然后迁回北上与韦孝宽合围尉迟炯。尉迟炯见形势严峻，知道现在与韦孝宽决战恐怕是胜负难料，便决定率军退回了邺城。韦孝宽乘胜追击，兵抵邺城。

尉迟炯在相州经营多年，他本身也是沙场老将，面对韦孝宽的大军，他指挥有方，瓦解了韦孝宽大军的第一次攻势。由于相州城防坚固，韦孝宽一时也无法攻破。

几次交手下来，韦孝宽均未占上风，随后韦孝宽开始围城打援，与尉迟炯在邺城对峙。尉迟炯被围困久了，面对越来越多前来支援韦孝宽的大军，心生绝望。他决定拼死决战，若胜，战局即可逆转，败了也就解脱了。

韦孝宽也披坚执锐，与尉迟炯对决，伴随着狂风四起，双方很快陷入了混战当中，飞沙走石伴随着刀光剑影将四野搅得天昏地暗。尉迟炯亲自上阵，纵横于千军万马之中，众将士都受到了感染和鼓舞，拼死效力，愈战愈勇。韦孝宽想不到尉迟炯居然会有如此强烈的抵抗和强大的战斗力，韦孝宽的军队不禁有了一些胆怯，有的将士开始退却。高颎和宇文忻在后方看到这种情形不禁暗暗着急起来，这样下去恐怕是凶多吉少，宇文忻远远望去，望着城楼上黑压压的人群，原来是城中百姓前来观战，并且为尉迟炯助威，突然计从心生。他率数千名士兵，开始射杀城门上观战的百姓，一时间百姓争相逃命，互相践踏，凄厉的惨叫声似乎也惊扰了双方激战的将士。宇文忻命将士趁机大呼："贼军败了！"

尉迟炯的军队不明所以，听着这惊天动地的呼喊，恐惧之下乱了阵脚。韦孝宽趁敌军混乱之际开始了猛烈反击，尉迟炯军队开始溃散，许多将士纷纷溃逃，只有尉迟炯所率的万余名将士拼死抵抗，面对数倍于自己的军队毫无畏惧。但毕竟寡不敌众，所率万余名士兵渐渐被消灭殆尽，尉迟炯独自一人走上了城楼。崔弘度也制止了士兵追击，独自一人追随了上去。原来崔弘度和尉迟炯也算是亲家，崔弘度的妹妹嫁给了尉迟炯的儿子。崔弘度走到尉迟炯不远处道："尉迟将军，今日我们各自图谋国家之事，不能顾及私情，恐怕今日您是难以保全了，我现在能做的只是遏止乱兵登上城楼。"

"谢谢你了，在我临死之时给了我一个体面的死法，维护了我最后的尊严，也不枉咱们亲家一场。"

韦孝宽也赶到了，他想起一起走过的戎马岁月，抵抗高欢、平定江陵、北击突厥、光复中原，想不到会以这种方式诀别。

"苍天为什么不给我机会？为什么要让奸贼得逞？有心杀贼，无力回天！"尉迟炯仰天长啸，"你回去告诉杨坚，这一次不是他赢了我，而是天要灭周，希望他好好善待宇文家族，如行杀戮必遭天谴！"尉迟炯说完，自刎而死。

尉迟炯兵败自杀后，司马消难和王谦大为恐慌。司马消难此时做出了一个决定：以九州八镇投降陈国。陈主陈顼接纳了司马消难，派大将任忠、樊毅、陈惠纪出兵攻占了广陵和南兖州。

杨坚令王谊率军南下，要他收复司马消难所献之地。司马消难降陈后，陈国派镇西将军樊毅统帅军队赶到郧州，企图与司马消难会合南下。王谊联合贺若弼将陈军包围在漳口，三战三捷，司马消难所献的淮北地区被王谊全部收复。与此同时，进攻广陵的陈惠纪、萧摩诃军队也被杨素、宇文述所击败，司马消难见大势已去，狼狈逃至陈国。至此，由司马消难叛降而引起的周陈战争基本结束。

"如今三方叛乱，尉迟炯和司马消难大势已去，就剩下这个王谦了，若是不能顺利收复川蜀，必然后患无穷。"

"丞相忧虑的是，川蜀地势复杂，易守难攻，若是王谦割据分裂，那就难以收复，将来我们也难以全力以赴平定江南。"

"本相绝不会让王谦得逞。"很快杨坚向梁睿增兵，任命梁睿为行军元帅，并且派于义、张威、达奚长儒、梁升、石孝义等率五路大军二十万人，增援梁睿。有了这二十万大军，梁睿如虎添翼，王谦分兵据守，梁睿各个击破，很快兵临成都，王谦本想死守城池，无奈王谦的部将看到败局已定，偷偷投降了梁睿，守城将军开门投降，王谦只得率残部落荒而逃。不久，王谦被俘，斩于成都，益州之乱遂定。

平定了王谦，杨坚开始防范突厥。杨坚深知突厥是最强劲的敌人，现在内乱频仍，不宜与突厥交恶。所以必须找一个智勇双全的将军来镇抚北境。杨坚考虑好久，他选中了石州总管虞庆则。虞庆则家族世代都是北方的豪强，且先祖是匈奴贵族，与鲜卑、突厥等族尚有渊源，在北方边境虞氏家族的威望和影响力非同寻常。其父虞祥出任灵武太守，虞庆则起身行伍，也受到高颎的提拔。宣政二年（579 年），稽胡因为宇文赟荒淫政事，多次反叛，越王宇文盛、内史下大夫高颎讨伐平定，准备撤军之际，商议此地应由一位文武兼备者镇守，于是高颎上表请求任用虞庆则。由此，虞庆则被任命为石州总管。他在任上，威严而有惠政，境内清静整齐，稽胡中仰慕他的义气前来归附者，超过八千户，诚不负高颎重托，当时豪杰也对他又敬又怕。任用这样一个人对于稳定北境和抵御突厥至关重要。

短短三个月，三方声势浩大的叛乱被杨坚平灭了。叛乱平定后，如何处置宇文皇室，就成为眼下杨坚最棘手的问题，但是此事关乎皇权更迭和关陇豪族的权力再分配，还有皇室与各大豪门的利益纠葛，他不得不慎重。

但摆在高颎、李德林面前的难题就是劝说杨坚尽快登基称帝。

赵王似乎预料到他不会有什么好下场，便将他最宠爱的女儿千金公主召了进来。千金公主已经十七岁了，长得是娇艳妩媚，许多贵族王公子弟对千金公主垂涎三尺，趋之若鹜。然而千金公主终不为所动。

"父王今晚要派心腹将你送出京师，出了京师后能走多远就走多远，隐名埋姓，永远不要回来。"赵王抚摸着千金公主的秀发，眼神里充满怜惜和忧伤。

"父王，我已经长大了，覆巢之下，安有完卵？再说你们不在了，我一个人活在世上还有什么意义？"

"父王本想让你过上幸福的生活，可是如今却要遭灭顶之灾了。"

"可惜女儿不是男儿身，否则的话一定会和父王复兴皇室，现在女儿唯一能做的就是和父王同生共死。"

"你现在不恨父王吧，或许你即使不死，恐怕以后也会过着暗无天日的生活。"

"我不走，我一定会设法保全我们全家。"千金公主倔强地说。

赵王摇摇头苦笑着，似乎并没有将千金公主的话放在心上，但是赵王突然想起了什么，静静地望着千金公主。

"你真的打算要复兴皇室吗？"赵王郑重地望着千金公主。

"国恨家仇岂能不报！"千金公主悲愤不已。

赵王听后突然跪在地上向千金公主叩头。

"父王，你这是？"千金公主惊讶不已.

"女儿，我们都会被杨坚所杀，但是你可能会幸免于难。因为先帝已经将你许嫁给突厥。如今突厥迎亲使者已经抵达京师，在杨坚篡权之前，我会让突厥使者带你离京。到了突厥之后，一定要取得突厥可汗的信任，然后借助突厥的兵力复兴周室，为我们报仇雪恨。你若能做到，为父替宇文皇室谢你了。"

千金公主坚定地答应了，与父亲相拥而泣。

没过几天，杨坚以谋反的罪名将赵王、越王和腾王连同他们的子孙逮捕入狱，其女眷全部没入宫廷为奴。但唯独千金公主例外，赵王在入狱前散尽全部家财贿赂突厥使者，让他保证将千金公主带到突厥。

对此，杨坚也不是没有忧虑。

"丞相，千金公主不能去突厥。这国恨家仇她岂能不报？难道丞相就不担心她会利用突厥来报复我们吗？"李德林劝说杨坚。

"我岂能不知？毕竟她是赵王的女儿，但是如今突厥使者已经来京，如果不答应他们，就会开罪突厥，现在还不能得罪他们。"

"那不如就改换一个，哪怕让一个宫女替代也未尝不可。"

"赵王已经安排突厥使者见了千金公主，恐怕不好蒙混过关。"杨坚终究还是惧怕突厥，若现在得罪了突厥，那么日后的改朝换代就不会平稳顺利，"罢了，就让她嫁到突厥吧，去荒漠草原了度余生吧。突厥人也不会为了一个女人举全国之兵来与我们为敌吧。"

"但愿如此吧。"李德林最后也无奈地说道。

杨坚令长孙晟为护亲使，护送千金公主前往突厥王庭，同时也让他设法接触突厥贵族，了解突厥内情。杨坚在给突厥的和亲诏书中也请求突厥执送原高齐范阳王高绍义，如果能成则少了一个心腹之患，当然他对此也不抱太大的希望。

千金公主在极度绝望中离开京师远嫁突厥。当车队离开了长安城的时候，她掀开了帘子，默默地注视着依旧巍峨壮观的长安城，眼神中充满了仇恨。

第七章
登基称帝

杨坚极目远望，但见不远处似乎有缕缕青烟升起，不久又变成了紫色，逆风向西而行，融于蓝天白云之中，一条龙的形状清晰地出现在众人面前。

庾季才说："丞相，天道极其精妙，符兆已经出现，还望丞相勿负天下之望。月晕而风，础润而雨。《气经》上说：'天不能无云而雨，皇王不能无气而立。'如今王气已经显现，应该顺应它。二月，太阳从卯位进入酉位，处在天的正中间，称为二八之门。太阳是皇帝的象征，皇帝登基，应该在二月。"

杨坚听后不禁怦然心动。

踏血登基

平定了叛乱，送走了千金公主，已经掌握朝廷实权的杨坚开始为篡周称帝做进一步的准备。平叛的胜利增强了杨坚的威望，巩固了他的地位，如今再也没有什么人有实力向他发出挑战了。

高颎和李德林不止一次劝说杨坚登基称帝。

"丞相，如今万事俱备，只欠东风了。"高颎道。

"说实话，我真的要感谢尉迟迥，正是他的摊牌，让扑朔迷离的政治形势渐渐明朗，文武百官也不得不做出选择。这一点也正是我求之不得的。"

"丞相说得对，在三方叛乱过程中，许多世家大族都表明了立场，元氏家族、长孙家族、弘农杨氏、博陵崔氏、安定梁氏、昌黎宇文氏、扶风窦氏、京兆韦氏、王氏、武功苏氏、河南韩氏等都表态支持丞相，关陇豪族几乎都站在了丞相这一边。"

杨坚听完李德林的话，点点头："与其说他们倒向了我，还不如说是宇文赟自毁长城。倒也省去了我们甄别忠贞伪善的功夫。走到这一步也不能回头了，下一步就该改朝换代了。不可操之过急，还是要循序渐进。两位爱卿，你们就为登基称帝着手准备吧。"

寒风萧瑟，风掠薄冰，杨坚来到了孝陵，对着宇文邕的陵寝默默无语。

"陛下，原谅我吧。宇文氏的天下恐怕我要取而代之了。我并非有意为之，你的儿子宇文赟所作所为已经让大周朝走上了覆亡的道路，这是大周朝的劫数。我要对不起你了，但是我会完成你一统天下的遗愿。等到那一天，我再来祭奠你。神佛说人有因果循环，我一辈子信佛，无论我遭到什么报应，我都不怕，只求你护佑我完成自己的使命吧。"

铅灰色的云铺满了整个天空，天气渐渐地阴暗下来，不多久雪花飘落。杨坚望着飘飘洒洒的雪花，若有所思。"今年的雪来得早啊。就让这场雪将一切污秽都涤荡得干干净净吧。我会还百姓一个太平世界。"

大象二年（580年），岁末的时候，周帝擢升杨坚为相国，总管文武百官，晋封随王，划出安陆等二十个郡为其属地，并且启奏时不再称名字，可携剑履上殿，接受九锡之礼。

杨坚故作谦恭，仅接受了王爵、封国，其余的越制之礼都婉言谢绝。新年刚过，各地零星的反抗都已平定，北方又恢复了和平，杨坚就下诏改元"大定"，以示"四海宁一，八表无尘，元辅执钧，垂风扬化"，同时让各地举荐贤能。杨坚此举就是要表明诚心收纳贤良之才的决心，今后要尊贤使能，俊杰在位，纠正宇文赟时期滥杀忠良造成的创伤。

不久，杨坚再加封大冢宰，总摄其他五官府，独揽大权，再现当年宇文护专政的局面。此时众人都心里明白，杨坚距南面称帝仅有一步之遥。

李德林和高颎则在为登基紧张忙碌着，但一切都准备就绪后，杨坚却始终没有表态。

"李大人，丞相到底是怎么想的？我已经向他奏请多次，丞相却总是犹豫不决。"

"我们只是将登基大典准备好了，但是丞相要考虑得更多，首先是论功封赏，其次是改革制度。丞相的犹豫并不是在于改朝换代，而是在筹划新王朝的各项变革。丞相说循序渐进，我们就提前谋划好慢慢等待吧。"

其实杨坚所犹豫的是如何处置宇文皇室，女儿杨丽华的激烈言辞让他也有所忌惮。他向独孤伽罗吐露了心声。

"伽罗啊，如今百官劝谏，都要求我尽早登基称帝，以顺应天地民心。"

"既然这样，你又何必如此推脱，枉负了群臣的一片苦心？早晚要登基，不如就趁着新年选个黄道吉日荣登大宝吧。"

"我所犹豫的是该如何处置宇文皇室。"杨坚谨慎地说道，"有两种选择，一种是宽以待人，优待皇室，另一种是与其彻底决裂。"杨坚停顿一下，"就是斩草除根，永绝后患。"

"那夫君倾向何种方法呢？"

杨坚沉默了片刻道："自从武川军人南下中原继而转战关中，六十年来，我们拉拢关陇豪族得以立足，继而统一中原。从宇文泰开始，宇文皇室通过笼络和政治联姻，已经和这些豪门建立了巩固的战略联盟，平衡照顾豪门利益，荣辱与共。虽然宇文赟滥杀功臣，但杀的都是武帝的功臣，并没有触犯关陇世族利益。若不斩断皇室血脉，新王朝还是难免重蹈周室覆辙。若不除旧布新，不打破旧的利益格局，将来称帝后，也会被束缚手脚，恐怕难以开拓新局面。"

"其实从女儿与我们决裂后，就已经没有退路了。"伽罗道，"就是为了避免叛乱、谋反这样的事情再发生，你也应该在登基前，快刀斩乱麻，做个了断。"

"那我就先做恶人然后再做个好皇帝吧。"杨坚最后下定了决心。

杨坚是希望有人公开提出来，但是高颎、李德林是不会奏议的，而苏威这人知道杨坚要登基称帝，早早地离开长安又躲回了终南山。杨坚所苦闷的便是这一点，但是虞庆则似乎洞察出杨坚的心思，所以他上书杨坚请求尽诛宇文氏皇族。虞庆则之所以如此斗胆，一来是迎合杨坚，二来他们虞家虽然是西北豪族，但是与宇文氏并无联系。

虞庆则的奏议正合杨坚心意，杨坚令丞相府幕僚商议。如此残忍的建议，高颎和杨雄都不敢苟同，也不敢公开反对，只好违心赞同。唯独李德林据理力争，以为不可，劝说杨坚宽厚立国。

"如今朝廷刚刚平定叛乱，不可妄行杀戮。"李德林开口道，"应该以宽厚服人，以德政育人，若是大行杀戮必然会惹了众怒，寒了臣心，伤了民心，还望丞相三思。"

"本相是思虑了好久才做出的决定，大周立业已过半百，我们虽然平定了叛乱，可是忠于皇室的还是很多，他们潜伏在背后防不胜防，随时都会起来叛乱。与其这般不如斩草除根，否则我们怎么能够革新政治？为了大局，还是杀了他们吧。"

"我就是为了顾全大局所以才劝丞相不要大行杀戮的。如今平定了叛乱，丞相应该安抚人心，而不应该让天下惊惧。再者，信义行于君子，刑戮施于小人。所杀之人，必须是罪大恶极。丞相若大行诛杀皇室，他们中许多人必然是无辜之人，丞相也是信佛之人，难道要如此狠心吗？大周开国的时候并没有滥杀西魏宗室，不一样收复中原了吗？如果过分诛杀就会造成人心浮动而影响政局稳定。"

"此一时彼一时啊，大周刚刚立国的时候，不但内有叛乱，还有高欢虎视眈眈，只能选择妥协。"杨坚听着李德林的话显然不悦，"现在宇文皇室经营五十余年，与豪门贵族盘根错节，我不仅仅是要建立一个新王朝，还要带着你们南平陈国，北击突厥，东征高丽，要让这个王朝蒸蒸日上，强大繁盛。所以必须要斩断一切可能的隐患。前朝皇室的存在就是王朝最大的隐忧。"

"要是这么做，必然会让天下惊恐，再说王朝的强大应该凝心聚力，施德于臣民，君臣思治必然会天下归心。如今天下未平，人心不稳，丞相大开杀戒，恐怕不是一个强大王朝应有的气度。为了天下大局，还望丞相勿行杀戮之事。"

"本相已经决定绝不能留后患，斩草除根。"杨坚眉头紧蹙，丝毫不为所动，"留着他们，只会让那些企图复辟的人存有幻想，与其扬汤止沸，不如釜底抽薪，斩草除根。"杨坚对李德林直言劝谏大为恼怒，李德林还要据理力争，被高颎悄悄劝下了。

刘昉和郑译等宣帝生前的宠臣竟然也寡廉鲜耻般地劝说杨坚对宇文皇室大开杀戒。

李德林不甘心也不愿意看到杨坚这般丧心病狂的杀戮。他绝对是拥护杨坚的，包括杨坚篡周自立，都是赞同的。他之所以如此决绝地冒犯杨坚，反对杨坚行杀戮之策，是希望杨坚能以宽厚立国，实施仁政，臣服人心，行王者之道。唯此，才能奠定盛世的基石。若是真的将宇文皇室全部杀戮，那必然会给整整一代人甚至其子孙后代也留下阴影和惊惧，一个以杀戮立国的王朝，谈何太平盛世？

就在杨坚恼羞成怒的时候，李德林怀着最后的一丝希望来到了杨丽华的寝宫，希望杨丽华能以父女之情打动杨坚，让他回心转意。

杨丽华听完李德林的诉说，目瞪口呆，久久伫立，不声不语，从脸上的表情不难看出，她也充满了极度的恐惧和愤怒。她急匆匆地走出了皇宫，消失在被黑暗笼罩着的茫茫夜色之中。同样被黑夜笼罩的皇宫也沉浸在哀怨、凄凉和萧瑟之中。

杨坚虽然对于李德林的固执己见恼恨不已，但内心也泛起了嘀咕，他何尝不知道这么做绝对会滥杀无辜，其实在平定叛乱的日日夜夜杨坚并不比前方平叛的将士轻松多少，特别是前线将士的叛降，给了他强烈的刺激和恐惧。加上京师诸王谋逆的事情，他更加深刻地明白在登鼎权力最顶峰的时候，充满了凶险，容不得半点马虎，也不能有丝毫的怜悯之心。

杨丽华怒容满面地来到了杨府。

"杨丞相。"杨丽华面无表情地开口道。

杨坚听到杨丽华居然叫自己丞相，心中顿时涌上了一股悲凉。

"本宫本来要到丞相府去拜访您，您不在，我只有来到了您的府邸，冒昧地打扰您了。"杨丽华面无表情冷冷地说道。

杨坚静静地望着杨丽华没有开口。

"丞相，现在不是你沉默的时候，请你给本宫一个恰如其分的理由，一个让天下人信服的理由。"

"丽华，父亲告诉你，我要建立一个属于我们杨家的王朝。你应该知道改朝换代斗争的残酷性。我就是要和旧的朝廷做一个决断。不然的话，不但我会死，也会连累整个杨氏家族，我这么做也是迫不得已，还望你能体谅我的苦心。"杨坚开口劝道。

杨丽华听后笑得更加狰狞："你现在已经大权在握，任何人都没有力量阻止你篡周称帝的步伐了，如今宇文皇室自身难保，更谈不上对你有任何威胁了，他们都如待宰的羔羊，你为什么就不能放他们一条生路？"

"他们现在是羔羊，可是他们长大了就会变成饿狼，面对着国破家亡，他们是不会罢休的，他们一定会疯狂反扑。现在对他们仁慈，将来他们会要了我们全家人的性命的。"

"我怎么也想不到你会这么绝情、残忍、凶恶。宇文皇室夺取大魏朝的政权并没有滥杀皇族，你为什么这么做？"杨丽华情绪十分激动，"你已经掌握了大权，却还要赶尽杀绝，说到底你还是害怕，还是恐惧。大肆杀戮只能说明你内心虚弱，你不是什么英雄，只不过是个色厉内荏之徒罢了。"

"你放肆，你眼中还有没有父亲？"杨坚勃然大怒。

"你才是真正的放肆，你眼中还有没有皇太后？"杨丽华突然疯一般地怒吼道，"你配做父亲吗？连女儿所在的皇室家族都要全部诛杀，真是心如蛇蝎。那你会不会杀我呢？"

"你怎么如此看我？"

"既然你已经决定了，本宫无力改变，唯一能改变的是我们父女的关系。

你说要一刀两断，那我们父女，也做个彻底了断吧。从此以后，我没有你这个父亲，你也少了一个女儿，我们不再会有任何关系了。我恨你！"杨丽华说完，眼泪止不住地流了下来，消失在寂寥萧瑟的寒夜之中。

杨坚望着杨丽华的离去，哈哈大笑起来："好啊，我的好女儿！居然与我断绝父女关系，我还没有称帝就已经成了孤家寡人。走上这条路必然会让我失去很多，但是我已经没有了选择的余地，妇人之仁只能换来万劫不复！"杨坚最后怒斥不已。

寒风萧瑟，北方的草原一片枯黄，已无了往日的勃勃生机。

半个月前，千金公主打扮得花枝招展，强忍着欢笑离开了长安，在踏入马车的那一刻，内心的屈辱化作泪水扑簌簌地流淌了下来，浸湿了浓妆艳抹的脸颊。当车队离开了长安城的时候，她悲喜交集，她知道父王凶多吉少了，好在她还有复仇的希望。

"父王，我一定会为你们报仇的。"千金公主默默地注视着依旧巍峨壮观的长安城。

长孙晟则护送着千金公主远嫁突厥，走到荒凉的大漠。千金公主望着身边魁梧英俊的长孙晟，黯然神伤："这几年几乎每天都在惦记着他，如今终于相见了，只是想不到会以这种方式在这种场合相见，真是命运弄人。"她忍不住多看了长孙晟几眼，冷漠的眼眸里竟然多了些许的温柔。

长孙晟也是眉头紧蹙，忧心忡忡。当他得知杨坚要将千金公主远嫁突厥的时候，内心一阵疼痛。他本想劝说杨坚不要将千金公主远嫁大漠，可是转念一想，她即使不嫁入突厥又能怎么样呢？在长安城或没入官奴，或卖入妓院强颜欢笑，供人凌辱，岂不是更悲惨？她的悲惨命运从杨坚准备篡夺大周政权起便已经注定了。也罢，让她远离了伤心和痛苦，或许她会活得好一些。

经年离别，今生的邂逅和相聚，他们谁也想不到竟会以这样的方式出现。

正值寒冬腊月，朔风怒吼，寒气袭人。寒冷的天气似乎顷刻之间就能滴水成冰，呵气成霜。千金公主在车子里瑟瑟发抖。她望着茫茫的天和地，想到将要在这冰天雪地里度过一生，刺骨的寒冷似乎侵袭到了心里。

千金公主昏昏欲睡，不知过了多久，车子停了下来，她也渐渐苏醒了过来，正要开口问话，却听得长孙晟在外面道："公主，您已经坐了一天了，出来透透空气吧。"

千金公主走了出来，刚刚落地，不由得感到一阵眩晕，闭上了双眼，好大一会儿又缓缓地睁开了。刹那间，她被惊呆了。

红日西沉，天色渐渐暗淡了下去，淡红色的晚霞涌现了出来，渐渐地弥漫了整个天际。柔和的霞光犹如一条波平如静的河流缓缓地延伸开来，像是铺开了一卷巨大瑰丽的绸缎，远处隐约间似有一条河流。的确，黄河也从这里流淌而过，只是隆冬季节，河水凝固，在夕阳的照耀下金光闪闪，顷刻之间让人置身在五彩缤纷的世界当中。

大漠孤烟，长河落日。千金公主似乎也被这绚丽而恬静的黄昏震撼了，凛冽的寒风不由得让她打了个寒噤，呼啸的寒风也撩起了飘逸的长发。千金公主顿时感到了一股清新席面而来，让她感到神清气爽，心旷神怡。

"真美啊！"千金公主由衷地赞叹道。

千金公主待点时间很长了，晚霞映照在她红彤彤的脸蛋上更加光彩迷人。看到她沉醉的模样，长孙晟也不忍心打扰这静谧而温馨的时刻，但是马儿的嘶鸣声还是让千金公主醒过神来。千金公主望着高大的战马突然开口道："长孙哥哥，我要骑马。"

长孙晟听到这话，心头涌上了一股温暖，但是长孙晟仍然劝道："公主，您乃是千金之躯，战马性烈，不易驯服，非常危险，还是……"

千金公主不由分说走到了马前，纵身而跃骑上了战马："你也太小看我了，不要忘了，我也是宇文皇室的子孙，我的身上也流淌着皇室勇猛桀骜的血液。"说完扬鞭跃马，飞驰而去，奔向那晚霞升起的地方。

千金公主的声音恢宏有力，待长孙晟反应过来已经扬长而去。

"公主！公主！"长孙晟骑上战马一路狂追。

夕阳西下，两个人骑着战马迎着凛冽的寒风在广袤的大草原上纵横驰骋。长孙晟气喘吁吁地终于追到了千金公主，但见千金公主早已下马，站在那里久久不动，衣衫随风飘动。

"长孙哥哥，我想请你帮我一个忙。"千金公主的语气哀怜。

"公主但说无妨。"

"杨坚要篡位，大周朝要亡于他手，不但如此，我父王也凶多吉少！将来如果我率军攻打杨坚，望你能助我一臂之力。"千金公主恶狠狠地说道。

"公主？"长孙晟一时无语，实在找不出理由来安慰千金公主，"不要报仇了，宇文氏的天下可能真不复存在了。这或许就是天命。"

"天命！我不信！如果杨坚杀我父母，我要用强大的突厥骑兵踏破长城，杀了杨坚！长孙哥哥，难道你不愿意帮我？"

"公主，我们与突厥更是世仇，不共戴天。"

千金公主肆无忌惮地大笑了起来："你不帮也就罢了，找出这个冠冕堂皇的理由！周武帝待你不薄，亲政后即刻重用你，想不到你居然这么报答他。你百年之后何以复见武帝于九泉之下？"

长孙晟听后更是无语，愧疚涌上了心头。

千金公主现在才明白自己是真正的孤立无援，没有人能帮助她，能否成功劝说突厥可汗为她复仇，她也没有把握，唯一能凭借的是自己这副美丽的容颜和娇弱的身躯。

万籁俱寂，只有北风呼呼地吹。远处不时地传来几声狼嚎，伴随着哀鸣，让人顿觉悲惨凄切，不寒而栗。

长孙晟护送千金公主继续向北行进，可是却始终未见突厥的迎亲使团，他不禁窦疑丛生，便问身旁的突厥使者原因，突厥使者也感到有些奇怪。按照约定，突厥迎亲使团早就应该在此等候。如今却迟迟未见突厥使团的踪迹，难道突厥发生了什么事情了吗？

长孙晟猜测不错，正当杨坚为登基称帝做准备的时候，突厥王庭也在为汗位明争暗斗。染病多年的他钵可汗病故了，临终前他钵可汗对自己的儿子庵逻说道："当年我哥哥木杆可汗为了突厥汗国的稳固和统一将汗位传给了我，我死后，你就不要争夺大可汗之位了，让我哥哥的儿子大逻便继承汗位。"

他钵可汗死后，突厥贵族根据遗愿，要立大逻便为可汗，继承突厥汗位，可是其他部族并不心服，要求立庵逻为可汗，一时间两派相持不下，互相对峙，战争一触即发。恰在这时，摄图归来。摄图因战功在突厥享有崇高的威望，其实他对突厥汗位垂涎已久，只是长年统兵在外，王庭变故知情已晚，事已至此，他觉得立庵逻为可汗更便于控制，于是他威胁突厥众部落族长："若是立庵逻为可汗，我自当率突厥勇士尽心侍奉他，若是立大逻便为可汗，就会率自己的部族离开突厥，甚至会兵戎相见。"突厥贵族忌惮摄图的勇猛，又怕突厥就此分裂，所以无人敢公开反对和抵制，于是庵逻便被立为突厥可汗。大逻便失去突厥汗位，内心自然不满和愤怒，每次朝会公然与庵逻对抗，乃至当庭发生冲突。大逻便的实力也非常雄厚，支持他的部族也很多，庵逻不能制服他。他看到摄图如此得突厥部族拥戴，两方他都得罪不起，无奈之下就决定把汗位让给摄图。其实这也是摄图的计谋，鹬蚌相争渔翁得利，这话真是千古真理。他如愿得到了可汗之位。于是摄图被尊奉为突厥的新一代可汗，号称沙钵略可汗。沙钵略为了避免突厥的分裂，便让庵逻迁至独洛水河畔，封为第二可汗，加封大逻便为阿波可汗，令他仍统帅原来的部落，又封叔父玷厥为达头可汗，率部族镇守突厥西部地区。

沙钵略以谋略和智慧平衡了突厥各部族的利益，避免了突厥因汗位之争陷入内战分裂，维护了突厥汗国的统一。这场没有硝烟却剑拔弩张的汗位之争以沙钵略的继位告一段落。稳固了汗位之后沙钵略这才想起和亲之事。原来这和亲之事当大周提出来之后，突厥本来是拒绝的，正是沙钵略鼓动他钵接受的。沙钵略对战争情有独钟，根本就没有与中原修好之意。战争仍然要继续，只不过要戏弄一番大周君臣，让这位公主也尝一尝这冰天雪地的滋味。沙钵略掐指算来，送亲使团早已经越过了长城，进入了突厥腹地，于是派弟弟处罗侯的儿子染干前去迎接千金公主。

千金公主的送亲团队在突厥使者的引领下继续向北行进，却丝毫不见突厥人的踪影。长孙晟不禁勃然大怒，质问突厥使者："你们突厥人也太无礼了，马上就要到你们突厥王庭了，到现在还不见你们可汗来迎接，我现在真怀疑你们的诚意和用心。"

"使节息怒，一定是王庭发生了什么变故，否则我们的可汗肯定会派人来迎接的。"

"既然如此，我们也不贸然前往了，我们就先回去，你现在就回去告诉你们的可汗，不是我们失信，而是他毫无诚意，我们不会将公主送到你们突厥王庭。"长孙晟赌气地说道。

突厥使者听后一下子慌了神，面露难色。千金公主也是一阵惊恐，怕长孙晟故意刁难，让她去不了突厥王庭，发话道："长孙使者，继续前进，前往突厥王庭。这是命令，不得违背。"

长孙晟无奈，只得继续行进，没有走多远，突厥使节突然欢呼起来。长孙晟极目远眺，似乎听到了隐隐约约的呼啸声，由远及近传来，不多时，他清晰地看到了一大群骑着战马的突厥骑兵呼啸而来，他们头戴貂帽，挎着腰刀，旋风般地向这边奔来。

染干带着一大群突厥人来到了长孙晟这里，他们围绕着车子不停地来回吼叫，将千金公主吓得心惊肉跳。

染干挥一挥手突厥骑兵停止了喧闹，迎亲使者安遂迦在染干的示意下道："感谢大周使者给我们送来美丽的公主，你们现在可以回去了。"说完，突厥人要劫车而去。

长孙晟挺身而出突然嚷道："放肆！我要护送公主到你们的突厥王庭，我要保护公主的安全。"

染干和安遂迦这才注意到眼前这位身材魁梧的长孙晟，染干仍冷冰冰地说道："这绝不可能。突厥人是不允许你们汉人去我们王庭的。"

"你们失礼在先，我绝不会这么仓促地把公主交给你们。"长孙晟道。

突厥使者低头向染干耳语了几句，染干勃然大怒："好大的胆子，你居然敢截留和亲的公主！将公主带走，把他们全部给我拿下！"

染干的话音刚落，突厥骑兵把长孙晟一行人团团包围。

千金公主看到长孙晟不顾生死护卫自己，内心感到一阵温暖，见到突厥这般无礼，怒火中烧，想到若是这般去了突厥，岂不是更难立足？突然大声嚷道："慢着！你们好大的胆子！"

短短一句话，清脆而响亮的声音犹如汩汩的流水一般传来，染干和安遂迦顿时停止了动作。

千金公主缓缓地走了出来，染干和安遂迦看到千金公主的一刹那怔住了。他们从来没有看到过如此貌美的女人，犹如天上的仙女一般从天而降，一双大眼睛晶莹剔透，勾人摄魄，浑身散发着一股让人沉醉而又难以抗拒的芬芳。染干和安遂迦都不约而同地揉了揉眼睛。

千金公主来到染干和安遂迦跟前，二人急忙下马行礼。千金公主用柔和而严厉的口气问道："两位突厥使者，你们的可汗就是要你们用这种方式来迎接本公主的吗？"

染干和安遂迦心里竟然一阵惶恐，全然无了先前的傲慢和霸气，染干竟然也恭敬地行礼道："可贺敦，让你受惊了，请原谅属下刚才的无礼和傲慢。"

"可贺敦？什么是可贺敦？"千金公主不解地问道。

"回公主，可贺敦是我们突厥对我们可汗王后的尊称。"安遂迦解释道。

"本来约好的你们应该在大青山脚下派人来迎接本公主，为何迟迟不来？还是你们的可汗本来就没有把本公主放在心上？"千金公主再一次咄咄逼人地问道。

"公主，误会了。其实他钵可汗病逝，我们的沙钵略可汗刚刚即位，所以耽搁了行程，还望公主见谅。"染干解释道。

"难道突厥也发生了变故？"千金公主内心一惊，"那这么说来，你们的这个沙钵略可汗可就是本公主要嫁的人？"

千金公主思忖片刻对染干说道："你们现在有两种选择，一是把我们捆绑到你们的王庭。"

"属下不敢。"染干和安遂迦同声应道。

"第二种选择是要让你们的可汗亲自来迎接我，以表示他的诚意，否则我会返回中原。当然你们也可以杀了本公主。"

染干一听慌了神，道："公主，少安毋躁，我现在就去禀报可汗，让可汗前来迎接公主。"接着染干嘱咐安遂迦一定要看好公主，决不能让公主离开，同时要好好照顾着公主。染干还是不放心，又留了一大部分突厥骑兵，自己率少数骑兵很快消失在千金公主的视线之内。

千金公主内心也是忐忑不安，她这是反客为主，可能这个沙钵略可汗对她并不在意，如若这般去了，她会备受冷落，将来谈何征服突厥可汗？同时这也是一着险棋，若是突厥可汗将自己遣返回去，那所有的希望必会破灭。但是当她看到染干如此焦急，心中有了更大的把握和自信。

染干很快回到了王庭，沙钵略听后大怒道："好一个高傲的公主，她以为她来到我们这里还是什么高贵的公主吗？为什么不把她捆绑到王庭？为什么敢要本可汗劳师迎驾？"

"可汗，那位公主貌比天仙，她的美是属下从来没有见过的，她的美实在无法用语言来形容。属下只能说，她一定是昆仑神赐给可汗最宝贵的礼物。"染干道。

沙钵略望着染干道："能让我们的突厥勇士说出这番话，看来她的确是个非凡的女人。好，现在本可汗就随你一起去见见这个女人。"

安遂迦鞍前马后地对千金公主嘘寒问暖。

千金公主趁机问道："你们突厥刚刚换了一位可汗？"

"是的，公主，我们上一任可汗便是让你们中原汉人闻风丧胆的他钵可汗，我们现在的沙钵略可汗也同样骁勇善战。"

"有其父必有其子，他一定很年轻吧？"千金公主问道。

"我们现在的可汗可不是他钵可汗的儿子，而是他钵可汗的侄子。"安遂迦说道。

"什么？居然会把汗位传给他的侄子，难道他没有儿子吗？"千金公主惊讶地问道。

"我们突厥可汗的汗位传承，不像你们中原用子承父业的办法，也没有严格的规矩，只有军功最多、最强悍的突厥人才会成为我们突厥的可汗。所以伊利可汗临终把汗位传给了逸可汗，逸可汗又传给了木杆可汗，木杆可汗传给了他的弟弟他钵可汗。没有一人是传给了他的儿子。"安遂迦又道，"为什么你们中原人的皇位非要皇帝的儿子才能继承？就像现在大周的皇帝，一个乳臭未干的孩子怎么能当皇帝？他能领导大周的天下吗？这难道不会给奸臣可乘之机吗？现在大周朝已经完蛋了，听说是被一个叫杨坚的人篡夺了，他还把所有皇室成员都杀了。"

"你说什么？是真的吗？"千金公主脸色大变。

安遂迦并没有在意千金公主的表情："杨坚篡夺了皇位，杀了所有的宇文皇室子孙！"

"放肆！你造谣！你没有去过长安怎么知道？"

"这可是千真万确！是我们突厥的密探奏报的。"

千金公主听后一下子昏厥过去。

天气阴霾，阴风萧萧。杨坚最后还是下决心尽诛宇文皇室，要用宇文皇室的鲜血洗涤通往皇权之路。

李德林见杨丽华都没有劝阻杨坚，可见杨坚已经无动于衷，不会手下留情了，但是他仍然抱着最后一丝希望劝说杨坚。

"丞相，性可以为善，可以为不善，武兴则民好善，幽、厉兴则民好暴。兴仁义，宽容仁慈。一个王朝若以杀戮立国，将来怎么会有磅礴之气势？"

"危言耸听！改朝换代而进行的诛杀屡见不鲜。对敌人的仁慈便是对自己的残忍，你以为这是儿戏吗？三方叛乱伤亡十万余人，本相区区杀了几十个皇室成员你就如此耿耿于怀。你说的誓死效忠我，恐怕只是一句空话吧！"

李德林愕然无语，他知道谁也无法阻止杨坚的杀戮了。

杨坚的屠刀终于放下去了。宇文泰的八个儿子，二十三个孙子，孝闵帝一个儿子，一个孙子，武帝的六个儿子，明帝的一个儿子，一个孙子，宣帝的两个儿子，以及宗室皇族十一人，都被押赴到了刑场。加上之前被诛杀的毕王一家，被诛杀的宇文皇族共计六十四人。残阳如血，柔和的霞光也透露出一股哀怨和凄凉。地上的鲜血汩汩地流淌着，每一滴血似乎都在诉说着刚才那惨绝人寰的人间悲剧。

随后，杨坚借司马消难叛逃陈国为由，废其女司马皇后为庶人，面对这一切，朝中大臣却是一片噤声。

得知宇文皇室被诛杀后，宇文述掩饰内心的伤悲，上书杨坚对宇文皇室一番鞭挞，与其划清界限。其实宇文述算不上宇文宗室，只不过先祖时在鲜卑贵族宇文家当仆人，后跟随主人改姓宇文。宇文述的父亲宇文盛，大周时因有战功而位至上柱国。宇文述也被宇文护所喜爱，因此让他以本官身份担任自己的亲信。可是，他的儿子宇文化及却对其父宇文述的所作所为大为不满。

"父亲，大周待我们不薄，难道我们就眼睁睁地看着杨坚篡了大周政权？"

"那能怎么样？尉迟炯拥有数十万大军不还是兵败被杀？宇文皇室反抗杨坚不也被杀得一个不剩？"宇文述显然不悦，"儿子，你一定要记住，将仇恨掩藏在心底，不要被任何人发现，现在我们还不是杨坚的对手。君子报仇，十年不晚，来日方长。"

祝福与诅咒

杨坚的登基大典已经准备就绪，高颎特意找到太史令庾季才，让他奏疏杨坚早日决断。

"庾大人，如今开国立业已经到了最关键的时刻，大人对天象颇有造诣，精通天文地理，还希望庾大人能以天道劝说丞相早做决定。"

庾季才捋了捋胡须，道："物换星移，天地亘古不变。丞相如今走到了这般地步，改朝换代也都是天命，我们常人是违背不得的。"

"毕竟兹关重大，为了避免夜长梦多，希望大人能以天命之理说服丞相，让丞相早做决断。"

"这个月戊戌之日我会劝说丞相。"

"为何非要等到戊戌之日呢？"高颎不解地问道。

庾季才神秘一笑："天机不可泄露也。"

到了戊戌日，庾季才将杨坚请到了长安城城楼上。

"丞相，你看。"庾季才指着不远处的上空说道。

杨坚极目远望，但见不远处似乎有缕缕青烟升起，不久又变成了紫色，逆风向西而行，融于蓝天白云之中，一条龙的形状清晰地出现在众人面前。

庾季才说："丞相，天道极其精妙，符兆已经出现，还望丞相勿负天下之望。月晕而风，础润而雨。《气经》上说：'天不能无云而雨，皇王不能无气而立。'如今王气已经显现，应该顺应它。二月，太阳从卯位进入酉位，处在天的正中间，称为二八之门。太阳是皇帝的象征，皇帝登基，应该在二月。"

杨坚听后不禁怦然心动。

"今年二月的十四日是甲子，甲是六甲之始，子为十二辰之初。甲数九，子数也是九，九是天数。况且这一天是惊蛰，是春雷萌动，阳气壮发的时候。过去周武王在二月甲子定天下，周朝持续了八百年；汉高帝在二月甲午即帝位，汉朝持续了四百年。所以甲子、甲午是登基的好日子。这个月甲子日，丞相应该顺天命登基称帝。"

杨坚听后大喜，即刻召见李德林和高颎商议登基称帝之事。令群臣商议易服色、改制度、省刑罚、革正朔。

杨坚在佛像前祈祷，他想起了智仙："师父，徒儿能够渡过这么多劫难，走到今天，如今要建立杨家的天下了。一定是您在暗中祈祷和冥冥之中相助吧。徒儿会成为您所期待的那罗延，成为法力无边的护法神王，将光明与温暖带给这个苦难的大地，给黎民苍生带来希望和光明。师父，徒儿相信您一定还在世上，早晚有一天我会收复江南，那时候我们师徒再团聚吧。徒儿一定会给你无上的赏赐和荣耀。"

"现在最迫切的是要确定国号与年号，确定衣冠服色。"杨坚招来高颎商议。

"臣已经与众臣商议了几个国号，只是丞相迟迟没有表态，现在想必丞相心里已经有意向了吧？"

"父亲生前被封为随国公，本相晋封随王，看来和随字有缘分，随朝也是不错的选择。"杨坚沉吟一番又道："可是'随'字，总是有些不大吉利啊。有个'之'字，之可是走的意思，有随时去除的危险，本相总觉得有些不妥。"

"丞相，不妨将这个'随'字改成'隋'字。"高颎拿起笔写下了"隋"字，"这个'隋'字，左边是阳字旁，下边是月，寓意日月同在，大隋朝与日月同行，必将千秋万代，泽被天下。"

杨坚欣然而笑，当下决定以隋为国号。

"另外关于舆辇衣冠的服色，本相决定不再沿袭旧制，如今的舆服衣冠，甚多迂怪，不伦不类。"杨坚道，"大周初创时期为了笼络人心，用鲜卑旧俗拉拢鲜卑贵族将士，本就不是中原服饰。衣冠礼器乃是一国的尊严与象征，这些胡服的仿古衣冠，本相早就深恶痛绝。本相既然是弘农杨氏东汉太尉杨震之后，自当以恢复汉服为己任。衣饰、礼仪当照汉朝典礼，复兴汉室。"

不久，杨坚确定了君臣服饰以黄色为主，群臣百官的绫袍、乌纱帽，九环带等基本上都采用黄色袍纹。他又重新恢复青龙、白虎、朱雀、千秋、万岁之旗帜。杨坚此举不但得到了中原世家大族的拥护，还赢得了中原百姓的广泛支持。

但杨坚对于年号却不甚满意，他要用此年号来表达他除旧布新、大治天下的宏伟抱负，群臣提供的这些年号，太过普通。

"李德林，你就给我想一个别致的年号吧。"杨坚召集李德林嘱咐道。

不久，李德林给出了杨坚一个年号：开皇。

杨坚目光久久地注视着开皇两个字："开皇，开皇，开拓皇图霸业。"他甚为满意。李德林知道杨坚从小在寺庙中长大，受佛教的熏染，是个虔诚的信徒，他翻阅佛教典籍，在《金刚经》中找到了"赤若之岁，黄屋驭时，土制水行，兴废毁立，佛日火乘，木运启年，号以开皇，可谓法炬灭而更名，否时还泰者也。"

"天地沦坏，劫数终尽，开皇启运，像法载兴。"杨坚抬起头望着尚在朦胧之中的天空，"长达三百余年的乱世终将结束，大劫难之后一定会出现圣主明君来拯救乱世，救民于水火之中，开皇启运，复兴华夏！我就是那个明君圣主吧！"

二月十四日，甲子之日，天朗气清，晨光熹微，杨坚头戴冕冠，穿汉服衮袍，在临光殿登上皇帝宝座，接受百官的朝贺。

诚如隋文帝在祭祀天地时祈祷的那般："皇天在上，东汉太尉杨震之十四世子孙杨坚今秉承天命，建立隋朝，成为华夏天子。朕诚惶诚恐，在此向苍天立下誓言：一定会统一华夏，以告慰先祖之灵；沥胆坠肝，励精图治，与民更始，实现天下大治，创造一个太平盛世，还天下黎民百年的夙愿。惶恐顿拜，立下此誓，以观朕心，以明朕志。"

"但愿大隋朝日渐强盛，如初升的太阳一般流芳百世，传至千秋万代。"杨坚最后虔诚地祈祷。

长安城内也是欢呼雀跃，当百姓看到杨坚君臣身着传统的汉服祭祀天地时，也是热泪滚滚，奔走呼号，他们似乎看到了一个强大王朝崛起的希望。

杨坚下诏大赦天下，改年号开皇，国号隋。追封其父杨忠为武元皇帝，其母吕氏为元明皇后。接着封独孤伽罗为皇后，长子杨勇为皇太子。对功臣勋将论功封赏，以并州总管、申国公李穆为太师，以邓国公窦炽为太傅，以幽州总管、任国公于翼为太尉，这些老臣本身就有很高的官职和爵位，再次对他们封赏就是团结关陇勋贵。同时杨坚吸取了宇文皇室覆亡的教训，大封同姓诸王。要想巩固政权必须要强宗固本，使隋王朝真正成为杨氏天下。他封杨雄为滕王，封另一位弟弟杨爽为卫王兼领雍州牧，封侄儿杨静、杨智积分别为道王和蔡王。对于五个儿子，除了册立杨勇为太子外，封次子杨广为晋王兼并州总管。封三子杨俊为秦王，领洛州刺史。封四子杨秀为越王兼益州总管。封五子杨谅为汉王。他加封诸子为王，同时又兼管周围各州军事，并且配备亲信重臣辅佐诸王，加强杨氏家族对地方的控制，避免叛乱再度发生。

都斤山下的突厥王庭，依山傍水，地势险要。突厥骑兵们正在骑马射箭，长孙晟感到一阵震撼，这简直就如世外桃源一般，但就是在这里，突厥人制定了一个个侵略中原的阴谋，涂炭生灵。

夜晚王庭烛火通明，热闹非凡，突厥人围坐在篝火前载歌载舞，沙钵略也高兴得手舞足蹈。

"为我们美丽的可贺敦干杯！"沙钵略携千金公主来到人群中笑容满面地

说道。

众人爆发出热烈的欢呼声。突厥人都沉浸在兴奋和欢乐当中，只有长孙晟脸色忧伤，独自一人喝着闷酒。看到沙钵略和千金公主喝起了交杯酒，长孙晟闭上双眼，泪水从眼角溢了出来，似乎没有人注意到黑暗中长孙晟痛苦的神情。

原来沙钵略可汗率军迎接千金公主，当时千金公主因为悲伤过度昏厥了，看到她俊美的脸庞，沙钵略震住了。染干说的对，这个女人就是上天赏赐给他的最好的礼物。

他咆哮如雷，令人马上医治千金公主，待公主无大碍后起程前往突厥王庭，长孙晟提出随行，由于公主未醒，沙钵略应允了。

待千金公主调养一段时间后，沙钵略举行了盛大的婚礼。

长孙晟悄悄地离开了这喧嚣的地方，来到一个寂静无人的地方，放声大吼，躺在草地上望着满天繁星闪烁，也不知过了多久，沉沉地睡了过去。

夜深人静，曲终人散，沙钵略喝得醉醺醺地来到了营帐内的寝宫，他勾起千金公主的嘴角，柔声道：“没有见到你之前，染干告诉本可汗说你是昆仑神赐给本可汗最宝贵的礼物。明天本可汗就去祭奠昆仑神，感谢神将你赐给了本可汗。从今天起你是突厥汗国的可贺敦，突厥汗国的子民包括本可汗都会爱护你的，本可汗绝不会让你受到任何委屈，你在中原所享受的荣耀和尊贵，本可汗都会满足你。”

千金公主听到这些话似乎看到了复仇的希望，对着沙钵略轻轻地笑了。沙钵略看到千金公主这嫣然一笑，顿时惊呆了，一下子将千金公主摁倒在床上。千金公主的脑海中顿时浮现了与长孙晟拥抱的温馨时刻，流下了泪水。

“从今天起我是沙钵略的女人了，我不但要征服他，还要征服整个突厥，我还要让他为我所驱使，为我报仇雪恨。”千金公主想到这，伸开双臂抱紧了沙钵略。

长孙晟喝得醉醺醺的，孤身一人躺在黑夜笼罩的大草原上，泪流满面。他想起了在华州和千金公主相识的日子，恍如一场梦。

沙钵略发现千金公主一个人独处的时候总是愁眉苦脸，甚至是暗暗流泪，沙钵略每次问起原因，她总是强颜欢笑，不肯回答。他隐约地感到有事发生，可能和杨坚改朝换代有关。

一日，沙钵略看到千金公主偷偷哭泣，关切地问道："可贺敦，你到底怎么了？你总是在哭，愁眉苦脸，告诉可汗到底怎么回事？"

千金公主擦拭了一下泪水，轻轻摇摇头。

"可贺敦，看到你如此不高兴，本可汗心里也不好受！"沙钵略替千金公主擦拭泪水，"我说过不会让你受任何委屈，告诉我怎么回事？"

"可汗，替我报仇！"千金公主这时突然起身跪拜在沙钵略面前。

沙钵略似乎猜出来了，他扶起千金公主："现在长安的主人不是你们宇文皇室了吧？"

"可汗，我从来没有见过这么歹毒的人。"千金公主接着声泪俱下地将杨坚诛杀宇文皇室的暴行诉说了出来。

"想不到居然还会有这等残暴之人，如此丧尽天良，真是个禽兽不如的畜生！真该千刀万剐！"沙钵略虽义愤填膺，可他心里却暗暗高兴，他本来就是个战争狂人，中原改朝换代也好，若是千金公主不让他打周朝，他还真有些为难。偏偏中原杨坚取代了大周朝，且成了千金公主的仇人。

沙钵略替千金公主擦拭着脸上的泪水："可贺敦，想不到你心中居然会有如此大的血海深仇，本可汗不能让你的亲人起死回生，但是能为你报仇雪恨！我们突厥勇士很快会突破长城，杀入长安，擒得杨坚这畜生，让你手刃了他。"

"可汗，你不要为了我而兴师动众，再说大隋现在也非常强大！"千金公主道。

沙钵略大笑起来："强大？自从本可汗领兵打仗起就从来没有把中原王朝放在眼里，他们都不是突厥的对手，任何时候都阻挡不了我们突厥勇士进军的脚步。不过说起这个杨坚，本可汗早就认识他了，当年他在定州训练了一支骑兵，可惜的是没有与他交手他就调离了。看起来此人果然是厉害人物，居然夺取了大周的天下。"

千金公主听着忍不住痛哭起来。

"可贺敦，你放心，本可汗不日提兵南下，擒得那杨坚小儿来到王庭，用他的人头来祭祀你亲人的亡灵！"

"可汗，如今中原已经统一，杨坚已经安定了局势。现在起兵或许能够攻打下隋朝的几座边境州郡，但是很难纵兵深入，抵达长安。"千金公主冷静地分析道，"再说现在大隋一定提防突厥，在边境都部署了重兵。"

沙钵略此时对千金公主倒生出几分敬佩,想不到她小小年纪在饱受悲痛之后居然如此镇定。

"那就静观时变,寻找机会,打杨坚一个措手不及。"沙钵略最后说道。

杨坚封官定势,稳定了朝局之后,决定要变革制度。他亲身经历过宇文护专权深知六官制度的弊端。宇文泰在苏绰等人的帮助下依照《周礼》在中央设置大冢宰、大司徒、大司伯、大司马、大司寇、和大司空六位长官分掌各类政务,并且由大冢宰统领,但大冢宰独揽大权势必会造成权臣擅政的恶果,宇文护就是例子。周武帝宇文邕亲政后,大冢宰不再统领五府。其后周宣帝宇文赟为了大权独揽,设置大前疑、大右弼、大左辅和大后丞四辅官分割相权,但宇文赟却让内史和御正成了权力的主导,这也导致刘昉、郑译之流擅权弄政,杨坚也得益于他们才能篡权建立隋朝,但是他绝不再允许有人效仿,必须要从制度上杜绝弊端。

杨坚在高颎、李德林、崔仲方奏议的基础上,结合高齐和南朝的朝廷制度,又参考汉魏旧制,决定在中央机构实施三省六部制度。三省即中书、门下、尚书,杨坚为避父亲杨忠的名讳将中书省改为内史省。内史省主要负责制定皇帝诏令,而门下省负责审阅诏令,另外百官奏事也需经门下省审阅,因此门下省还具有封还、纳奏、出令、驳奏的权力。尚书省则负责具体诏令的执行,是最高行政机构,下设礼部、吏部、兵部、都官、度支和工部等六部。

杨坚深感尚书省位高权重,决定不设尚书令,置左右仆射各一人,分割尚书令的权力。杨坚并没有再单独设置丞相,他担任过丞相这个职务,深知这个角色太重要了,他要防止出现权臣,就让三省长官共同担任宰相。另外还有秘书省,负责国家经籍图书和天文历法,内侍省主管宫廷事务,但是负责国家政务的还是三省六部。杨坚在中央设置太师、太傅和太保三师,太尉、司徒、司空三公。三师不掌实权,不置官署,是朝廷对朝臣授予的最高尊荣。三公也有德高望重者担任,以备君主咨询国政,像李穆、于翼、窦炽等人都被杨坚任为三师。

确定好三省六部制度之后,杨坚开始论功行赏。他任命高颎为尚书左仆射兼纳言,任命李德林为内史令,虞庆则为内史兼吏部尚书,汉安县公韦世康为礼部尚书,元晖为都官尚书,元岩为兵部尚书,长孙毗为工部尚书,杨尚希为度支尚书。

杨坚任命这些人也着实费了一番心思，基本上关陇各豪族的利益都照顾到了，同时也提拔了高颎和李德林等他所依靠的才俊。

高颎被任命为尚书左仆射兼纳言，这可是朝廷宰辅之职，总领百官，主持朝廷政务，位高权重，他万万没有想到杨坚会给自己如此高的职务。

"陛下，高颎人言微轻，恐不足以担当大任。"高颎显得诚惶诚恐。

"朕能有今天全赖你们相助，朕说过要与你们共治天下，当然要依靠和重用你们。"

"我们能顺利平定叛乱，凭借的是元老宿将，皇上要以大局为重，陛下改朝称帝一直都小心翼翼，所以臣建议陛下提拔我们还是要循序渐进为好，莫要那些元勋宿将心有不平。"

"朕会善待他们，也会尊重他们，给他们应有的地位和荣耀。但治理天下还是要依靠你们，所以朕要任令你为尚书左仆射，任李德林为内史令，让你们来参与朝廷政事。当然还有一个苏威，此人有才干，可在朕称帝期间居然不辞而别。未免有些沽名钓誉，爱惜羽毛。"

"皇上，苏威有大才干，如今百废待兴，大隋的经济还需要他来筹划，还望请他出来辅助并加以重用。"高颎听出了杨坚的不悦，劝道。

"他自会来投奔的。若是放弃了这次机会，那么他这辈子也就只能碌碌无为。"杨坚道，"这次封赏，朕只封了他太子少保这个虚职，但朕肯定他会赴任。朕想他能明白什么才是同甘共苦。若都是他这般，谈什么君臣同心？"

"陛下，苏威乃是苏绰之子，苏绰是周的开国功臣，他也有为难之处。"

"放心吧，知人善任，这点朕还是能做到的，朕也给他留了一个职位，就是度支尚书，那是他最擅长的。"

"度支"就是民部，其实就是户部，为杨坚开皇三年所立，掌管全国财赋的统计与支调。唐初避太宗李世民的"民"讳，改民部为户部。

"刘昉、郑译等人拥戴有功，皇上仅仅封了他们为柱国这种虚职，他们恐怕会心有不满吧。"

"他们只不过是一群反复无常的小人，并无真才实学，无治国治军的本领，只会阿谀奉承。当然了，没有他们，朕也当不了这个皇帝，若是朕再重用他们，说不定哪天他们还会翻云覆雨。但朕不是薄情寡恩之人，看在他们对朕有恩，又是昔日同窗的面上，朕已经格外照顾他们了。朕赏赐了他们无数的财物，希望他们有自知之明，安度晚年吧。"杨坚说道。

"至于像王谊、元谐那些元勋，朕与他们结为姻亲，通过这种方式来让他们渐渐离开朝野，少了羁绊和牵扯，我们才能放手除旧布新，变革制度。"

"大权旁落是非常痛苦的，臣是担心他们心怀不满。"

"爱卿放心，如今我们掌握了实权，他们大势已去。再说朕也不允许他们再兴风作浪。"

高颎本来想告诉杨坚虞庆则任吏部尚书有些勉为其难，但终究没有开口。杨坚让虞庆则担任内史兼吏部尚书，一个武夫担任如此重要的职位，高颎也心知肚明，正是虞庆则秘奏杨坚诛杀宇文皇室，杨坚自然是对他投桃报李。

杨坚论功行赏让多数人心满意足，但在众人欢天喜地的背后，有两个人最为落魄，就是刘昉和郑译。他们对杨坚有拥立之功，自然认为杨坚会给自己极大的赏赐，想不到刘昉仅得到了上柱国的虚职，郑译也仅仅被封为舒国公。两人备受冷落，愤愤不平，继而对杨坚恨之入骨。

刘昉怒道："杨坚小儿，利用我们窃取了天下，如今倒好，成就了他冷落了我们！"

郑译也懊恼不已："想不到杨坚是这种人！"

"放心，我们能将他扶上马，也能把他拉下马，让他粉身碎骨！"刘昉咬牙切齿道，"得失就在一念之间，现在杨坚冷落了我们，早晚有一天我们也会让他一无所有！"

"说实话，我们大势已去，而杨坚大权在握，翻身恐怕很难！"

"哼！那也未必！"刘昉冷笑道，"从封赏就能看出来，他不但要抛弃我们俩，卢贲和庞晃可是为他鞍前马后地效劳，可是却仅仅被赏赐了一些财物，并没有加官晋爵，成为显贵。还有，恐怕那些武川勋贵也未必能受到重用，现在任用他们也只能为了局势平稳过渡。看吧，到时候不满杨坚的大有人在。杨坚看不起我刘昉，可是我毕竟久在中枢，对于朝局和人事洞察并不亚于他杨坚。我要和他斗到底！"

不久，苏威果然回来了。杨坚也不与他计较，反而让他着手进行货币改革。杨坚拿出了十几种钱币，这是他派人在长安街市中发现的。他担心若是任由各色货币流通，那朝廷无法掌握大隋的经济命脉，也无法对其进行有效调控。

"陛下深谋远虑，若是不统一钱币，朝廷进行所有的改革都会受到阻碍，甚至会付之东流。南北朝分裂，天下大乱以后，历代朝廷战乱频仍，自顾不暇，根本没有精力改革钱币。"

"这正是朕所忧虑的，这一点不解决，后面的变革也无从继续。朕近来研习《汉书》知道汉武帝在位时进行了钱币改革，统一铸造五铢钱，比较彻底地解决了钱币问题。此事就由你统筹规划，制订一个切实可行的方略，统一大隋境内的钱币。"

交代完钱币之事，杨坚又召来高颍和李德林商议遴选人才之事，如今他易"周氏官制"，确定三省六部制度，他是担心再好的制度若是仍然掌控在豪门贵族手中，还是会变样。

"朕如今改革了朝廷官制，其实就是虚位以待，要使天下俊杰，尽升于朝，你们可有什么法子？"

"陛下，朝廷每年都会令各州郡举荐贤良，今年不妨让各州郡扩大举荐人数，然后来长安由陛下亲自考查。"高颍道。

"新朝刚立政务繁多，百业待举，政在人为，理政的根本还是在于选拔贤良。其实天下之大，人才很多，但是鉴于乱世，很多人都像苏大人那般独行州间，肥遁丘园，藏器待时，其实他们也是在等待机遇，只要朝廷诚心纳才，天下俊杰必然会闻风而动。"李德林奏道。

杨坚点头又摇头："你们的奏议都合理，但是却都未说到根本。天下之大，贤人之众，不是所有贤良之人都有机会为朝廷效力，仍有许多不为人知的贤才被埋没，终身未得任用。不是他们不想出来，而是根本就没有机会。"

"陛下是说朝廷的选才制度已经名存实亡了。"李德林和高颍似乎明白了杨坚的意思。

"如今的地方选才，朝廷上被公卿大臣所把持，地方上则被豪门贵族所控制。朕在随州任刺史的时候感同身受，汉朝的察举制和九品中正制已蜕变为世袭制，成为那些公卿大族维护自己势力的工具。许多恶俗小人利用机会，或贿赂或靠关系巴结地方豪族而走上仕途，必对其感恩戴德，并为之效命。这样，他们在地方一手遮天。若不加以改变，那么以后的变革会举步维艰。就像你们，若是生于普通人家，纵然再才华横溢，要想出人头地何其难也。"

李德林和高颖互相看了看，不敢妄言。

"人为因素对选才有着重大影响，也是选举的根本弊端，所以造成平民儒士中之优秀人才被拒之门外。任人唯亲、唯财、唯势。权门势家在地方做强做大，无视朝廷法度，甚至对抗朝廷。"李德林说道。

"现在让州郡举荐贤才，也往往都是他们看中的人，这些人最后还是为门阀士族所操纵和利用，进而影响朝廷决策。"高颖补充道。

"其实朕知道你们也都清楚其中的弊端，但要解决起来却十分困难。朕在登基的时候就告诉你们要除旧布新。首先就要做到唯才是举，人尽其才。朕要让选才、任职官吏形成制度化，严格考核，给天下士子一个公平竞争的舞台。"

"如今新朝刚立，此事不宜操之过急，否则地方豪族一定不会轻易就范。"

"那你知道朕要做什么呢？"杨坚望着李德林说道。

"陛下是要将举荐任免权收归朝廷，让人才效忠于朝廷，而不是地方豪族。"李德林道，"陛下是要废除豪族垄断仕途特权。"

"不错，九品中正制，流弊百出，不如趁势废除了它，否则门阀士族的势力无法撼动。"

"臣也赞同陛下的做法，但是欲速则不达。它毕竟存在了三百余年，根基深厚，许多豪族财大势大。不如先限制他们举荐的权力，每州每年举荐三人，然后来京师进行严格的考核，不合格者便予以淘汰，授予官职的时候回避原籍。待时机成熟的时候再由朝廷统一制定选才标准。"高颖奏议道。

"如今各地总管、刺史都是武将担任，他们功勋卓著，要改变任用地方官员的惯例，必然会触犯这些勋臣武将的利益，尤其要慎重进行。"李德林也十分担忧。

"朕也知道这对豪族来说是伤筋动骨的事情，必须谨慎，你们现在就全力以赴做好准备，就如高颖所说先抑制这些豪族的权力，减少他们举荐人数，郡守以上必须要由朝廷统一任命，以后县令的任命也必须收回朝廷。朕决不允许一州一郡的政事就由几户豪族把持。"

杨坚回到宫中将今日之事告诉了伽罗。伽罗也赞同杨坚的做法，说道："其实陛下也在渐渐摆脱那些豪门贵族。陛下的三省六部中，都是高颖、李德林、苏威这些人，他们与关陇豪族并无太多的联系。陛下论功行赏虽然照顾了京兆、天水、华阴、河东、博陵等地方豪族的利益，但都是荣誉职衔，并没有让他们掌控朝廷大权。外示尊崇而内夺实权。"

"知朕者皇后也，朕不想用官职来酬谢他们的功勋，打天下用武将，但是他们若治理天下就勉为其难了。术业有专攻，弓马武用，是他们所长，但是治民莅职，非其所解。所谓功臣可授勋官，但不可干预朝政。"

"陛下这么做会让好多勋臣武将不满的。"

"大隋朝要想摆脱南北割据这些朝代短暂而亡的命运，就必须要割除这些弊政，朕已经下定决心做下去。为了大隋的长治久安，付出多大的代价也在所不惜。"

"陛下给了他们无上的荣誉和荣华富贵，这些人要是识趣就不会与陛下为敌的。要是心怀不满早点发现也好，隐藏起来的人那才是最危险的。"伽罗道，"臣妾知道陛下要做的事情很多，但是要分轻重缓急，新朝刚立，当以安稳为重。"

"伽罗，朕如今四十有一，时日不多，不但要整顿内政，还是收复江南，北击突厥，朕可以等，就怕苍天不等朕。"

"我们潜心求佛，虽不能让我们长生不老，但长命百岁倒还是有可能的。"

听完伽罗的话，杨坚又想起了智仙，她在江南可还安好？刚刚建立隋朝，陈国必然会以为新朝不稳，趁火打劫，若是能够借机一举攻下陈国，那么以后可全力对付突厥了。

不久，杨坚暗中令安州总管元景山、楚州总管贺若弼、泸州总管韩擒虎集结军队，积极备战。

第八章

帝国崛起

　　他信步沿着中轴线走了进去，两旁的殿宇楼阁气势雄浑，在晨曦中似乎向杨坚含笑示意。登上了宫阙的最高点，俯视着雄伟壮丽的宫殿，一股骄傲和自豪油然而生。

　　"好一座雄伟壮观的皇城！"杨坚赞道。

　　"新的都城东西长十八里一百一十五步，南北宽十五里一百七十五步。"高颎道。

用兵江南

刚刚过了半年，陈国果然不安分，出兵北上，不宣而战，进攻隋朝国境，沿线隋军一时猝不及防，陈军先后攻破了临江郡和郭默城，向淮河挺进。陈国的大将军任忠还生擒了隋军驰援历阳的统帅王延贵。

陈国皇帝陈顼本来想趁大周三方叛乱之际趁机夺取江淮之地，不但没有得逞反而丧失了江北地域。陈顼岂能善罢甘休，以杨坚篡夺大周政权之际，决定夺取江淮之地。他任命萧摩诃为北伐大元帅，以镇西将军樊毅都督长江沿岸军事，令南豫州刺史任忠率军攻打历阳，超武将军陈惠纪为前军都督攻南兖州。陈军由于准备充分，开始倒也进展顺利，大有屯兵江淮之势。

陈国出兵早就在杨坚的意料之中，所以他并不慌乱，本就想一举灭了陈国，于是召集群臣商议用兵之事。高颎和苏威等人都赞同出兵，可偏偏李德林认为不可，杨坚询问其理由。

"陛下，我朝刚刚建立，当以稳为重，以和为贵。虽然我们兵力强于陈国，但是能否渡江还未知。另外刚刚平定了叛乱，也急需安抚军队，休养生息，若是兵戈再起，后果难料。"

"难道朕就这么白白放弃这个大好时机？"

"陛下，陈国虽然兵力较弱，但经济富庶，又有长江天堑，恐怕一时难以灭亡，再者，我们现在最大的敌人不是陈国而是突厥，若我们兵发陈国，突厥袭击大隋北境的话，那么我朝就会陷入被动。"

高颎看出了杨坚的不悦，开口道："李大人，陈国如此挑衅，若我朝没有行动，只怕会让陈国君臣更加肆无忌惮，这样一来南部边境也不安稳。不如这样，我们先行派兵迎敌，收复江淮之地，看战争进展再决定是否全力攻打陈国。若是出兵顺利，不妨就一举拿下陈国。"

杨坚深以为是："突厥太过强大，不是朝夕之间就能打败的。若是忌惮突厥而不用兵江南，那何年何月才能让南北统一？要知道南北分裂了三百多年，朕岂可因一江之隔而不拯救百姓？朕要当一个真正的天下之主，首先就是要让四海归一。不能以为大隋刚刚建立就畏手畏脚，其实从周武帝开始，就一直在谋划统一南北的事情，着手进行了各种准备和军事部署，既然机会来临，为何放弃？"

"但是陛下，突厥不得不防。如今突厥可汗新立，臣在齐国出使突厥时和他打过交道，此人是个狂人，好战能打，如今却一直不见有动静，必须警惕。再说千金公主嫁到了突厥，面对国破家亡，岂会善罢甘休？"李德林再次劝道。

"那个突厥可汗是谁？可是围攻幽州的那个摄图？"

"正是此人。"

杨坚长吁了一口气，摇头叹息："想不到他成了突厥可汗，看来我们和突厥的战争不可避免了。"

"长孙晟怎么还没有回来？难道被突厥扣留了？"杨坚问道。

"臣听说长孙将军主动要求前往突厥王庭，可能是为了打探到更多的消息吧。只身前往突厥王庭恐怕不会那么容易脱身，如今音讯全无，恐怕凶多吉少。"高颎回应道。

杨坚听后脸色阴沉："马上派出使者前往突厥，如果长孙晟还活着，不惜一切代价给朕赎回来！"

"若是长孙将军遭遇不测呢？"

"不可能！"杨坚突然怒吼。众臣子也都为之一颤。

杨坚自觉失态，冷静了一下："他是作为和亲使者过去的，突厥可汗再嗜血成性，也不会在此时杀了他吧。现在没消息就是好消息。"

李德林的劝说让杨坚有所犹豫，为了防范突厥，他并没有大规模地向江南派兵，而是让贺若弼、韩擒虎、元景山等人率军阻击陈军。

然而事情的进展出奇顺利，贺若弼和韩擒虎两人互相配合，很快将陈军击溃，兵临长江，一时间军威大振。杨坚本来就有南下伐陈的愿望，前线势如破竹的军事行动让他又动了趁机收复江南的心思。

杨坚不愿意放弃这大好时机，面对李德林的担忧，他认为突厥可能会有所行动，但只要抵御得当，突厥应该不会兵临长安。

李德林没有再反对，因为朝野上下都强烈要求出兵平定江南，苏威和高颎都附和杨坚，除此之外，诸位将军也都纷纷上书请求出兵讨伐，他也不好再劝阻了。众怒难犯，这个道理他还是懂的。

杨坚决定派高颎前往前线节制调度诸军，同时向他密授机宜，不但要收复江北之地，伺机渡江攻打陈国，对于行军作战的路线，君臣二人也早已商议妥当。

然而就在高颎准备妥当即将起程的时候，杨坚收到突厥要求在边境开阙场的建议，他思忖再三，为了确保南线战事还是同意了。

原来沙钵略得知大隋要出兵陈国就蠢蠢欲动，但被千金公主劝住了。千金公主在突厥这半年来很快赢得了突厥人的尊重与爱戴，又对沙钵略百般温柔，让这个叱咤疆场的突厥可汗神魂颠倒。当然她所做的一切都是为了复仇。

当她得知陈、隋两国开战的时候，她忍住了，她要等隋朝与陈国彻底卷入战争的旋涡中再相机而动。

她告诉沙钵略，现在起兵或许能够攻打下隋朝的几座边境州郡，但是很难纵兵深入抵达长安。待大隋将精锐军队全部调到长江的时候才能对其一击致命。现在不但不与大隋有冲突，而且还要请求在边境开阙场，互通有无。一方面要购置大量的生产生活用品，以便与大隋决裂时候有足够的物质支撑；另一方面可以派出大量的突厥人打扮成商人模样，刺探情报，随时掌握大隋的动向。沙钵略听后一口答应了下来。

高颎来到安州与元景山会合，元景山将刺探来的陈国军事部署和动向一一向高颎做了说明。陈军的主要兵力集中在长江的下游，以便夺取江北的土地，而中上游却兵力薄弱。

"我们现在该怎么部署？"高颎皱眉问元景山。

"下游地带我们兵力本来就不足，我们应该全力救援。"

高颎摇摇头："来回奔波，疲于奔命，倒不如坐视不管。"此语一出，众人不解。

"诸位，我们这次不仅仅为了击退陈军，而是要趁机南下，收复江南。不要计较一城一池的得失，而是要从大处落墨，顾全大局。不如就放弃徐州、扬州、亳州这些地方吧。"

众人听后皆惊："这些地方可是韩擒虎和贺若弼两位将军冒着九死一生的危险从陈军手中夺回来的。"

行军元帅大柱国长孙览担忧地说："我们要是不驰援的话，陈国必然会集中兵力攻打扬州一带，我们好不容易才从陈军手中夺回这些地方，若是拱手相让，恐怕会影响军心和士气。"

"当他们集中兵力攻打扬州的时候，那就是我们进攻的机会。我们要趁其不备，调兵遣将，水陆并进，一路直下，进逼陈国首都建康。"高颎比画着地图说道，"将陈军主力吸引到长江对岸，造成建康城防空虚，对于来犯的陈军，我们三面合围，聚而歼之。当他们将大部分军队调集过来，长江沿线自然是防守空虚。我们这次要以建康城为终极目标，收复江南，光复天下！"

众将听完不禁点头称赞。

"这的确是一着妙棋，若是陈军按兵不动，那我们该怎么办？"元景山担心地问道。

"陈国这次北伐，部署仓促，无非是想趁着我朝新立之机，趁机夺回江北之地。他们绝对不会想到我们也会反客为主，横渡长江。"高颎道，"其实这些部署都是陛下深思熟虑的结果。"

高颎接着向长孙览和元景山下达了命令："长孙将军，现在给你十万大军，率八名行军总管，驻守寿州，待军令下达，倾巢而出，抵达长江，进攻陈国；元将军，你就率领韩延和吕哲在江夏待命，进攻却月城，扼守住长江中游，居高临下，威慑敌军。"

"万一陈军察觉我们的意图，若是袭击不成，恐怕就陷入被动了，白白丧失江北之地。"

"是啊，毕竟这是十几万大军。"

两位将军还是心存疑虑，纷纷道出担忧。

高颎自信地说道："陈国君臣一定会飘飘然的，对他们来说，现在可谓是形势大好，侵占江北，西自江陵，东至寿州，攻城略地，势如破竹。我们现在就是要避其锋芒，不与其战，陈国君臣会认为我们是怯战。骄兵必败！所以诸位放心执行吧。"

"可是若要渡江围攻建康，我们的兵力恐怕还是难以为继。"元景山道。

"只要我们成功突破敌人的长江防线，陛下会将驻守京师的二十万精锐大军调集过来。"

两位将军这才放心，遂和高颎商议执行的细节和行军路线。

萧摩诃派大将军周罗睺攻占了胡墅，胡墅乃是隋朝在长江上重要的口岸，陈国上下一片欢呼。见北伐进展顺利，陈顼忘乎所以，果然调发长江防线的军队驰援萧摩诃和任忠军队，企图一举夺取淮北之地。

当长江对岸的军队缓缓开赴下游的时候，高颎在对岸用一双深邃的眼睛默默地注视着，会心而又神秘地笑了。他的调虎离山之计终于成功了。

且说陈军进攻势如破竹之时，高颎突然下令让行军元帅元景山率总管韩延、吕哲率领大军自江夏出发，一举攻克了涢口。另外派大将邓孝儒率精兵四千余人奇袭甑山镇，大获成功，又攻克了沌阳，大破陈国水师。

陈顼似乎此时才回过神来，大呼上当，慌忙令萧摩诃沿长江一线布阵防御，但是高颎根本不给陈军喘息的机会，令长孙览全线出击，向陈军发起了凌厉的攻势。同时令贺若弼阻击萧摩诃，贺若弼也发起了反击，一时间陈军难以及时回援。陈顼顿时六神无主，心惊胆战，急忙下诏各地率军勤王，布阵防御。

长孙览自寿州出发，一路上过关斩将，水陆俱进，很快抵达了长江沿岸，二十万大军顷刻饮马长江，战舰列阵，威震长江。

杨坚也异常兴奋，仿佛收复江南在弹指一挥间。当即决定再调十万大军前往江南，李德林闻讯极力反对。

"现在已经不宜前往江南调兵了，北方边患并未解除，贸然调兵，万一突厥发动袭击，我们恐怕会损失巨大。"

"一统天下的机会就在眼前，难道朕不该冒险一试吗？"

"如今突厥虎视眈眈，若是将京城精锐军队尽数调出，如果突厥犯边，我们该如何应对？臣也想早点盼望南北统一，可对突厥不能不防备。"

"朕在北部边境幽州、定州的军队都没有调动，即使突厥来犯，应该能够抵御得住突厥进犯。"

"突厥突破防线，纵深进入，直逼长安，陛下该如何应对？"李德林犀利地问。

杨坚沉默了，久久地注视着地图。

"陛下，突厥甲兵四十万，若他们知道长安城防空虚，岂能按兵不动？"

"但朕已经决定派兵驰援江南，若是畏首畏尾，何以平定天下？若以莫须有的假设而白白错失收复江南的机会，恐怕十年之内难以出兵了。"杨坚用不容置疑的语气说道，"你说如果突厥不加干涉，那么这次朕有可能平复江南吗？"

"若是突厥不入侵，是有很大的把握，我们毕竟也暗中准备了十几年，但是……"

"没有什么但是！"杨坚打断道，"勇往直前，天自安排，朕不相信突厥能将大隋扼杀。"

杨坚当即做了决定，调遣京畿地区十万大军前往寿州，同时又从豫州、兖州等地抽调十余万军队前往扬州。杨坚虽然对李德林屡屡劝谏颇为恼怒，但对于突厥可能侵犯也做了准备，召来虞庆则任他为兰州总管出使突厥。

"虞爱卿，朕出兵江南，最担心的是突厥犯边，你虞氏家族世居塞北，与突厥也颇有渊源，这次朕让你出使突厥，如今两国刚刚开了阙场，互通有无，希望你能说服突厥与大隋和平共处。只要突厥在这期间不出兵，有什么要求尽管告诉朕。"

虞庆则向杨坚保证一定不负众望说服突厥不出兵干涉。

杨坚回到寝宫也是愁眉不展，他将事情告诉了伽罗："李德林总是劝朕警惕突厥，但愿突厥能够不出兵犯边。"

"突厥如今也刚刚换了可汗，和我们一样当以稳定为主，他们申请开阙场至少现在也是不希望与我们为敌的。"伽罗安慰道。

"如今突厥可汗是沙钵略，此人心机和智谋都不可小觑，再加上千金公主在突厥，要说突厥不趁火打劫那是不可能的。"

"陛下，即使突厥犯边，只要在可控范围内也照样不耽搁我们平定陈国。如果战争发生，损失北部一些州郡也是可以的。"

"皇后说的是，突厥只是抢掠一番，暂且忍气吞声，待将来腾出手来再与他算账。"

将计就计

沙钵略和千金公主得知杨坚出兵江南，欣喜异常。

"可贺敦，杨坚果然上当了，如今他将防卫京师的十万大军全部调往长江了，看来他要孤注一掷了，那我就给他致命一击。"沙钵略得意扬扬，"现在我就发兵，兵临长安，把杨坚和他的大隋朝一起埋了，替可贺敦报仇复国。"

千金公主告诉沙钵略："杨坚必然会派使者前来劝说可汗与大隋保持和平关系。到时候可汗该如何抉择？"

"哼！杨坚把精锐军队都派走了，本可汗就直接把使者杀了。"沙钵略道，"这个虞庆则可备受杨坚恩宠，加封吏部尚书。听说就是他奏疏杨坚诛杀宇文皇室的，我不如将他杀了，祭旗三军，也先让可贺敦出口恶气。"

"可汗万不可急躁，越是这个时候越不能让杨坚看出我们的企图。"

"你是想等杨坚完全麻痹大意之后再对他致命一击？"

"是的，可汗，十万大军尚在途中，等他们抵达长江之后，杨坚就鞭长莫及了。"

"那个范阳王高绍义可在你这里？"千金公主问道。

"齐国败亡后，他逃到突厥，一心要复辟齐国。他现在召集了一批逃亡的齐人，本可汗正好也加以利用。"沙钵略道。

"他对可汗可是十分重要？"千金公主道。

"充其量不过是本可汗的一条狗而已，他所率领的军队，没有打赢过一次仗，一群乌合之众。我之所以留着他，完全是看在高宝宁的分上。高宝宁倒不能小觑，在辽东拥有数十万之众，并且得到了当地民族的支持。"

千金公主想起武帝宇文邕北伐之死，若不是突然病逝宇文皇室也不会落得今天这个下场，便对高宝宁和高绍义陡然增了几分怨恨。沙钵略看到千金公主皱着眉头，道："可贺敦，你怎么了？"

"齐国毕竟是被大周所灭，我怕以后范阳王会憎恨我。"

"他要是敢对你有一丁点儿的不敬，本可汗立刻让他人头落地。"沙钵略满不在乎地说道，"不过杨坚在你的和亲诏书中提到要本可汗执送范阳王，简直就是痴心妄想。"

千金公主听后灵机一动："我说句惹可汗不高兴的话，其实倒不如答应了杨坚。"

沙钵略大为诧异，不解地问道："可贺敦，杨坚可是你最痛恨的仇人啊，你为什么要把高绍义送给杨坚？"

"我是恨杨坚，正因为恨，所以我才这么做。"千金公主咬牙切齿道，"虽然我们让隋朝开了阙场，可是真要和隋朝开战，我们的军队却要奔波数千里，粮草供应非常困难，所以也不是白白将高绍义送给杨坚，我们要杨坚答应我们一个要求。"

千金公主拉着沙钵略，来到地图前，用手指道："可汗，我从长安来到突厥从这里经过，这里不但水草肥美，而且和隋朝边境接壤。"

"白道川。"沙钵略道，"你是说我们要迁徙白道川？"

"我们就在那里逐水草而居，暂时安营扎寨，伺机而动。待到杨坚全力攻击陈国的时候，我们可在隋朝的边境全力发动战争。所以为了迷惑杨坚，我们可以用高绍义作为交换条件，这样的话杨坚为了平陈大局就会妥协。"

"是条妙计，说实话，本可汗也早就对白道川垂涎已久。白道口是连接阴山南北的通衢，山北面穿越丘地后就是较平坦的高原，山南为崇山峻岭和深谷陡坡，这里是进入中原最快捷的路径。"

"北魏王朝为了控制大青山南北的交通，在山谷口南建了白道城，后来荒废了，大周统一中原后重修了军事要塞，为攻打突厥做准备。所以我们要是能够如愿迁徙到这里，那么发动战争进军长安就方便多了。"

"可贺敦，你果然聪慧过人，这些你都是怎么知道的？"

千金公主想起了长孙晟，几年前在华州正是他告诉了她，当然除了山川地理还有六韬三略之类兵战之书，想不到居然能派上用场。

"可贺敦，你不但貌美如仙，还如此有谋略，得到你不仅是本可汗一人之福，还是我们突厥汗国的幸运。"

"对了，可贺敦，你可记得刘昉这个人？"沙钵略突然问道。

提起刘昉，千金公主满腔怒火，正是这个反复无常的奸诈之徒才让杨坚篡夺了大周政权，她遂将一切都告诉了沙钵略。

"想不到居然也是个狡诈之徒。"沙钵略也告诉了千金公主实情，"这个刘昉主动联系我们在长安的密探，他说将来我们要是能攻打到长安，可以作为内应，里应外合干掉杨坚。"

"可汗，我虽然恨他，不过这个人倒可以利用。可让他抓紧在长安组建反对杨坚的势力，论阴谋诡计，刘昉还是有两下子的。我们现在就是要团结一切可以团结的人共同对付杨坚。"

"好，就依可贺敦之言，我先用着他，待我们复仇之后再找他算账也不迟。"

且说虞庆则到了突厥，向沙钵略说明大隋修好之意，沙钵略则趁机向其提出迁居白道川。

"我知道你是大隋皇帝的宠臣，既然大隋想和平相处，那就拿出点诚意来。那里有草有水，如今已是冬季，我们突厥日常供应非常困难，还望大隋皇帝能够体谅突厥的生存艰难。"

对此，虞庆则自然无法做主，他告诉沙钵略要回长安请示杨坚。另外他提出要带长孙晟回长安，沙钵略看到千金公主轻轻摇摇头便拒绝了。

待虞庆则离开后，千金公主告诉沙钵略她想策反长孙晟。

"可贺敦，长孙晟的确勇猛，如果能为我所用，必然如虎添翼。但是此人性格刚烈，恐怕不会那么容易就范的。实在不行我就杀了他，日后也少了一个对手。"

千金公主听后大吃一惊，她劝说沙钵略："那我就再劝劝他吧。实在不行就放他回去，或许他能够让杨坚准许我们移居白道川。"

"如果虞庆则都不能劝说，那这个长孙晟就可能吗？"

"可汗，这个长孙晟和杨坚以及还有驾崩的周武帝关系甚好，都是从小在华州军营长大，他们不是兄弟胜似兄弟，所以放走长孙晟，让他带走范阳王，杨坚会对我们多几分信任。"

千金公主找到长孙晟，劝说其帮助复国。

"公主，我绝不会助纣为虐。即使杨坚对不起武帝，那也是两个家族的恩怨，若是牵涉突厥，那就是卖国。我宁死也不会这么做的。"

千金公主明白劝说无益，只得放弃，于是她一声叹息："没有你的帮助，复国无望。我就终老在这荒漠草原之中了。"

"公主，突厥可汗对你恩宠万千，你还是绝了复仇的念想吧。"

"也罢，你回去吧。另外为了表明突厥可汗修好的诚意，可汗让你把高齐范阳王高绍义带回去。你也看到了，今年天旱，草木枯萎，突厥民众生计艰难，我们想借白道川过冬，还望你能向杨坚说明一切。"

"我走了你一定要保重。"长孙晟想到离别，似有不舍。

千金公主知道她必须放了长孙晟，否则的话，突厥与大隋开战的那一天，沙钵略必然会杀了他。

虞庆则回到长安，向杨坚禀明了一切。

"白道川？"杨坚听后立马警觉起来，"突厥要干什么？这就是他们的诚意？我看是不怀好意啊！"

"岂止是不怀好意，突厥的意图再明显不过了。白道川那可是通往中原的一条要道。秦汉时期，匈奴南下屡次从白道川进兵。突厥入侵中原也屡次从这里经过。突厥的狼子野心暴露无遗。我们必须防范突厥。"李德林说道。

"如今我们已经派兵收复江南，这个时候万不能与突厥发生冲突。臣在突厥期间暗中观察，突厥并没有动兵的迹象，如果我们贸然拒绝，恐怕会开罪突厥。"虞庆则回应道。

"陛下，当务之急是平定江南，突厥移居白道川也不会长久，因为白道川虽然地势险要，我们在他们周围都部署了重兵，再说我们还有长城作为屏障，他到白道川的一举一动都会在我们的监视之下。"苏威也应道，"这个时候当以和为贵，顾全大局。"

"兵者，诡道也。你们想过没有，突厥要是发兵南下，我们拿什么来抵御？"李德林问他们二人。

"那现在该怎么办？难道要撤回南下的军队吗？"苏威反问道，"两者必须要舍弃其一，如果做出选择，现在只能对突厥让步，来换取平定陈国的时间。"

李德林看了看杨坚阴沉的脸色，不再言语。他总感觉突厥的脚步正一步一步逼向大隋。但是现在的形势已经骑虎难下，让杨坚也难以做出抉择。

此时杨坚也十分矛盾，显然突厥是在试探，若不应允，兵战之祸即在眼前。现在的大隋还没有强大到同时南北开战，若是撤回南下的军队，那么必然影响南伐将士的士气，陈国君臣也会有喘息之机，那平定江南便凶多吉少。

然而就在这时，杨坚收到了突厥的来信，他看后终于做了决定。

"信上说，突厥已经释放了长孙晟，并且将高齐范阳王送给我们。突厥应该没有打算与我们开战，否则的话也不用如此枉费心机。李爱卿，突厥最近几十年侵犯中原有如此大费周折吗？"

"陛下，正是突厥这次如此与众不同，我才越害怕，担心突厥会发动大规模的战争。臣是怀疑这些都是表面下的假象，他们或许有更大的阴谋，我们不能不防。"

"沙钵略既然能将范阳王送给朕，为了保证能够顺利平定江南，就答应突厥吧。但是还要防备突厥突然发难，就令北境各州郡进入战时状态，防备突厥进犯。"

杨坚擒住了高绍义，了却一块心病，将高绍义流放蜀地。他也没有让长孙晟回京而让其前往兰州就任，部署对突厥的防御。

沙钵略很快迁徙到白道川，就如幽灵一般出现在长城脚下。他同时不断刺探隋朝的情报，对隋朝几个重要关隘的军事和兵力部署了如指掌。千金公主内心窃喜，复仇大计马上就要实现了。兵临长安指日可待。

"可贺敦，现在我们在白道川养精蓄锐，如果我没有猜错，隋军一定会待进入冬季长江进入枯水期的时候发动攻击。这么长时间我们不行动，杨坚必然也会放松警惕。等杨坚的十万大军抵达江南的时候我们就全线出击！"

"可汗，我们储备了很多粮草，杨坚那狗贼又送给我们一部分，到了冬季，我们就不必发愁粮草了，出兵隋朝可以更持久一些，胜算更有希望，毕竟我们这次的目标可是长安。"

危险正在一步步向杨坚逼近，而杨坚却对这一切浑然不觉，因为他现在将全部的精力都用在了平定江南这件事上。

同时讨伐江南的三军将士很快云集长江畔边，面对滔滔江水，众将军跃跃欲试，纷纷请求乘胜渡江，却被高颎阻拦了。

高颎望着烟波浩渺的长江水，沉吟道："现在水流湍急，并非渡江的绝佳时机。我咨询了太史令庾季才，再过几天吧，冰霜期降临便可渡江。"

冬日天空灰蒙蒙的，雪花终于来临了。这两月沙钵略可是没有闲着，他先后联系了吐谷浑等周边部族，相约共同伐隋。

北方的草原一望无垠。

"刚刚入冬就下雪了。好在我们的铁骑终于要南下了，刀剑终于要出鞘了。

我已下令，今晚四十万大军全线出击，攻城略地，直逼长安。"沙钵略望着远处的长城，告诉千金公主。

千金公主依偎在沙钵略怀里，幽幽地说道："可汗的大恩大德无以回报，只能今生尽心伺候可汗，如果有来世也愿意为奴为婢服侍可汗。"

沙钵略搂着千金公主："在没有遇见你之前，以为女人就是生育和繁衍的工具而已。直到遇见了你，我才知道原来女人是让男人来呵护的。为你报仇雪恨也是我心甘情愿做的。"

是夜，皑皑白雪覆盖了整个白道川，旌旗招展、鼓声雷动让寂寥的夜空显得更加阴森。沙钵略率突厥众将祭祀完毕后，瞪着滚圆的双眼，拔出身上的腰刀，望着巍峨的长城，怒声一吼："勇士们，我们的战书已下，今夜我们就要挺进中原，目标是大隋的京师——长安！"

突厥军队很快沿着大隋的边境发动起了猛烈的进攻。按照预先的谋划，达头可汗率军攻打兰州，阿波可汗和高宝宁配合进攻幽州。沙钵略从中路进军，攻克隋朝的边地重镇王城。

千金公主又踏上了她从长安到突厥的和亲道路。只不过物是人非，她的心境已经完全不同。当初被送出长安时是那么孤苦无助，而今她身后却拥有几十万突厥大军。千金公主恍惚中想象着入主长安，将杨坚就地斩首的情景，一种淋漓尽致的快感奔涌全身，她不由得喜极而泣："父王，女儿终于要杀回来为你们报仇雪恨了。"

"明天早上杨坚就能收到我们的战书，北方各个州郡的求救奏疏就如这雪花一般飘向长安，本可汗倒要看看这个无耻之人还有什么法子来应付，今夜对于杨坚来说可是最后一个安稳之夜啊！"

"抓到了杨坚，我会慢慢地折磨他，这样才能解我心头之恨！"千金公主咬牙道。

"可贺敦，我们要是俘获了他，把他带到我们的突厥王庭，这也是我们突厥最大的荣耀啊。他会成为我们草原民族俘获的第一位中原皇帝，遗臭万年，被汉人永世唾骂！"

两人望着漆黑的中原大地，露出了得意的笑容。

初冬的长安城，寒风凛冽，杨坚为谋划江南之事显然憔悴了很多。他召来苏威和兵部尚书元岩议事。这个时候杨坚渐渐疏远了李德林，其实杨坚在心里早就对李德林心存芥蒂，诛杀宇文皇室的时候李德林极力劝谏，让他耿耿于怀，所以虽然封了他为内史令，却无任何赏赐，如今在南伐的关键时刻屡屡与杨坚意见相左。

"按照日程来算，这两天长江的将士就要渡江了。"元岩奏道。

"成败在此一举，但愿能够顺利渡江。"杨坚道，"不过还好，突厥还算信守承诺，没有轻举妄动。"

"陛下，其实李内史未免有些危言耸听，搞得我们对突厥大为忌惮。有时候瞻前顾后会一无所成。高瞻远瞩并非是面面俱到。"苏威回应杨坚。

话音刚落，一阵悠长刺耳的鸣声响了起来，不大一会儿，两个满脸血迹的士兵跑了进来，奏道："皇上，幽州总管于翼奏疏突厥的阿波可汗联合高宝宁，发兵二十万攻打幽州，已经兵临幽州城。"

"陛下，突厥可汗从白道川起兵，一夜之间攻破了木峡、石门两关，挺进平凉郡！"

大殿寂静无声，杨坚脸色突变，喘息声带着丝丝颤抖："你们说的可是真的？"

杨坚急忙打开奏折，似乎还未镇定下来，双手有些抖动。

"突厥误朕！欺人太甚！"杨坚拍案而起，一个趔趄昏厥在御案上。

消息很快散布开来，长安城人心惶惶，群臣也都惴惴不安。好在独孤伽罗见过世面，她当即令京师戒严，同时召来李德林商议对策。

"皇后，当务之急是让高颎停止渡江，现在还有回旋的余地。"

独孤伽罗当即应允。

"对于北方边境战事，还是等陛下醒来之后再做商议。"李德林劝慰伽罗，"皇后莫慌，天佑大隋，陛下既然能登基称帝，平定三方叛乱，一切困难和挫折都会过去的。"

看到李德林镇定自若，伽罗也稍稍放心了。

傍晚时分，杨坚苏醒过来，李德林听从伽罗的建议一直守在杨坚身旁。杨坚急忙询问战况，李德林详细奏述，杨坚越听越摇头。

"陛下，除了突厥的三路大军，刚刚收到消息，西北的吐谷浑也趁火打劫，他们已经出兵弘州，弘州刺史抵抗不住，已经向凉州撤离了。"

"这么说弘州失陷了？"杨坚用低沉而又忧虑的语气问道。

"我们会渡过难关的，皇上此时不应该乱了方寸。"李德林道，"悼心而失图，陛下现在刚刚醒来就好好休息吧，精神憔悴而失于谋划。"李德林道。

杨坚似乎平静了许多，李德林趁机说道："现在各地大军已经集结，一定能抵抗得住突厥的。您好生休息，明天陛下再集思广益，审计重举。"

此时的高颍尚不知道隋朝北方边境所发生的一切，正在和众将讨论军队横渡长江的策略。

高颍在长江沿岸召集了讨伐陈国的三军将士，慷慨陈词："诸位将士，我们千里迢迢，浴血奋战，饮马长江。对面便是陈国，现在要横江而渡，收复江南，我们很荣幸能够担此重任。天险不足恃，长江不应该成为阻挡我们的屏障。我们一定会持南征北伐之威，攻克建康！以慰先祖和天下百姓之望。"

高颍欲渡江，恰逢狂风大作，风浪四起，众人大骇，为了保险起见，他决定延迟渡江。深夜，他终于收到了长安的命令。高颍看后脸色突变，怔怔地盯着那圣谕，只感觉浑身漂浮一般，天旋地转，好大一会儿才镇定下来。

高颍召集长孙览、元景山、贺若弼和韩擒虎等人将缘由如实相告。

四个人顿时心惊肉跳。突厥四十万大军倾巢而出，看来要进攻长安，企图一举灭了大隋。

"我们现在要火速驰援京师啊。"

"火速驰援？我们怎么可能顷刻之间便能撤军？要知道陈国在对岸也有二十余万大军枕戈待旦，若是突然撤军，那江淮之地恐怕要尽入陈军之手了。现在不能轻举妄动。"高颍忧心忡忡。

"丞相说得对，我与南陈打了这么多年交道，一定不要让他们看出破绽，否则他们一定全力反扑。现在渡江是不可能了，只能寻找时机暂时与南陈修和。"贺若弼建议道。

高颍遵旨意，让杨素率五万大军火速驰援京师，同时他命令军队连夜将战舰驶入了淮河和汉水之中，随时开拔驰援长安。

杨坚醒来后了无遽容，几十年的腥风血雨让他明白，只有临危不恐才能转危为安，很快，他召集李德林商议对付突厥之策。

"朕一时糊涂，头昏脑热，虽然你屡屡劝说但终不为所动，竟然忘记了北边潜伏着大隋最强劲的敌人。"

"已经发生了，只有坦然面对，现如今应该全力以赴对付突厥的入侵。这次突厥非同以往，而是从幽州到凉州延绵数千里，对大隋的边境都发动起了进攻，来势汹汹，攻势强猛。显然是精心准备，策划良久，他们的目标不再是简单的劫财掠物，而是要灭亡大隋。"

杨坚点头道："突厥虽然与我们宿怨已久，积怨甚深，但是从来都没有这般疯狂。若是没有猜错的话，这一定是千金公主所为。"

李德林没有说话，他明白如果杨坚不诛杀宇文皇室或许不会是今天这种结果。但此时他也不敢贸然提起这等往事了。

杨坚道："我们还是仔细谋略怎么防御和击退突厥的攻势吧。突厥给了朕当头棒喝，以后做任何事情都要审慎。"

李德林道："如今大隋数千里边境都发生了战火，我们必须重点防御凉州、兰州、定州和幽州，突厥纵横数千里发起进攻，控弦之士有四十余万，他们万一突破了某个州郡，一定会集结兵力从那个地方进入大隋腹地，长驱直入，这样的话长安便暴露在他们面前了。"

杨坚仔细凝视着墙壁上的地图，半晌才沉着有力地说道："凉州、兰州和幽州这三个州郡是关键的，必须守住他们。下诏令卫王杨爽为凉州总管，集结十万大军出平凉防御突厥，令大将军李充驻守晋阳，调洮州刺史叱李长叉为兰州总管，让他们全力保境安民，守卫大隋的国土。"杨坚果断地下达命令后，接着沉下脸，"对于幽州，朕现在是无兵可调。只能让幽州刺史李崇独自一人应战了，但愿他能守住幽州。朕真后悔把十万大军调往了江南。"

"皇上，只希望前线将士能够抵挡住突厥的攻势，因为现在江南的局势也难以预料。"

"现在已经是骑虎难下了，若是立刻下令从江南调兵，我们扭转过来的优势顷刻间就会崩溃。朕只能下令让高颎停止渡江，但又不能即刻抽兵。否则让陈国看出了破绽一定会再次侵占江北之地，朕恐怕无力反击了。调兵也只能是稳住了陈国后，按部就班地撤军。"

然而不多久，一个消息如晴天霹雳般重击了杨坚。沙钵略率军攻陷了平凉郡，越过六盘山，分兵南下，挺进渭水流域，严重威胁长安。虽然幽州、定州、金城、凉州等要塞尚在隋军手中，但是长城沿线的重要州郡一一陷落了，一时间朝野震悚。杨坚现在是懊悔不已，他因操劳过度，又病倒了。达头可汗率军猛攻兰州，长孙晟奏疏兰州岌岌可危，杨坚急派虞庆则前往弘化抗击突厥。他又让太子杨勇率军驻守咸阳，沿长安进行纵深防御，保卫长安。其实他对于武川元宿尚存戒心，长安所有的禁军他交给了太子和侄子杨雄来统领，确保万无一失。

其实杨坚也给了虞庆则另一个密令，让他在途中将降为芥国公的周帝秘密杀害，彻底断绝千金公主复辟大周的企图。宇文阐死后，杨坚假装震惊，发布死讯，隆重祭悼，此举就是要让天下人都知道宇文皇族的血脉已经断绝，让那些心存幻想之徒死心。

突厥大军层层推进，各条战线捷报频传。沙钵略得意扬扬，按照这个进度，到了春节就能入主长安！

"可贺敦你就用杨坚的狗头来祭奠你父母兄弟的在天之灵！我就用杨坚家族的鲜血来庆贺入主中原之喜。"沙钵略道。

千金公主虽然高兴，但是当她听说宇文阐被杀后也伤心欲绝。如今宇文皇室被杨坚诛杀殆尽，那么攻陷了长安，何以复国？这是她必须要面临和思考的问题。

突厥入侵大隋，还有一个人欣喜若狂，他就是刘昉。刘昉大权旁落后对杨坚恨之入骨，如今他感觉机会来临，找到郑译商议策应突厥之事。

此时郑译心绪平稳了许多，也接受了现实，听完刘昉的一番言语，颇为犹豫："郑兄啊，江山已定，如今突厥虽然声势浩大，但是我总感觉他们不会攻陷长安。"

"难道郑兄就这么放弃了，就任由杨坚为所欲为？"刘昉颇为不满，"他得了帝位便将我们弃之不用，这等忘恩负义的人难道不该报复吗？"

"当初我们利令智昏选择了杨坚。但是如今我们依靠突厥同样是个错误，突厥的背后是千金公主，难道她就会饶恕我们？她也恨不得将我们千刀万剐，难道还能让我们执掌中枢吗？还有，就凭我们几人能成大事吗？"

"当然不会。"刘昉道，"但是我一定要把杨坚拉下马。如果我们能帮助千金公主复国，功过相抵，至少我们会安享晚年。至于反对杨坚的人，当然不只是我们，实话告诉你吧，朝廷的一些元老也对杨坚颇有怨言，我正在拉拢他们，比如元谐、卢贲还有王谊。"

郑译听后目瞪口呆，这些可都是杨坚最信任的宠臣，想不到他们居然也反水了。他看到刘昉诡异的冷笑不寒而栗。

好在虞庆则和于翼等人遏制住了战争形势的恶化。高颎也率军星夜兼程赶到了长安。然而就在高颎踏入长安的那一刻，京师长安传开了一条消息，说大隋之所以受此劫难，完全是奸佞所为。自古奸佞误国，恶人当政，祸国殃民。还编出了一首歌谣：兴与亡，在李高，公辅当政，昭玄坐堂，灭亡只在一瞬间。

公辅和昭玄是李德林和高颎的字号，这歌谣矛头直指李德林和高颎。李德林和高颎也感到了一股前所未有的压力。一时间长安城内是风声鹤唳，草木皆兵。朝臣们也都在犹豫观望。杨坚也震惊了，这背后一定是有人指使，谣言的背后是那些对他心怀不满的关陇勋贵，若是处理不当，在这危急时刻后果非常严重。

高颎和李德林无奈之下向杨坚请求辞职，杨坚自然不允许。

"臣这也是无奈之举。如今京师面临着外患的威胁，必须团结一心，若不这样做，恐怕会引发大内乱。到时候恐怕局面就难以控制了。这一次绝不是空穴来风，若犯了众怒，那局势更加复杂危险了。"高颎回答道。

"你们都是朕的左膀右臂。朕岂能向他们低头？"

"非常时刻当有非常之举。陛下若是不给他们一个交代，恐怕他们会沸反盈天的。外敌当前，内部当要团结稳定。"

"朕本想我们应该精诚团结，想不到居然有人趁此机会兴风作浪。朕不担心突厥，而担心的是祸起萧墙。现在只能暂时安抚一下他们了。"杨坚冷静了下来，权衡再三道，"暂时先给那些人一个交代，但朕也不会让他们借此上位的。"

杨坚下诏解除了高颎的尚书左仆射之职，令赵芬为尚书左仆射。赵芬自从宇文泰时期便入仕，又是关陇贵族，正好可以堵塞那些心怀不轨人的嘴巴。同时为了安抚关陇勋贵，任命京兆的韦世康为吏部尚书，北魏皇族元晖为兵部尚书，皇甫绩为刑部尚书。他虽然下诏解除了高颎的左仆射的职务，但却让他领衔禁军左卫大将军，跟随左右。

就在谣言四起的时候，李德林连夜撰写了《天命论》。他用洋洋洒洒两千余字从三皇五帝论述到大魏朝历代的朝代更迭，告诉朝臣和百姓，英雄乃上天所降，改朝换代乃天命，顺应天命，效力新朝乃正途。他令人连夜誊抄了数万份在京师长安广为散播。

"一份《天命论》就让长安人心安稳了下来，李德林果然了不得。"杨坚显然十分高兴。

突厥经过短暂的休整后又开始一轮试探性的进攻。由于南伐军队增援，隋朝暂时抵挡住了突厥这一波的攻击，并且开始向北方各州郡派遣援军，沙钵略对进攻长安有些犹豫了，达头可汗、阿波可汗以及突厥贵族长老对于此时进攻长安颇有怨言，若是围攻长安，必然会付出十分惨重的代价，毕竟他们劫掠了大量的财物，足够他们挥霍一阵子了，大不了再卷土重来，何必与大隋争个你死我活？沙钵略清楚此时长安防御得到了加强，若是再继续进攻大隋，损兵折将得不偿失。恰在这时，千金公主也向沙钵略提出撤军。她也清楚此时强行进军长安只能两败俱伤。其实她也看出突厥的内部矛盾，即使攻克了长安，面对中原巨大的财富，突厥贵族会舍得这块肥肉，同意让她复国吗？最重要的是如今宇文皇族已经被诛杀殆尽，如果没有一个合格的继承人，那么大周政权的合法性也会受到质疑。考虑再三，千金公主向沙钵略提出与隋朝讲和。沙钵略当然爽快地答应了。

杨坚君臣接到突厥的和解诏书，一番商议便决定派遣长孙晟前去突厥交涉。长孙晟奉命前往突厥会谈，一路走来他看到的是横尸遍野、破壁残垣以及幸存百姓痛苦的泪水。他对千金公主的悲悯和同情渐渐地消失了，取而代之的是出奇的愤怒。

"你发动的这场战争让多少人丧生，多少人家破人亡？"

"怎么？现在同情了？当初杨坚杀我宇文皇族的时候你为什么不劝阻？如今我复仇复国何错之有？他们家破人亡，难道我不是国破家亡吗？"面对长孙晟的责难千金公主恼羞成怒，"从我一家人被杀的那天，从你拒绝帮助我复国的时候我们便是敌人了。我感谢你在华州教会了我一些军事谋略。我与杨坚是你死我活的决斗。"

长孙晟想起在华州与千金公主相会的那段时光，心里也泛起了点点涟漪。如今她这么做也是情有可原，此时他对杨坚也有了几分埋怨，为什么要赶尽杀绝？

"无论你多么疯狂，我都会尽力保护你，直到你放下仇恨。"长孙晟望着千金公主默默地下了决心。

沙钵略召见了长孙晟。

"长孙将军，本可汗同意有条件地撤兵。"

"请问你们有什么条件？"长孙晟警觉地问道。

"当然是要杨坚给予我们战争赔偿，我们攻打到现在也是损兵折将，突厥不像大隋，地域辽阔，很快能消弭战争创伤。所以你们要赔偿我们粮食三百万石，布绢一百万缏，还有将白道川永远割让给我们突厥。"

"无耻！占我土地，掠我家园，杀我子民，现在居然还恬不知耻地索要战争补偿。"

"如果拒绝，那就兵戎相见吧。"沙钵略恶狠狠地说道，"本可汗倒想去长安会会杨坚！"

长孙晟回到长安将突厥的撤兵条件告诉杨坚，杨坚大怒，但好在他也清楚目前的局势："他哪是撤兵，明明就是威胁！但是朕却不得不答应他，如今南方战事未决，京师又不稳，若是突厥不撤兵危机难解。"

"陛下说得对，这个条件虽然苛刻，但我们现在面临着四面合围，与突厥决战又没有必胜的把握，不如就暂时答应他们，待我们缓过劲来再做打算。"李德林道。

"真是屈辱，突厥在大隋境内烧杀抢掠，到最后朕还要赔偿他们金银和粮食。等朕伸张的时候，一定会让他们加倍偿还！"

长孙晟再次前往突厥，他告知沙钵略，大隋已经同意了突厥的所有赔偿条件，但是绝不会割让白道川，愿意增加五十万石粮食赎回白道川。沙钵略想要白道川只是为了以后方便进攻大隋，但如今和大隋已经结怨，杨坚必然会加强在这一带的防御，突厥也不会像这般对大隋发动袭击了。最终突厥没有坚持索要白道川。

突厥终于退兵，笼罩在大隋天空上的阴霾终于散去。

杨坚来到了同州，他望着突厥军队载着粮食和布帛，耀武扬威地以胜利者的姿态远去。杨坚满腔怒火，望着群臣咬牙切齿地说道："一定要记住，这是突厥留给我们的耻辱！一定要让突厥血债血还！"

杨坚单独召见了长孙晟。

"突厥实在可恶，这次也是因为突厥让朕收复江南功亏一篑。朕本来想潜心治理大隋，再出兵江南，最后扫荡突厥，现在看来必须要改变策略，要给突厥强有力的打击，才能维护大隋的和平与安定。"

"陛下，突厥兵甲强盛，对大隋虎视眈眈，是我们最大的敌人。"

"你说得对，以你对突厥的了解，如果朕举国之力对突厥用兵，能不能打败突厥？"

"陛下，突厥太强大了，若是以武力讨伐，那么打败突厥是不可能的。"

杨坚皱紧了眉头："朕已下定决心，哪怕两败俱伤，也要打击突厥的嚣张气焰！"

"突厥虽然军事上打不垮，但是他们内部也并不是铁板一块，这次突厥撤兵也是因为其他三位可汗对攻打长安起了分歧，所以才给了我们喘息之机。"长孙晟遂将沙钵略、庵逻、大逻便争夺汗位的来龙去脉详细奏述。杨坚听着眉头舒展开来，听到最后不禁抚掌大笑："这么说来，突厥现在有三个可汗，各领兵一方，且早有裂痕，要是能够离间他们，那么突厥就会一蹶不振，无力对抗大隋了。"

"臣正是此意。"

"朕要用春秋战国的合纵连横来对付突厥了，让突厥祸起萧墙，四分五裂。长孙晟，击败突厥就全依赖你了。"杨坚知道突厥致命的弱点后开始让长孙晟着手部署和制定离间突厥的计策。他同时诏令各地军队加强训练，厉兵秣马，备战与突厥的战争。

突围

大隋在有惊无险中迎来新年。不久，杨坚收到一个消息——陈国皇帝陈顼死了！原来陈顼被隋朝凌厉的军事攻势吓破了胆，他本想借大隋新立之际收复江北之地，如今看错了形势，转眼之间隋军居然要准备渡江收复江南，他急火攻心，卧病不起。由于过度惊怕，勉强度过了大年初一就撒手归西。孰料在国丧期间又发生了谋刺太子陈叔宝之事，始兴王陈叔陵企图在陈宣帝灵柩前谋杀太子，后被长沙王陈叔坚冒死相救，陈叔陵阴谋败露后企图逃往大隋，被大将萧摩诃追杀。

其实杨坚对于讨伐江南未获成功，也不免感到惋惜，他召集高颎和李德林商议陈国之事。

"陈国皇帝居然被吓死了，若是没有突厥干涉，或许我们就能平定江南了。可恶的突厥！"杨坚恼怒不已。

"如今我们必须要全力对付突厥，恐怕短时间内不能对陈国用兵了。"李德林道。

"以现有的兵力绝不可能两面同时开战，只能兼顾其一。若不消除突厥边患，他们也不会让我们收复陈国。"高颎应道。

"这些朕都清楚。今年就是要全力以赴对付突厥。长孙晟告诉朕要离间突厥，辅之以军事打击，让突厥四分五裂。朕想的是在用兵突厥的这几年，要让陈国的国力继续削弱而不是增强。"

"臣认为，我们可以在打击突厥的同时也可以疲敝和消耗陈国的经济实力。大隋气候偏寒，庄稼成熟稍晚，但是江南气候偏热，在江南收获的季节，我们扬言要攻打陈国，陈国闻讯后必然会屯聚兵马进行防守，这足以耽误他们的收割。臣了解到江南的粮食大多储存在地上，且房屋多是用茅草竹木所建。等到他们收获完毕，我们秘密渡江，烧毁他们的房舍积蓄，年年如此。若是陈国平时不注重战时储备，到时候我们攻打陈国，兵围建康，那陈国恐怕也坚持不了太久。"高颎缓缓地说道。

"这是条妙计，最重要的是当他们调兵遣将聚集兵马的时候，我们偃旗息鼓。连年如此，他们便习以为常，到了我们真的要渡江攻陈的时候，他们也不会相信的。"

杨坚点点头："这是个方法，但是并不能伤及根本。不但要麻痹陈国，还要让其醉生梦死。敌国灭，谋臣亡，要让陈国谋臣良将不能在朝，若是奸佞当道，那对大隋来说则是大喜。"杨坚遂让高颎全权负责对陈国君臣的离间。

"陛下，是不是该解决梁国的问题呢？"李德林问道。

杨坚皱起了眉头："如今梁国已是大隋的附属国，领地也只有区区三百余里，且处在我们的包围之中，现在就没有必要对梁国动手吧。当然，朕还有一些犹豫，梁国君臣历来对大隋恭顺，平定王谦和平定江南为大隋提供了大量的粮草资助，若是能够过几年再解决那就拖几年吧。若是这般薄情寡义，天下人会怎么看待我们君臣？"

高颖听后突然想起了什么，便道："陛下，其实我们可以用另外一种方法来招抚梁国君臣的。不妨与梁国结为亲家，让他们成为大隋的皇亲国戚，与他们共享天下，共享富贵，为将来吞并梁国做好铺垫。"

"好主意。正好晋王也到结婚的年龄了。高爱卿，要是朕没有猜错的话，你应该给朕物色好了晋王妃的人选了吧。"

"对于萧岿的几位公主，臣出使梁国的时候暗中考察了一番，有一位公主的确是才艺双全，更难能可贵的是她虽是萧岿所生，可是却在贫寒家境中长大，知书达理，勤俭朴素。"

"堂堂一位皇家公主，怎么会在贫寒家境中长大？"杨坚不解地问。

"这个公主乃是二月所生，江南风俗二月出生的女人是不吉利的，所以由萧岿的堂弟萧岌抚养。萧岌病逝后由其舅父张轲抚养，张轲家境贫寒，所以公主自幼也是要操持家务。"

"这江南的陈规陋俗真是荒谬！听你这么说这位公主定然不错，温婉又懂得民间疾苦，就将她配给晋王广儿吧。"杨坚说到这话锋一转，"既然要和梁国联姻，那就取消江陵总管吧。"

"罢江陵总管，这未免太冒险了吧？"高颖和李德林大为吃惊。

"设立江陵总管就是为了监视梁国，以梁国现在的表现，若是萧岿在位的话，会一直与大隋交好的，罢免江陵总管，也算是朕给梁国的一个贺礼。罢江陵总管，朕可以加强对寿州、吴州等地的军事防御，从侧面牵制江陵，一样可以威慑梁国。陈国知讯的话也会麻痹大意。一举两得，何乐而不为呢？"

两人恍然大悟。杨坚很快遣使者前往江陵求亲。

苏威前来高颖府邸，说出了一个令高颖大为震惊的消息。原来苏威想让高颖一起上奏杨坚，请求营建新都。

"苏兄啊，如今朝廷事务繁多，很快会用兵突厥，耗费巨大，这个时候提出营建新都，恐怕有些不合时宜吧。"

"昭玄，你久不在京师，有些情况你不知道。皇上在这座皇宫常常失眠，极度压抑。大隋要强盛，首先陛下要身强力壮，心情愉快，然后才能有更多的精力投入到大隋的变革中。"苏威停顿了一下又道，"至于你所担心的耗资问题，根本不是问题。如今大隋府库充盈，就是和突厥打个三五年仗，也能应付过来。"

"这是真的吗？"高颖半信半疑。

"我还能骗你不成。皇上让我主管度支一部，这些可是朝廷的钱袋子，我自然一清二楚。朝廷府库不会因为讨伐突厥和营建新都而减少的。"

"既然你这么说，我就放心了。"高颖沉吟道，"不过这事吧，皇上可能也不会轻易答应的。这样吧，我先去找李德林商议一下，然后再去宫中问询皇后的意见。"

高颖前去和李德林商议，李德林自然反对，他认为营建新都并非当务之急，高颖也知李德林执拗，见一时无法说服就放弃了。他前往皇宫去见独孤伽罗，向独孤伽罗禀告此事。

"陛下经常夜不能寐，还有就是睡着的时候也是做噩梦。白天公务繁忙，晚上又难以入睡，本宫也十分忧心，如今你提出来营建新都，或许离开了这座旧皇宫，陛下会有所好转。"

"恕臣直言，皇上或许是因为心生恐惧，而这恐惧来自这皇宫。"

"陛下对这座皇宫并不陌生，少年时在这里开始担任宫伯。目睹了一幕幕政治搏杀，也难怪阴影噩梦如影随形。"

"重新建造皇宫，工程浩大，而今大隋刚刚解除内忧外患，恐怕皇上不会同意的。"孤独伽罗道。

"皇后，苏大人向我详细论述了建造皇宫的可行性，费用方面，府库应付得过来，不成问题。"高颖见伽罗仍在犹豫，接着劝道，"与其让皇上整日心神不安，不如就彻底离开这里。皇上心情愉悦，才能有旺盛的精力，除旧布新，就从构建一个新的都城开始吧。"

"好吧，你们上书皇上，我在内宫再加以劝说，让皇上早日下定决心。"

高颖得到伽罗这番表态便有了把握。他清楚杨坚已经人入中年，若是长期操劳过度，不免又会重蹈周武帝的覆辙。由于李德林反对，高颖便和苏威联合部分朝臣一起上疏建议杨坚重新建造新都。

朝臣很快形成了支持和反对两派。杨坚其实也早就想搬出这座伴随他几十年的皇宫，但是他也知刚刚立国两年，百废待兴，这个时候营建新都并不合时宜，他最初还是拒绝了高颖和苏威的奏议。但是高颖和苏威并没有放弃，几次劝说，杨坚渐渐动心了。

杨坚携高颎登高望远，俯视着脚下巍峨壮观的长安城。

"如今的皇宫规模狭小，而且偏安一隅，与长安的王霸之气真不协调，还望皇上能痛下决心，营建一座规模宏大的皇宫以展现大隋的浩荡王气和喷薄而出的强大生命力。"

"可是建造新都并非易事，特别是大隋刚刚建立，不宜大动土木。"

"陛下，苏大人已奏述多次，营建新都，朝廷府库完全可以应付自如，臣也咨询了土木都监宇文恺，他向臣保证会合理利用民力，一年之内就会完工。"

高颎见杨坚注视着长安城沉默不语，又道："陛下，眼前的皇宫经历了太多的杀戮和阴谋，身居其中不免倍感压抑。我们要以全新的心态致力于王朝的复兴和崛起，就要和过去彻底做个了断，构造崭新的长安城，万象更新。"

杨坚心动了，高颎这句话深深地打动了他。高颎知道杨坚所犹豫的只是担心天下的非议，这一点他早做好了准备，只是现在不宜言明，于是他指着长安城的东南方向："陛下，那就是长安的万年县，那座山被当地百姓叫作龙首山。依山傍水，南抵终南山子午谷，北据渭水，东临浐川，西濒沣水，是块风水宝地。"

"万年县，龙首山，名字倒是不错啊。"杨坚此刻颇为心动。

回到长安，杨坚自然向伽罗询问对于营建新都有何看法。

"陛下，如今国库充盈，如果合理使用民力，不妨就营建一座新的皇宫。陛下要恢复汉武盛世之局面，八方来朝，必然要有一个巍峨壮观的皇宫吧。"

"朕马上要对突厥用兵，此时营建新都，多有不妥，不能强行推进，不如延迟几年，再行建都大计吧。"杨坚思考再三，还是决定延缓营建新都。

然而第二天门下省散骑常侍庾季才呈上奏文，说他仰观玄象，俯察图记，龟兆允袭，必有迁都，愿陛下协天人之心，为迁徙之计。同时秘书省掌管天文的太史也奏报说："天象变化，当有迁都之事。"

不久，万年县令奏疏，说他请人占上一卦，结果此地乃风水宝地，在这建新都，定鼎之基永固，奠定万事基业。

如此之巧合，杨坚也是心知肚明，但他还是没有表态，直到李穆出现。李穆是关陇贵族的代表，他曾因支持杨坚登基有大功，如今为一品太师，三公之首，虽不问详细事，但是德高望重。他从天意人望、历史和现实，阐述迁都的深刻意义。

"如今的都城屡经战火，未经规划，且自东汉丧乱以来，屡遭兵燹，都城破败，陛下是圣人，移风易俗，创始大好场面，有资历有条件定好新都。天道聪明，已有微应。还望陛下顺应天地民心营建新都。"

有了李穆的支持，杨坚终于放心了。李德林此时也改变了主意："臣之前也不是反对营建新都，只是想推延几年，如今天时地利人和，建造新都凝聚民望合情合理。"

主意已定，杨坚连夜找来高颎和苏威，商议迁都大计，经过一番统筹谋划，他正式下诏令高颎为营作大监，宇文恺为副监，开始了新都城的营造。

杨坚遣使与梁国和亲，娶梁国公主为晋王妃。

萧岿接到国书后满心欢喜，毕竟能与大隋皇室攀上姻缘，也是无上的光荣。可是接下来萧岿犯愁了，因为杨坚要求公主不仅要相貌俊美还要求品性贤淑、勤俭朴素。萧岿也素闻杨坚生活质朴，而身边的公主虽然长得如天仙一般，可是个个都很骄奢，恐怕很难符合要求。

就在萧岿愁眉苦展的时候，有人告诉他还有一个女儿寄养在舅舅张轲家中，萧岿急忙派人将其迎入宫中，一番考察，感觉这个女儿不但落落大方、知书达理，更重要的是生活在贫寒之家，懂得勤俭持家。萧岿当即决定将这个女儿嫁给隋朝的晋王，并对张轲给予封赏，以感谢这些年他对女儿的照顾。

杨坚看到萧岿要嫁的公主正是他所属意的，自然应允了。

萧岿将公主送往长安，同时也收到了杨坚的一份大礼。杨坚下诏罢免江陵总管，梁国上下也是一阵欢呼。与此同时，杨坚又派遣另一路使者前往陈国修好，陈国新君刚刚继位，看到隋朝主动讲和，自然乐意。

杨坚所做的一切都是为了南线战局稳定，这样他可以倾注全力对付突厥。他已经令三军将士积极备战，随时准备与突厥大战，同时将当年他在定州的做法效仿全国，饲养战马三匹以上者免除徭役。

杨坚决定在与突厥开战前先要教训一下吐谷浑，趁机收复弘州。他任命大柱国元谐为行军元帅，率行军总管贺娄子干等步骑兵三万余人反击吐谷浑。其实杨坚也清楚武川勋贵暗中对他的不满，所以这次他任用元谐为主帅，来安抚他们的情绪。

元谐也不负众望，在青海湖东畔的丰利山下一鼓作气将吐谷浑大军打得落花流水。吐谷浑大败，元谐率军进逼青海湖，逼近吐谷浑国都。不久，双方在青海湖畔鏖战，隋军杀敌数万人。吐谷浑举国震惊，吕夸率军逃遁。

正当元谐准备进攻吐谷浑国都之时，杨坚下达了诏令给元谐，要求不与再战，停止进攻，遣使修好，并且要求吐谷浑归还所侵占的弘州等地。杨坚只是打算教训吐谷浑，他也深知吐谷浑并不好对付，虽是一时得胜，但是却很难将其覆灭。他真正作战的目标是突厥，所以见好就收。

结果吐谷浑部落王族十七人，公侯三人各率部投降大隋。杨坚听从元谐的奏议以高宁王移兹衰为大将军，封河南王，统领降众，并以大将军贺娄子干为凉州刺史，防备吐谷浑再次入侵。

其实沙钵略一直蠢蠢欲动，入侵大隋的胜利让他的野心不断膨胀，但是却被千金公主劝住了。千金公主在突厥退兵后开始寻找宇文氏的皇族成员。她明白要想复兴大周，必须要找到宇文皇族子弟，方能名正言顺。她派出大量的突厥人乔装打扮潜入大隋各地暗中查访寻找，在刘昉的暗中帮助下，终于在凉州一个偏僻之野找到了宇文皇族幸存的一位王子。原来当年宇文神举被杀后，他的仆人冒死带着只有九岁的王子逃出京师，免遭祸难，性命得以保存。刘昉虽知此事，但想到宇文神举已死，就网开一面没有赶尽杀绝。王子时刻准备报复宇文赟，谁知宇文赟却早早病死了。杨坚篡夺大周政权更是让他愤怒，正当他要前往长安刺杀杨坚，突厥的使者秘密将其带到了突厥。

在异域他乡千金公主见到宇文皇族的骨肉感慨万千，两人相拥痛哭不已。千金公主和宇文王子下定决心报仇雪恨。千金公主说服沙钵略派出得力干将辅佐宇文王子在沙漠深处的一处绿洲建立了秘密军事基地，暗中招兵买马，加强训练，想着假以时日训练一支兵强马壮的精锐军队，进而攻入中原，灭掉大隋，复兴大周。

突厥偃旗息鼓，杨坚也不敢主动挑起战事，他将目光转到了内政改革之上。他派遣八道使者巡省全国，开放山泽之禁。苏威的币制改革卓有成效，铸五铢钱，禁止其他一切钱币流通。杨坚还倡导勤俭朴素，并以身作则，奖励勤政爱民的地方官员，为了鼓励士气，派遣使者赈恤战亡之家，让前线将士无后顾之忧。杨坚的这一系列措施，让上下深受鼓舞。

　　不久，河南道行台兵部尚书杨尚希抵达长安，向杨坚禀报巡省河南的情况，将其民情风俗、吏治情况告诉了杨坚。他话锋一转道："皇上，您虽然勤政爱民，日夜忧劳，但是恕臣直言百姓负担未必减轻，中原大乱，地方已经是积弊已深。如今陛下大刀阔斧对中央制度进行改革，初见成效，还望陛下能够改革地方制度，只有这样才能固邦安本，解民之弊，让大隋重新焕发生机，否则只能是隔靴搔痒。臣请皇上裁减州郡，以厘清地方行政制度，从而减轻百姓负担。"

　　"朕任随州刺史的时候就对地方弊政一清二楚，深恶痛绝。不改革地方吏治，天下难以太平，大隋也会后患无穷。"

　　杨尚希道："如今地方州郡实在过多，已经成了痼疾。自秦并天下，罢侯置守，汉、魏及晋，邦邑屡改。窃见当今郡县，倍多于古，或地无百里，数县并置；或户不满千，二郡分领。具僚以众，资费日多，吏卒人倍，租调岁减。清干良将，百分无一，动须数万，如何可觅？所谓民少官多，十羊九牧。今存要去闲，并小为大，国家则不亏粟帛，选举则易得贤才，还望陛下裁处。"

　　杨坚听完杨尚希的奏议后，召集高颎和李德林、苏威商议裁并州郡之事。对于地方弊端他们也都心知肚明，但州郡裁并，触动的都是官僚豪族的利益，如今与突厥的战争又近在眼前，李德林劝说高颎慎重行事。

　　"与突厥的战争是旷日持久的，难道就一直拖延下去吗？为了大隋的长治久安，地方豪族的利益早晚要触动，我们要有胆略面对挑战，只有强公室、弱私家，方能政化大行。这不仅是简单的裁汰州郡，而是朝廷要借此机会彻底加强对地方的控制，消除分裂的根源。"

　　因为还要对付突厥，杨坚便令苏威负责此事，尽快制定出可执行的策略。

　　刘昉这半年来也没有闲着，他暗中联络一些失意的武川勋贵，伺机寻找机会。他发现大司徒王谊对杨坚的不满与日俱增，王谊在平定三方叛乱后杨坚一直没有重用他，虽然他的儿子娶了杨坚的女儿兰陵公主，但是却让他由位高权重退居二线，这是他无法接受的。另外还有元谐在讨伐吐谷浑凯旋后，杨坚并没有继续让元谐担当重任，仅仅封了一个大柱国的虚衔。从往昔的无限风光到如今孤单落寞，他对杨坚怨恨陡增，刘昉很快和二人走到了一起。

　　刘昉也时常到老将梁士彦和宇文忻府邸走动，二人因为在平定尉迟炯叛乱时举棋不定，杨坚对二人颇为忌惮，一直没有重用。突厥入侵时杨坚想起用宇文忻和梁士彦，但是高颎因为在洛阳时听说了他们二人的摇摆不定，劝说杨坚对他们不可委以重任。他们也对高颎恨之入骨。

几个人在刘昉的穿针引线下，很快走到了一起。当刘昉得知杨坚准备裁撤州郡时露出了奸邪的笑容。

开皇三年（583年），突厥终于进攻了。在北部边境进行了试探性的攻击后，四月突厥大军压境。经过去年的大战，隋军也经受住了考验，严阵以待突厥的进犯。经过这一年的准备，杨坚也做好了反击的准备，他下诏历数突厥罪恶，宣布大举讨伐突厥。以卫王杨爽为中路军行军元帅，河间王杨弘为西路军行军元帅，上柱国窦荣定为西北方向行军元帅，令大将军营州刺史阴寿统帅东北行军，痛击突厥与高宝宁余孽。另外高颎和虞庆则也各率一军，总共发兵三十余万分八路向突厥进兵。

沙钵略得知杨坚出兵，大为惊讶："好你个杨坚啊，中原王朝一百多年来，还没有哪个皇帝敢出兵挑战突厥！挑战突厥者他是第一人，也是最后一人！"

"大隋现在还很强大，我们上次能够孤军深入大隋腹地，完全是因为大隋讨伐江南，兵力空虚，使我们有了可乘之机。如今大隋受到羞辱，一定想着复仇。"千金公主劝道。

沙钵略满不在乎："复仇，那就让他们来吧！大隋无论多么强大，本可汗趁机将他们一举歼灭，将来也方便可贺敦复兴大周。"

"大隋已经统一了中原，地域辽阔，兵力充足，我倒是担心突厥汗国存在着很大的危机。"

"突厥这么强大，有啥可忧虑的？"

"您这个汗位可是他钵可汗的儿子庵逻迫不得已让给您的。而阿波可汗本来就对不能继承汗位耿耿于怀，还有达头可汗，他是您的叔父，威望和可汗也是不相上下，对于您继承汗位也是不满，可汗应该把更多的心思用在突厥汗国内政上，拉拢利用，各个击败，让他们无力与可汗对抗，然后才能举国讨伐大隋，进军中原，成就大业。"

"可贺敦忧虑的是，待这次用兵过后，我就削弱他们的兵力，要让他们彻底臣服于本可汗，这样才能真正驾驭起强大的突厥汗国与隋朝决战。"

千金公主劝说沙钵略避隋军锋芒，但沙钵略怎肯听劝，他也不能容忍杨坚挑战突厥的这种行径，摆开架势与隋军决战。

杨坚目送着大军走出长安，忐忑而又激动。这次军事行动也关乎着大隋的生死存亡，他率群臣前往岐州，以便及时了解前线战况并做出部署。他和李德林通宵达旦对各战线进行了仔细的战事推演。

"李爱卿，大隋精锐之兵倾巢而出，这次也算是孤注一掷，若是全线败退，那么突厥兵临长安便无可阻挡了。"

"这一次我们一定会成功的，即使失败，我们也会将其控制在最小损失的范围内，不会严重到让突厥兵临长安的地步。如今我们利用突厥内部矛盾，加之军事打击，会让沙钵略付出沉重的代价。"

"但愿长孙晟能够一切顺利。"杨坚道，"若是失利了，后果难料，即使保住了大隋，大隋也会一蹶不振，那不是朕希望的结果。"

"陛下，自大魏朝入主中原一百多年来，从未与突厥主动交战，只是被动防御，受尽欺凌。这次陛下在战争中要令突厥不敢南望，永服威刑。若是我们胜利了，就能改变敌我攻守之势。"

"朕既然敢发兵讨伐自然有信心面对一切。"

然而让杨坚预料不到的是吐谷浑又卷土重来，进攻临洮，洮州刺史皮子信兵败被杀。杨坚闻讯后不禁恼羞成怒："可恶的吐谷浑，又趁火打劫！"

"陛下，吐谷浑这次也是仗着突厥出兵，企图浑水摸鱼，再次抢占大隋州郡。"

"仰仗突厥之势打劫，看来这次一定要给予突厥重击，否则周边部族与其合势，为祸更烈。"

因为大军全都北上，杨坚便令汶州总管梁远从川蜀之地率精兵驰援，暂时遏制了吐谷浑的攻势。

幽州总管阴寿首先打响了与高宝宁的战事，他亲率步骑数万，猛攻高宝宁，很快高宝宁老巢黄龙城被攻破，高宝宁弃城而逃，隋军收复了北营州。阴寿见大军胜利就让李崇镇守幽州，自己率军向西行进驰援卫王，但是阴寿前脚刚走，高宝宁又向契丹和靺鞨等少数民族借兵数万，反攻营州，阴寿无奈折返回营州，阴寿刚刚到来高宝宁却又率军逃遁。

西北方面窦荣定率九总管、步骑兵三万出凉州，但是要穿越高越原这个茫茫的戈壁滩，长孙晟劝说窦荣定此地无险可守，建议他出贺兰山绕道而行。但是窦荣定嫌路途太远，加上他立功心切，坚持原路行进。

杨坚对于高宝宁流窜作战深感头疼，他问计李德林如何将其彻底消灭以绝后患。

"陛下，要阴寿继续保持对高宝宁的军事打击，然后派人离间诱降其心腹赵世模，许以高官厚禄，以重金捉拿高宝宁。"

杨坚让李德林依计执行。当他得到了窦荣定的奏报，大为震惊。

"窦荣定糊涂！他要穿越茫茫戈壁滩，万一被突厥军队伏击该如何撤离？"杨坚盯着地图恼羞成怒。

"窦将军此行路线是有欠妥，陛下不如下急诏令大军返回。"

"晚了！他们全力行军的话，恐怕是追不上了。急功近利，轻敌冒进，必致大败。若是因为他导致其他各路大军受挫，朕绝不宽恕。"

其实窦荣定乃是杨坚的妹夫，对此李德林也不敢多说什么。

"既然追不上那就只有派援军去了。下诏令虞庆则火速驰援窦荣定。"

杨坚又盯着地图思索："中路军在干什么？怎么一直没有消息？"

"陛下，卫王遭遇的是沙钵略的主力军队，所以行军缓慢情有可原。"

"他太小心翼翼了吧。如今其他两路大军都已行动就是为了牵制突厥军队，朕给他配备的都是最精锐的骑兵，最勇猛的将军，这般畏首畏尾，太让朕失望了。"

阴寿照杨坚之计对高宝宁部进行劝降，果然大为奏效，赵世模率军投降，高宝宁只能再投契丹，但是在途中他却被部下所杀。为害多年的高宝宁余部终于被消灭，杨坚又下诏赦免其部死罪，东北边境宣告平定。

然而阴寿却在这时病逝，沙钵略的弟弟处罗侯闻讯率军反扑，杨坚急忙任命李崇为幽州总管抵抗突厥。

且说卫王杨爽率军出朔州与沙钵略所率的突厥军队相遇，双方大战，隋军小败，出师不利，导致杨爽对突厥产生忌惮，所以一直行军迟缓，逡巡不出。接到了杨坚的诏书斥责，他只得出兵与沙钵略决战。

行军总管李充向卫王杨爽献计："几番战斗，突厥屡屡获胜，本来就轻视我们，现在更会得意忘形，疏于防备，若是以精兵袭击，必然能大破突厥。"

杨爽颇为犹豫，在李充强烈请求下还是同意了。

李充调拨一万骑兵，经过几天悄悄行军潜伏到了突厥营寨的山坡上，但是李充并没有趁着夜色发动袭击，天色太黑，李充对周围的地形并不熟悉。其实面对突厥数万大军，即使偷袭成功他们也根本无法脱身，不过他们早已将生死置之度外，只待天亮后杀更多的敌人，与其同归于尽。

等到天色刚刚蒙亮，李充向沙钵略发动了攻击，突厥人顿时懵了，万万没有想到隋军会对他们发动袭击，被打得措手不及。沙钵略闻讯火冒三丈，穿好甲胄便率军与隋军大战。混战中沙钵略却被隋军射中左臂。突厥军见沙钵略受伤，军心大乱，沙钵略在亲军的掩护下率领着大军暂时狼狈地逃到草原深处，伺机再战。

杨坚得到杨爽的捷报也是喜出望外，这次也算是赢得侥幸。

"陛下，这次虽然意外获胜，也是李充骁勇善战，如果沙钵略死了，也算是天助大隋。"

"信报说他只是左臂中箭，不会有大碍的。"杨坚皱着眉头，"现在朕最担心的就是窦荣定了，贪功冒进，若是将大军置于死地，那么他也不要回来了，谢罪自杀吧。"

"陛下，出师行军，将在自专，窦将军麾下不乏贤将，我们会安然撤离的。"

"出兵打仗，统军将领要独断其事，就像这次李充偷袭，卫王果断决策，做得不错。如果军队的部署进退都受朕的牵制，那么很难打胜仗。但是深入敌人之地，必察地形地势，如今倒好，窦荣定等于拿将士去送死。朕真后悔没有让长孙晟有临机决断之权。"

杨坚的担忧果然成真。窦荣定率领大军继续向北行进，烈日炎炎，将士们精疲力竭，隋军携带的水也很快喝完了。他放眼四望，寸草不生，这才发现大事不好。

此时阿波可汗早已打探到了隋军的动向，心里暗暗窃喜，准备将窦荣定所率军队一举歼灭。当窦荣定的军队行至高越原的时候，他已经切断隋军的后退之路。阿波可汗率军进攻隋军，隋军只得勉强应战，伤亡惨重。更为甚者，由于烈日炙烤，将士们早已口干舌燥，有的已经中暑晕倒，将士们无奈之下只得喝马尿以求解渴。由于没有水源和草地，许多马匹奄奄一息。窦荣定感到了绝望和恐惧，准备拔剑自杀，终究被众人拦住了。

阿波可汗狂喜不已。眼下的隋军如待宰的羔羊，他随时都可以将其歼灭。

危在旦夕，长孙晟决定冒险面见阿波可汗。他本来计划当隋军与阿波可汗相持不下的时候再进行劝降阿波可汗，如今别无他法，只能大胆一试了。

他来到突厥大营，阿波可汗非常傲慢而又轻视地接见了长孙晟。

"汉人果然是狡诈，你们锐气锋芒的时候对我们赶尽杀绝，现在你们陷入了绝境，倒向我们来乞求和解了？"阿波可汗冷笑道。

"我们向可汗和解，并不代表着我们大隋软弱可欺。"

"信不信我顷刻之间会让你们全军覆灭？"

"我信，但是这对可汗有何好处呢？"

"我们本是敌人，杀了你们我就又为突厥立了大功，为何要手下留情？"

"可汗可以这么做，但是沙钵略可汗恐怕不会容忍你了。我知道可汗本来能够成为草原之王的，可是却让沙钵略夺了过去，可汗对沙钵略屡屡出言不逊，沙钵略都对您忍让了，那是因为他忌惮你的兵力，所以才忍气吞声。"

"这个大可汗本来就是属于我的，可是沙钵略乘人之危，他就是强盗！"阿波可汗大怒。

长孙晟不露声色道："可汗杀我们容易，杀了我们之后呢？我们皇帝一定会报复，沙钵略这个时候会帮可汗吗？他也许会借大隋之手灭了可汗，这样的话对他来说也少了一个心腹之患。"

阿波可汗满腹疑虑，就在他犹豫不决的这两天，虞庆则昼夜驰骋率军赶赴到了高越原，暂时稳住了局势。这下子阿波可汗知道无法歼灭隋军了，倒不如与之讲和，于是他请来长孙晟。

"可汗，战争与和平相处都是生存方式。你或许不知道我在兰州已经与达头可汗达成默契，每年冬季给予他一定的援助，平时则开放阙场，两国民众自由贸易，交换各自所需。所以前年在进攻长安的时候，达头可汗见好就收。如今可汗可效仿之，何必拼个你死我活？"

其实达头可汗这事儿完全是长孙晟杜撰的，但却让阿波可汗颇为心动，一番考虑之下，他派人秘密跟长孙晟建立了联系。

大隋军队在长孙晟的斡旋下逃离了死亡之谷。杨坚得知军队安全撤离也松了一口气，接着他让卫王杨爽故意将阿波可汗与大隋和谈的消息透露给突厥的俘虏，然后找个机会让他们逃脱去给沙钵略报信。正当杨坚得意的时候却收到了另外一个不好的消息，那就是刚刚就任幽州总管的李崇以身殉国了。

原来高宝宁被歼灭以后，东北的一些少数民族如契丹、靺鞨等族纷纷前来归附大隋，处罗侯这才意识到事态的严重，调集重兵大举进攻幽州。处罗侯率军攻克了幽州城外的所有州郡，步步为营向幽州进逼。幽州是个边疆州郡，民族众多，民情未附，未必能同心协力抗击突厥。李崇率万余名士兵前往幽州边境小郡砂城抗击突厥，企图将突厥军队阻截在此。一番抵抗全部殉国，李崇最后被射得犹如刺猬，悲壮殉国。

杨坚大为感动，其实他也知道在最初三方叛乱时，李崇是支持尉迟炯的，作为李氏家族的代表，他被迫听从李穆，为杨坚效命。当任命李崇为幽州总管时，李德林也佩服杨坚的气度，一个有如此度量的君主一定会带领大隋走向强盛的。

杨坚派李德林前去李穆府邸慰问，之后他又令高颎火速前往幽州坐镇抵御突厥。李德林回来后不免又忧心忡忡，因为杨坚对于李氏家族的赏赐太多了，李氏家族在军队和朝廷三品以上官员多达一百多人，这对朝廷来说是个潜在的隐患，但大敌当前，李德林不会在此时向杨坚言明。

杨坚在此期间召来苏威，询问裁汰州郡的情况。

"陛下，臣已统计完毕，如今全国共有二百一十一个州、五百八十个郡，一千一百二十四个县，裁撤哪个州郡县都会受到阻挠，要平衡各派利益并非朝夕之间能够完成的。"

"州郡乃是朝廷的，不是哪个世家大族的。朕就是要打破他们盘根错节的利益纠葛。既然这么难以定夺，那朕就给你做个决策，就把那五百八十个郡全部裁撤吧。"

"陛下……"苏威惊愕地望着杨坚，"这未免有些操之过急吧？"

"御政之首，在于革故鼎新，你们建议朕对州郡'存要去闲，并小为大'，但是做起来却发现哪个州郡被裁撤都会受到阻力。朕想既然做了，不如就做得更加彻底，干脆就把郡这一级给取消了吧，恢复秦汉时期的两级地方机构。若是朝廷真的能够实施下去，那么地方官吏的任免权也会收归朝廷，将极大地削弱地方豪族干预地方政务。"

"但是陛下如今正在抵御突厥，若是对地方如此大动干戈，臣担心会有不稳定的因素。"

"南北朝之所以分裂那么久，就是因为地方已经落在地方豪族手里，朕要加强朝廷对地方的控制，彻底消除战乱根源，一定要进行这场艰巨复杂的变革。

放手做吧，朕做你的后盾。再说军队当中那些士兵也是拥护朕的。"

其实杨坚对于裁撤州郡这件事也是深思熟虑的，他要恢复汉朝的郡县制度，便于加强朝廷对于地方的控制，如今对于突厥的攻势已经处于优势，更让他认为可以着手解决这个问题了。

王谊和元谐也知道了此事，他们出奇愤怒了。

"苏威小儿，欺人太甚！"王谊暴跳如雷。

元谐也是大怒："这些人不能建尺寸之功，我们为国家南征北战，效劳一生，到头来却要拿我们开刀，这是要把我们逼上绝路！"

刘昉心中窃喜，故意板着脸说道："这不该怪苏威，他只不过是个执行者而已。如今这般地步也是你们咎由自取，早就告诉你们杨坚并非善类，可你们却还抱有幻想，前年若是你们听我的劝说，趁突厥入侵之际逼宫杨坚，或许就不会有今天这般任人宰割了。"

"老夫与皇上虽是亲家，他若真的裁撤州郡，老夫不惜与他决裂！"王谊道。

"既然风声已经传出来了，说明杨坚马上就要行动了。这会让很多关中豪族失去了官位和爵位。他们早已经怨声载道了！"刘昉故意叹道。

"陛下以为大权在握便可以为所欲为，那他就大错特错了！"元谐咬牙切齿道，"当初平定尉迟炯的时候，只怪我们被蒙蔽了双眼，支持了他，如今他不理会我们也就罢了，却要拿我们开刀，若真是这么做的话，他会失去满朝文武的支持。"

"对！必须要让皇上知道谁才是大隋真正的主宰！"刘昉最后添油加醋地说道。

不久，杨坚下诏置河北道行台省于并州，以晋王杨广为尚书令；置河南道行台尚书省于洛阳，以秦王杨俊为尚书令；置西南道行台尚书省于益州，以蜀王杨秀为尚书令；太子杨勇统领雍州。杨坚让皇子统领天下兵马，显然为裁撤州郡可能引起的叛乱做好了准备。

王谊、元谐他们虽心怀不满可是看到杨坚未雨绸缪，也无可奈何。在刘昉的怂恿下，他们开始接触和联络以前的旧部，为以后谋叛做好准备。

就在大隋取得节节胜利的时候，杨坚下诏废除了大隋境内所有的郡，裁撤一百一十四个州和二百五十八个县。他又索性废除了自汉魏以来的辟召制度，规定了州县府衙的吏员都要由朝廷任命，彻底将地方官员的任命权收归朝廷。

沙钵略听闻窦荣定率军退回了凉州，当即气得火冒三丈，扬言要征讨阿波，被千金公主苦苦劝住，但是当突厥俘虏逃到王庭将实情告诉沙钵略后，他终于发怒了。

"可汗，千万不要冲动！或许这另有隐情。"千金公主劝道。

"还有什么隐情，在茫茫戈壁滩上，隋军居然能够全身而退，这就说明了这个阿波已经和大隋勾结了。本可汗若是制服不了达头和阿波这两人，就无法成为真正的草原之王！"沙钵略怒道。

"可汗若是现在与阿波可汗反目，恐怕渔翁得利的便是大隋了。求可汗三思。"

"此事我若是再忍气吞声，阿波日后会更加嚣张跋扈，本可汗决不能养虎为患，一定要将他彻底消灭，以绝后患。"

沙钵略不顾千金公主的劝阻，当即派兵袭击了阿波可汗的牙帐，杀死了他的妻妾和母亲。阿波可汗率军回到牙帐看到一片狼藉，惨不忍睹，还来不及痛哭又被沙钵略设下的伏兵围歼，在部族的拼死护卫下方才逃了出来。

阿波可汗恨得咬牙切齿，怒火中烧，投到西面的达头可汗处。达头可汗借十万雄兵给阿波可汗。阿波可汗率大军浩浩荡荡地向东杀去，准备让沙钵略血债血还。沿途归附阿波可汗的部落甚多，连沙钵略的堂弟地勤察也因为与沙钵略不和而率部落归附。

阿波可汗派人与长孙晟取得了联系，愿意与隋朝结盟，并且派使臣一同与长孙晟进京，朝见杨坚。

长孙晟将实情告诉了杨坚。杨坚仍旧半信半疑，便让长孙晟携突厥使者进京，同时派高颎率大军赶赴灵州道，以探虚实，令沿长城一线布阵，严防突厥突然来袭击。

事实证明，杨坚的担忧是多余的，沙钵略和阿波可汗激战正酣，根本就无暇顾及大隋了。

不久，杨坚同时接到来自幽州和卫王杨爽的奏疏，说突厥军队突然之间全都撤退了。杨坚终于长长地舒了一口气，若是突厥真的发生了内乱，那几年之内是无法南顾中原了。他下令大军返回长城之内。杨坚本想重重责罚窦荣定，但长孙晟和众将士求情，杨坚只是斥责窦荣定一番，令其闭门反省。

杨坚诏令长孙晟继续经略突厥，总领西北诸州军政，同时全权负责突厥一切事务。

长孙晟临走之际，悄悄来到了周武帝宇文邕的陵寝祭拜。

"陛下，我来这里就是要告诉你一个好消息，强大的突厥四分五裂了，将不再是我们中原最大的威胁。你生前因为讨伐突厥带着遗恨离开了人世，现在您可以安息了。臣会一如既往地实现您的遗愿。"

长孙晟叩拜后骑上战马离开了长安向北疾驰而去。

岁末，苏威、高颎、李德林、郑译等十余人参与编修的《开皇律》编纂完毕。杨坚并没有即刻颁布实施，毕竟这部律令是他重新构建天下秩序和社会伦理的基础，是实现天下大治的基石，他十分慎重，废寝忘食般地研习精读。

深夜，杨坚还在聚精会神地阅览律书。

"陛下自从登基以来就为军国大事殚精竭虑，但也要注意休息，别熬坏了身子。"伽罗将熬好的粥端给杨坚。

"你应该能理解朕对这部《开皇律》为什么是这么的重视，在朕看来它是大隋王朝开国立业、兴旺发达的根基。苛刑峻法，法令滋章，非兴化之道，宇文赟刑罚残酷，结果君臣离心离德。要想实现天下大治，就应该要法令清简，大惠仁政。若是法令不一、刑罚暴乱，国家必然不能长治久安。"杨坚道。

杨坚看后还是感觉刑罚过于严苛，让苏威和礼部尚书牛弘修订律法，二人认真研讨，对律令进行了大刀阔斧的修缮，又删除了八十一条死罪，流放之罪删除了一百五十多条，徒杖删了一千余条。杨坚这才昭告天下，颁布实施《开皇律》。

春暖花开，高颎告诉杨坚，新的都城已经建成。年初之时杨坚就为即将迁都兴奋不已，下令大赦天下，普天同庆。

新都城从开工到建设仅仅用了十个月的时间，如此神速地建成，让杨坚颇感意外，在击败突厥后迁入新都，更让杨坚认为顺理成章。

天色尚朦胧，天空中还有稀疏的星星若隐若现。杨坚来到了门前，大门缓缓地打开了。在大门推开的一刹那，他一下子惊呆了，皇城是如此开阔宽大，一眼望不到边际，各种建筑富丽堂皇，分列两边，错落有致。

他信步沿着中轴线走了进去，两旁的殿宇楼阁气势雄浑，在晨曦中似乎向杨坚含笑示意。登上了宫阙的最高点，俯视着雄伟壮丽的宫殿，一股骄傲和自豪油然而生。

"好一座雄伟壮观的皇城！"杨坚赞道。

"新的都城东西长十八里一百一十五步，南北宽十五里一百七十五步。"高颎道。

"好！完全出乎了朕的意料，天上的仙境也不过如此吧。"杨坚沉浸其中。

"这龙首山原有六条高坡，宇文大人说这正好是印证了《周易》里的乾之六爻，并以此为核心作为长安城规划的地理基础，所以九二置宫阙，以当帝之居。就三立百司，以应君子之树，九五贵位，不欲常人居之，置玄都观、兴善寺以镇之，宫城与皇城以此坐落在长安城北端，皇宫官署尽在高地，龙盘虎踞，居高临下。寓意着天子统辖百官，君临天下，显示皇权的高贵与无上的权威。"高颎停顿一下又解释道，"全城南北共置十三列坊，象征一年十二个月再加上闰月，寓意大隋长久不衰。皇城南面，东西排四行坊，象征春夏秋冬四季，每行设九坊，表现《周礼》中的'王城九逵之制'。整个都城南北交错，东西对称，整齐如一。"

杨坚听着高颎的介绍："这座都城巧夺天工，布局构思巧妙。能看到这般雄伟壮观、气象庄严的皇宫，你们用心良苦啊！"

"臣不敢冒功，虽然总领大纲，但是规模创制，建筑构思皆出自宇文恺。宇文恺实当首功！"高颎道。

杨坚道："朕要重重奖赏宇文恺，那就封宇文恺为工部侍郎，赏万金以示嘉奖！"

"新都城该如何命名呢？"杨坚思索片刻道，"朕以随国公的封号为大隋的国号，记得最初来到长安被封为大兴郡公。大兴？就叫大兴城，希望在朕的治理下，天下大兴，大隋蒸蒸日上。"

没过几天，杨坚率百官隆重地迁入了新的都城。

杨坚本以为迁都后会带来好运，会风调雨顺。可是无奈天公不作美，开皇四年（584 年），入春以来关中持续干旱，连续数月，一滴雨未下，百姓饮水都成了困难，庄稼也几乎是颗粒无收。杨坚也亲自祈雨，同时下诏沿黄河流经的十三州招募壮丁运米，在卫州、陕州、华州三地设置大型粮仓，以保证京师粮仓供应。

然而持续的干旱很快漫延到整个关中地区，京师附近的州郡也出现了饥荒，百姓们开始逃亡，纷纷涌进了大兴城。

虞庆则见大量难民涌入京师，恐京师激起民变，奏议封锁京师限制难民流入。

杨坚怒火中烧，厉声斥责："如今发生旱灾，身为朝廷重臣，理当为朝廷分忧，为百姓解难，怎么能将百姓赶出京师，你这是要把他们逼上绝路。你以为将他们赶出京师，大兴城就固若金汤了吗？你这么做就是要自掘坟墓，他们顷刻之间便可颠覆大隋王朝！"

虞庆则大恐，吓得连连叩头谢罪。

杨坚下诏在京师各处设义粥以救济百姓，同时诏令朝臣将家中的余粮贡献出来以帮助朝廷渡过危难。可形势却进一步恶化，到了夏季，河南黄河决口，诸州被淹，出现了大批的灾民。这样一来粮食入关的道路就被阻隔，运输线路也更加险恶，运输到大兴城的粮食根本无法救济越来越多的灾民。

杨坚日夜忧心如焚，急忙召集高颎和李德林商议对策，二人都明白此时的形势严峻，要是处理不慎，可能会激起民变和叛乱。

"朕刚刚迁入新都，京师就出现干旱，河南发生了黄河决口，往京师运粮是困难重重，灾情日益严重。如今大兴城已经是人满为患，若是百姓断了炊，那大隋真的要完了。"

"臣倒有一个无奈之举。"李德林十分犹豫，"既然粮食运不到京师，那只有请皇上率群臣和部分百姓前往洛阳避难。洛阳储备了大量的粮食，且交通便捷，荆州和山东的粮食都可以通过水路和陆路直接运抵洛阳。但京师乃是天下的根本，如今大隋立国不过几年，万一皇上率群臣离开京师，恐怕有人会借天变蛊惑百姓，图谋不轨，引起更大的灾难。"

"万一突厥获得消息袭击京师，那我们可就被动了。"高颎也担忧地说。

"突厥忙于内战，根本不可能南下侵略，再说朕在大隋边境部署了重兵，他们不会那么快兵临长安的。为今之计也只有前往洛阳了。"

刘昉和王谊、元谐又聚到了一起，他们对于这次前往洛阳十分不满，又增加了几分怨气。

"如今京师发生旱灾，这也算是上天的报应，是对他胡作非为的报应。"元谐道。

郑译眯着双眼冥思苦想，突然狡黠地说："这件事对于我们来说倒真是个机会，他不是相信天人感应吗？不是秉信天命吗？登基、迁都不都有人在为其摇旗呐喊吗？我们不如就借这个机会狠狠地将他一军。"

二人听后顿时来了精神，刘昉压低嗓音："诸位，杨坚率众前往洛阳的时候，我们就留下来，以天灾人祸蛊惑长安军民，控制京师，与沙钵略可汗联系，内应外合，大事可成。"

"可是如今禁军被卫王杨爽统帅，我们无能为力啊！"王谊摇头道。

"你们不是有几个旧将都在京师卫戍？策反他们，到时候你们振臂高呼，必然乱者四应。"

然而他们的如意算盘却落空了，杨坚诏令所有的元勋都必须前往洛阳，其实也是为了防范他们的居心叵测，京师只留下了精锐的禁军和老弱病残。

抵达洛阳后，凭借着洛阳的屯粮和四方调集的粮食，暂时缓解了灾情，安稳了人心，杨坚君臣整整待了两个月才回到大兴城。

回到大兴城后，杨坚深刻地意识到关中是如此脆弱，一场干旱就让大兴城不堪一击。他要解决这个迫在眉睫的难题。

"这次旱灾的教训简直比突厥入侵还要深刻。朕决定要彻底解决这一顽疾，总不能让我们君臣在大兴城和洛阳之间来回颠簸。"杨坚召见高颎说道。

"关中土地肥沃，这几十年来，天佑关中，风调雨顺，所以五谷丰登，百姓无忧。但是一旦天灾持续，关中的恶势更显现了出来。长此以往会严重危害到大隋的长治久安。京师必须要有足够多的粮食储备方能应付天灾。"高颎应道。

"储粮首先要解决的是运输问题，大兴城周边山势险峻，地势陡峭，水路和陆路运输都很艰难。相比之下，最好的办法还是水路。可是前些日子视察了渭水，渭水这些年来泥沙淤积，疏于治理，舟楫难通。这实在是大难题啊。"

"皇上所虑甚是，漕运最大的阻碍是黄河和渭水。"高颎来到地域图前，指划道："臣这次前往洛阳的时候专程绕道实地勘察了从洛阳到陕州的黄河水段。这里的黄河水穿越华山之脉中条山和崤山，可谓是山高水险，地势险峻，水流湍急，船只根本难以通过，所以到了这里只能改走陆运。将粮食运到陕州，要穿过地势陡峭的崤山，才能把粮食运到潼关。"

杨坚仔细聆听着，若有所思地说道："都说蜀道难，朕看这段路不亚于任何一处险峻的地方，这简直是在走鬼门关。粮食运到了潼关之后，由渭水运抵长安，渭水泥沙淤积，常年失修，造成流浅沙深，大型船只根本无法通过，这才严重制约了粮食的运输。对于渭水，有没有一劳永逸的解决法子？"

"臣并不精通水利工程，所以这次臣带了宇文恺前往。宇文大人风尘仆仆一路从洛阳沿着黄河奔波到长安，他说可以修建一条新的沟渠来解决这个问题。"高颎道。

杨坚听后立即召见了宇文恺，询问其具体策略。

宇文恺道："陛下你说得对，从潼关到大兴城这段路程严重阻碍了向大兴城调运粮食。如今渭水是山高坡陡，直流湍急，从而造成了大量的泥沙淤积，所以任何小规模的疏浚都无济于事，必须要进行彻底整治。臣的奏议是重新开凿修筑一道沟渠，从大兴城直抵潼关。"宇文恺来到地图前比画道，"臣经过勘察和思索，认为这条渠西起咸阳，引渭水，经过大兴城北面，从渭河平原直抵潼关，这一带几乎都是平原，避免了重蹈渭水泥沙淤积的覆辙；若是能够修凿成功，便能使潼关到大兴城的漕运畅通无阻，而且还能够改善关中地区的灌溉条件，可谓是一举两得。"

杨坚召群臣商议此事，高颎、苏威、虞庆则等人都赞同，唯独李德林反对。

"陛下，这项工程颇为浩大，劳民伤财，臣认为与其这般，不如过几年迁都洛阳，这才是一劳永逸的方法，而洛阳地处中原，漕运四通八达，且土地肥沃，不如将这等工程的费用和劳力用在修建洛阳上，让洛阳作为大隋的陪都。"

杨坚听后脸色阴沉："朕刚刚修建了这座大兴城，你就劝朕迁都洛阳，当初朕营建这座大兴城的时候你就有此想法吧？"

高颎和苏威听了也非常不舒服，如今李德林提出迁都洛阳，也是对他们的否定，毕竟营建大兴城可是他们力主的。

"李大人，关陇地区乃是本朝崛起所在，你一句话便让我们放弃安身立命之根本，不知是何用意？"高颎回应道。

"大兴城乃是王气之所在，汉朝就是因为定都洛阳才导致三百年的战乱，陛下，臣怀疑李大人的忠心，他不是为大隋的长治久安而是用心险恶。"苏威气恼不已。

"不要恶语相向。我们都去过洛阳，也知道洛阳的便利，况且洛阳也是古都，这是一个法子。只不过朕是不能这么做了，开国之君连迁两都恐非社稷之福。"杨坚冷静之后说道。

经过一番商议，杨坚让宇文恺奉旨修渠。一番预算下来，杨坚知道此番工程浩大，丝毫不亚于营造新都，必须要征调大量的民夫劳役，于是他下诏："凡参与开凿修渠的百姓免其三年的赋税和徭役，以减轻百姓的负担。"

杨坚郑重其事地告诉宇文恺："此事关乎着大隋的长治久安，爱卿要尽力而为。朕希望此渠开通，从潼关到京师漕运永远能够畅通无阻，这条渠朕就命名为广通渠吧，这也代表了朕的心愿和期盼。"

苏威同时奏议在河南、山东沿着黄河水路的州郡修建粮仓储粮，便于转运。杨坚也同意了，诏令在卫州置黎阳仓、洛阳置河阳仓、陕州置常平仓、华州置广通仓等官仓储粮。不久，杨坚又根据苏威的奏议令民间在秋收之时根据贫富差等，出麦粟，储在闾巷之中，以备凶年天灾，名为义仓，以解决因天灾造成的饥荒。

干旱同样肆虐了长城北面的大草原，突厥所在的大草原也是一片枯黄，沙钵略又和阿波内斗不已，更使突厥雪上加霜。

达头可汗与阿波可汗联合攻击沙钵略仍然是胜负难分，双方都陷入了胶着和艰难的境地。由于有隋朝的援助，达头可汗和阿波可汗渐渐占据上风，而沙钵略却日渐式微。让昔日的仇敌自相残杀，这正是杨坚所希望的，如今敌人已经进了圈套。

杨坚将长孙晟召进了长安，询问突厥的战争局势。

长孙晟奏道："突厥现在相持不下，但是阿波由于和达头联合，现在已经占了上风，沙钵略的处境已经十分危险，很可能被阿波打败。"

"沙钵略若是败了，恐怕突厥又要崛起了。所以不能让沙钵略倒下去。"

"陛下圣明，若是沙钵略来求援的话，我们应该答应他，让突厥继续分裂。"

"只是不知道沙钵略会不会来求朕。"

"沙钵略到了穷蹙之极、走投无路的时候会向大隋求助的。"

"好，看起来你对突厥已经把握得很透彻了。你就继续负责突厥的和战之事吧。"

其实，长孙晟明白，若是没有千金公主，沙钵略就是死也不会向大隋求援的，但是千金公主是不甘心这么放弃复仇的。他也想找个机会让千金公主放弃，以便令她在大草原安度余生。

沙钵略自从与阿波和达头开战以来，处境日渐窘迫，很多部落都背弃了沙钵略投靠了阿波可汗。更让沙钵略恼怒的是，阿波居然勾结了契丹，契丹从东面袭击沙钵略，让沙钵略两面受击。

"可贺敦，本可汗悔不当初，要是听你的话就好了，先不与大隋较量，如今转眼间已经变得众叛亲离。"沙钵略悲戚地说道。

"可汗，您不要灰心丧气，我们现在还没有失败，孰胜孰负尚未明朗。我们一定会重新统一大草原的。"千金公主劝慰道。

"如今阿波可汗已经得到了大多数突厥部落的支持，又得到了大隋的支持，兵力日盛，而我们已处于孤立无援的境地，难道我们还有反击的机会吗？"

千金公主眉头紧蹙，沉默了半晌才道："现在有个无奈之举，或许我们能够转败为胜。"

沙钵略听后豁然心亮："可贺敦，难道我们真的有机会绝处逢生吗？"

"只是不知道可汗是否愿意这么做。我们唯一的办法就是向大隋求援。"

沙钵略大为震惊："可贺敦，你是说要本可汗向大隋投降？"

千金公主道："不是投降，只是暂时屈服。大丈夫能屈能伸，我们只要得到了大隋的支援，打败阿波可汗，就会重新崛起，然后再与大隋相机决裂。"

沙钵略眉头紧蹙，沉吟不语。

"可汗，如今在战场上一败再败，实在抵挡不住阿波可汗的报复，可汗也听说过中原卧薪尝胆的故事。我们现在需要养精蓄锐，借力打力。"

"好吧，本可汗暂时向大隋屈服。"沙钵略心有不甘但也只能接受现实。

沙钵略派使者前往大兴城乞求救援，千金公主也附上了奏疏，请求改杨姓且拜杨坚为义父。

杨坚爽快地答应了突厥使者。马上令晋王杨广给予沙钵略必要的兵马和粮草补给，沙钵略得到补充后暂时遏止住了阿波可汗的攻势。

杨坚改封千金公主为大义公主，取大义灭亲之意，并以册封千金公主为名，派尚书右仆射虞庆则为使者探望千金公主，长孙晟随身前往，实地刺探沙钵略近况。沙钵略虽然有求于大隋，但是让他臣服于昔日从没有放在眼里的大隋，他还是极不情愿。

其实千金公主内心也十分痛苦。长孙晟看到千金公主忧郁憔悴的模样也黯然神伤。

"长孙晟，突厥能有今天也是拜你所赐，早知如此当初就该把你杀了。都怪我心软，放虎归山。如今看到我们这般落魄，你满意了吧。"

"公主，对不起。"长孙晟一时无语。

"罢了，也许这就是我的命。只要我不死，我就不会放弃复仇。"

"放弃吧。我会好好地保护你。"

"保护我？就是让我苟延残喘，老死在这荒漠草原，我死了，如何对父王交代？"千金公主冷冷地说，"自从我踏入草原的那一天起，我便死了，活着只为复仇。"

长孙晟匆匆离开了突厥营地，他看不得千金公主的忧伤，这让他揪心不已。途中虞庆则提出杀了千金公主，因为他看到千金公主冰冷的眼神不寒而栗。长孙晟想起虞庆则奏请杨坚诛杀宇文皇室，强压怒火，他不想与其待在一起，直接奔赴兰州。

突厥暂时不足为虑，杨坚腾出手来要解决吐谷浑边患了。他令凉州刺史贺娄子干率领兰州和凉州等西北五州精锐之兵征伐吐谷浑。贺娄子干率军驰入吐谷浑境内，纵横月余，杀其数万之人，将吐谷浑人搅得心惊胆战。隋军的胜利沉重地打击了吐谷浑势力，此后吐谷浑再也没有侵略大隋。杨坚根据高颎的奏议，鉴于西北边疆不设村坞，一再遭到吐谷浑的侵略，便令贺娄子干和长孙晟组织当地百姓，构筑堡垒，设村居住，军队实行屯田，农战兼备。

开皇五年（585 年），苏威向杨坚奏议简括户口，重新实施均田，然而几番下来效果并不理想，杨坚大为恼怒，他不由得想起少时智仙师父带他看到的颠沛流离的百姓。如今他贵为九五之尊，也该让百姓安居乐业了，但是若没有田地，百姓不会安稳下来，大隋的天下也不会真正安定。他让高颎、李德林、苏威、杨尚希等人拿出切实可行的方略来解决这一顽疾。

"陛下，臣一时想得简单了。其实检括户口、实施均田以及构建乡村秩序是一脉相承的。任何一个环节解决不好便无法继续。现在农民多依附在豪强地主户下，隐匿户口。"苏威说道。

"百姓不愿意出来是因为魏晋动乱以来百姓屡遭屠杀，只能庇护在大族门下保全性命，而那些地方大族趁机兼并土地，百姓在他们门下辛苦劳作却一无所获，依然吃不饱穿不暖。这些豪族却日渐强大，逃避税赋，一个地方的财富还不如当地的几大豪族一年积累的财富。苦的是朝廷和百姓，他们则坐享其成，朕绝不会再纵容他们。"

"陛下真知灼见，可是要解决起来却并非易事。"高颖道，"现在朝廷掌握的土地有限，如果百姓独立出来，就会出现受田不足的严重情况。如果检括出隐匿户口后，却没有能力解决土地问题就没有任何意义。"

"朕裁撤了大量的州郡就是为均田做准备，怎么会出现土地不足的情况？这是怎么回事？"

"皇上，其实裁撤州郡后，有成千上万名官吏失去了官职，但是为了保证顺利进行，所以大多数保留了他们拥有的土地。"

"那就在保证他们职分田的前提下收回他们多余的土地，另外朕要减少分给功臣的田地。这件事你们齐心协力一定要给朕办好。"

高颖和苏威应声领旨。杨坚看得出来他们并没有太大的底气。

"朕知道这会触动地方官僚的切身利益，但是不做的话，就无法让百姓安居乐业，那所有的改革就如空中楼阁，朝廷的基础不会巩固。朕要下旨令各州县检括户口，派官吏深入乡村，逐个核实户口。只有朝廷直接控制自耕农，才能彻底削弱豪强势力的基础。要避免大隋王朝重蹈短暂覆亡的悲剧，必须要让天下子民实现耕者有其田。"

杨坚派一些有才能的干吏前往豪族聚集之地勘察土地，以期为天下做个榜样，以便让均田令顺利实施。然而均田的推行并不顺利，要不就是有些州的豪门贵族拒不交出多余的土地；要不就是虽然有人交出了土地，百姓却不愿意领受。杨坚明白其中的原委，他决定找几个硬骨头，杀一儆百。恰在这时，大都督崔长仁一怒之下打死了前来勘量自家土地的官吏，此人可来头不小，他可是皇后独孤伽罗的表兄，杨坚也想拿他杀一儆百，可顾及伽罗的感受，还是想网开一面。可是伽罗知道后告诉杨坚，若是网开一面就无法收场，均田只能以失败告终，国家之事，不可徇私。杨坚最终下诏处死崔长仁。这下子豪门贵族可都慌了，虽然暗地里怨声载道，可是谁也不敢公开反对了，被迫交出大量的土地。杨坚随即下诏对大隋进行大规模的检括人口，检查后有不实者，三长要处以流放的处罚，严重者州县长吏也要革职查办。

由于制定了严厉的措施，百姓们纷纷脱离大族门下，共检括出一百六十多万隐匿的户籍，同时根据高颎的建议，依据每户财资情况对于租税做出缴纳标准，从轻定额，写成定簿，地方官吏不得随意加税，否则严惩。这样朝廷就弄清了户口，掌握了百姓应纳税额。百姓固然不能逃税，但地方官吏也不能随便舞弊，更重要的是所定赋税比起世家大族的剥削要轻了许多，一来打击了豪强贵族的经济来源，二来让更多的百姓摆脱了对世家大族的依赖和附属。杨坚的这番举措可谓釜底抽薪，令国家户口大大增加。

为了巩固和增加户口，苏威奏疏杨坚说山东地区多技巧、商贩和乐户之家，造成百姓脱离乡村，游食于城市，是滋生动乱的根源，奏请在中原推行三长制，进一步加强对山东地区的管制。

"臣认为临街店舍，乃求利之徒，不符合大隋励行耕战、鼓励农本的国策，应该下诏将临街店舍加以拆除，断绝他们追逐利润的生计，遣散回乡务农。"杨坚听后有些犹豫，召李德林商议，李德林闻讯后却大为惊愕，劝谏杨坚放弃这一做法。

"如今关中地区秩序井然，盗贼不起，百姓勤劳顺从，然而山东地区却对朝廷大有成见，从尉迟炯叛乱便能看出齐国旧民对朝廷的认可度还是不高。"杨坚说。

"陛下，中原地区物阜民丰，商业发达，这也是齐国富庶的原因。陛下可以对商业加以规范，严格管控，若是强行拆除，无异于本末倒置。"

"为了大隋的长治久安，朕只能痛下决心让百姓安心务农。"

"陛下若为了大隋的长计远虑就不应该这么粗暴地对待经商之人，历来暴乱者从来不是他们。"

"放肆！暴乱者不是他们，他们却是制造者，朕提倡节俭，他们却倒腾稀奇珍玩，令达官贵人趋之若鹜，另外他们囤积粮食，上次关中灾荒，朕就听说中原的商人大发横财，也该整治他们了。"

自从突厥内乱后，杨坚在内政上更多依赖高颎和苏威，对于李德林，他欣赏李德林的智谋却也忌惮他的深不可测。李德林看到杨坚实施的这些政策似乎也颇为失望，特别是苏威不久又向杨坚奏疏要把农民挨家挨户剩余的粮食登记造册，作成"余粮簿"，全面掌控百姓的经济状况，若是发生灾荒，朝廷粮库备用不足可以征调农民余粮。这正合杨坚心意，于是付诸实施，而李德林却认为这是苛粹扰民之举，不利于调动百姓生产积极性，如果这样做，试问百姓们还会勤劳耕作吗？将百姓从世家大族手里解放出来，却又将百姓推向另一个火坑之中。杨坚见李德林公开否定他的政策颇为不满，恰在这时，李德林提出辞病归养，他毫不犹豫地同意了。

元谐和王谊等人也被迫交出一部分土地，对杨坚更加怨恨。

"杨坚是真的丧心病狂了，不但冷落了我们，还要断绝我们子孙后代的后路，实在让我们彻底寒了心。虽说我和皇上是儿女亲家，可是我也实在不能容忍他这般对待我们。"王谊说道。

"尉迟炯发动叛乱我们坚决支持了他，突厥入侵时，老夫为他出生入死打退了吐谷浑的入侵，想不到他居然会恩将仇报！"元谐说道，"如今那个酷吏荣毗正在华州逼迫我们交出多余的土地，弘农杨氏杨素已经做出了榜样，看来我们离被宰割的时候也不远了。"

"现在我们在这里发牢骚难道就能让杨坚回心转意了吗？这样下去只会让他变本加厉的对待我们，与其这般任人宰割，倒不如来个鱼死网破。"刘昉咬牙切齿地说道，"两位老将军，你们如今虽然被勒令闲职在家，可是两位都是朝中元老，在军队中也是颇有威望，现在军中一些将领肯定对杨坚也是大为不满，只要你们振臂一呼，鹿死谁手，孰未可知。"

两人在犹豫中答应了下来，开始暗中频繁地与军队故旧往来。在刘昉的穿针引线下，卢贲、宇文忻开始和他们走在了一起，刘昉开始与突厥秘密往来。

突厥可汗沙钵略处境却越来越艰难，归附阿波可汗的部落越来越多，阿波可汗又联合了契丹、鞋鞨等民族，和达头可汗联合向沙钵略发起了进攻，沙钵略很可能陷入被围歼的危险处境。长孙晟急忙奏请杨坚允许沙钵略率军寄居白道川，并且派兵支援沙钵略。杨坚不愿意看到阿波可汗势力膨胀，统一突厥，于是令晋王杨广出兵支援沙钵略。

沙钵略在大隋的支援之下才勉强抵抗住了阿波可汗的攻势。他万万没有想到会落得如此惨败和众叛亲离。想起几年前，他正是从这里发动对大隋的进攻，如今却要依仗大隋援助，他一生勇武，叱咤风云，怎会受得了这般屈辱？他在悲愤郁闷交加中终于病倒了。无论千金公主怎么呵护和精心照料，病情始终不见好转，伴随凛冽的寒风沙钵略走到了生命的尽头。

"可贺敦，原谅我，我不能为你报仇雪恨了。"

"你要好起来，只要你能好起来，我就不要再报仇了，可汗，我不能失去你啊！"千金公主痛哭流涕。

沙钵略惨淡地笑了起来："我毕竟是突厥可汗，草原之王，落得今天这般下场上愧对先祖，下对不住忠于我的部落。强大的突厥竟然毁在我的手里。"

沙钵略望着哭诉着的千金公主，轻轻地擦拭着千金公主脸上的泪水。他从来不曾想到他这个杀人无数的草原之王竟会如此被眼前这个柔弱女子的容貌和魅力所吸引，以至于深深地爱上了她。

"可贺敦，后悔嫁给我吗？"沙钵略轻声问道。

"可汗，我的父母兄弟在长安被杀害，家破人亡。我是怀着国恨家仇来到大草原的。我是希望借助突厥大军重新复辟大周王朝。可汗，现在我是真的爱上了你，我一个女子能得到可汗如此垂爱，这是我的福分。只要您的病能够好起来，我现在可以放弃一切仇恨，我向昆仑神为您祈祷，希望您能好转。我不能没有您。"

"有你这番话，我这个突厥可汗也算没有白当，得到过你，拥有过你，我就是死也知足了。你放心，我死后一定会有人帮你继续复仇的，也一定会有人替本可汗好好地照顾你的，你一定要好好地活下去，有朝一日攻入长安，完成你的梦想。"

沙钵略召来在东北抵御契丹的同胞弟弟处罗侯，处罗侯来到的时候，沙钵略已经奄奄一息。

"处罗侯，哥哥是不行了，我要你来继承汗位，你要击败阿波，重新统一突厥部落。"

"哥哥，您还有儿子，他年轻有为，按理应该让他继承汗位，我会全力支持他的。"处罗侯推辞道。

"如今突厥汗国已经分裂，雍虞闾还难以担当重任。突厥汗国称雄草原数百年，令中原王朝闻风丧胆，如今突厥汗国在为兄的手里分裂了，所以你一定要替我把突厥汗国重新统一，否则我就是死了，也无颜复见突厥先祖。"沙钵略哽咽道。

这时雍虞闾走了过来，跪在地上："儿子不孝，不能完成您的统一大业，但是一定会衷心拥护叔父。"雍虞闾接着转向处罗侯，"叔父，父王的昭命，您就答应吧。"

处罗侯这时才点头应允。沙钵略挥手示意雍虞闾退下后便向处罗侯说道："我走后还有一件事放心不下。可贺敦她现在是大哥唯一的牵挂了，我走后，你要好好待她，不要冷落了她。她也是个苦命的女人，你统一突厥之后一定要帮她报仇雪恨！"

处罗侯道："其实杨坚分裂了我们突厥汗国，即使不为可贺敦复仇，我也要将此人千刀万剐，一雪前耻。"

沙钵略没有熬过这个冬天，含恨离开人世。千金公主悲痛欲绝，她对复仇绝望了。

处罗侯继承了汗位，按突厥习俗，千金公主要嫁给处罗侯。

杨坚接到了沙钵略病逝的消息，同时处罗侯请求得到隋朝册封，他派遣长孙晟赶赴突厥，册立处罗侯为莫何可汗，并且赐以鼓吹和幡旗。

长孙晟再次来到了突厥王庭，莫何可汗拜受诏书后，望着大隋赐予的鼓吹和幡旗，似笑非笑，向长孙晟意味深长地说道："长孙使者，您携带了这么大的重礼来到突厥，中原是礼仪之邦，讲究礼尚往来，你暂且在这里多待一些时日，本可汗要献一份大礼给大隋天子。"

长孙晟本就打算借机多待一些时日，以探望千金公主，便一口应承了下来。千金公主显然经过精心的打扮，脸上仍旧洋溢着笑容，但长孙晟察觉千金公主在笑容的背后仍掩藏不住那不可言喻的忧伤。如今再嫁莫何可汗，命运也算悲苦，他也不知如何安慰她，两人竟无言以对。最后长孙晟无奈地摇摇头，长叹一声转身离开。

令长孙晟不明所以的是次日莫何可汗不知去向。他来到了千金公主的营帐。没过几日，长孙晟看到了让他难以置信的一幕，那就是莫何可汗竟然擒获了阿波可汗。原来莫何携带大隋赐予的旗鼓前往阿波可汗处，趁机擒获阿波，事后诈称是奉大隋之命擒拿阿波可汗，阿波的部族一时惊慌失措却也不敢轻举妄动与隋朝反目。

莫何可汗望着尚在错愕中的长孙晟，得意地笑了："长孙使者，前些日子我说过，要献给大隋一件大礼，就是他！本可汗已经写了份国书，呈送给大隋天子，请示怎么处置这个阿波可汗。"莫何可汗望着阿波可汗道。

长孙晟望着莫何可汗得意忘形的笑容，感到一阵后怕，此人心机颇重，而又如此有谋略，大隋即将迎来一个强大的敌人。

杨坚得到消息后也是惊愕无语。他隐约地感觉到这个莫何可汗是个比沙钵略还要厉害的角色。如何处置阿波可汗，这可是莫何可汗给他下的套。阿波可汗来到长安已经成为俘虏，断然是不能回去继续统率突厥了。所以阿波可汗对他来说也没有实际的作用了。

然而元谐和王谊暗中串联了许多朝臣奏议要求处死阿波可汗，以惩戒突厥，再趁突厥内乱一举消灭突厥。其实这是他们的阴谋，杀了阿波可汗，突厥与大隋必然会烽烟再起，到时他们会伺机而动。好在杨坚最后拒绝了他们的奏议，把阿波可汗交还给突厥，他知道大隋的兵力目前还是无法统治漠北草原的。

"这个莫何可汗的确是厉害的角色。朕也知道合纵连横只能保大隋一时的平安，最主要的还是要国家富强，军队强盛。暂且忍耐，待大隋兵强马壮之时，再与突厥鏖战草原，扬威大漠。那时就让他们知道，敢犯大隋天威者，虽远必诛！"杨坚铿锵有力地对群臣说道。

千金公主万万没有想到莫何可汗有如此的谋略，转眼之间便擒获了阿波可汗，她似乎又看到了自己复辟大周的希望。千金公主对莫何可汗刮目相看，百般体贴，又使出万般柔情伺候莫何可汗，莫何感到无比快意。

"既然擒获了阿波可汗，可汗又何必请示大隋？"

"杨坚根本就做不了本可汗的主，但我就是要看看杨坚怎么处置这件事。若是杨坚杀了阿波可汗，本可汗正好可以借为阿波可汗复仇之机统一突厥汗国。另外周边的民族部落如契丹、靺鞨以及吐谷浑等等都会重新归附我突厥汗国，突厥便会重新崛起，与大隋再一较高下，重壮突厥雄威！"莫何可汗道。

"杨坚此人凶险狡诈，定然不会下诏杀了阿波的。"

"那也无妨，本可汗就把他囚禁起来，不杀他也可显本可汗的仁义，定然会令阿波可汗的部族前来归顺。这样只要打败了达头可汗，我们便可重新统一突厥。杨坚分裂突厥的阴谋就不会得逞。"莫何可汗说道。

莫何可汗望着千金公主："哥哥临终前我答应过他，我会像哥哥那般全力支持你的光复大业，有朝一日杀入长安，报仇雪恨！"

千金公主再一次看到了复仇的希望。

杨坚不久收到了宇文恺的奏疏，说广通渠已经开凿完毕。杨坚率领群臣来到了广通渠的源头——咸阳。极目远眺，眼前豁然开朗，一条又宽又大的河流呈现在杨坚面前，在天色朦胧中一眼望不到边际。在霞光的照射下晶莹、光亮，犹如一条金色的绸带飘向遥远的东方，与天相接，浑然一体。

为了奖赏宇文恺的功劳，杨坚加封其为工部尚书，下诏大赦天下，凡是开凿广通渠的百姓免除三年赋税和徭役，在开凿沟渠中遇难的百姓由朝廷酌情抚恤，其家人终生免除徭役。

与此同时，陕州的广通仓和华州的常平仓都已建成，这样从中原运粮到长安便快捷多了。为了避免关中再发灾荒，他令各州郡招募运夫，凡是能从洛阳运米四十石到常平仓和广通仓的，就可免除征戍。

杨坚没有杀死阿波可汗，刘昉一伙人又一次失算了。他们也感到了绝望，一怒之下决定铤而走险反叛朝廷，因为随着时间的流逝，杨坚的帝位只会越来越巩固，他们更加没有机会。他们商议由元谐、王谊坐镇京师，梁士彦、宇文忻在外统兵，联络其旧部伺机反叛。

恰巧梁士彦的外甥裴通正在其府邸，无意间听得他们的这番密谋，当即吓得魂飞魄散，但也未敢声张。

不久，宇文恺奏疏请求任命哥哥宇文忻为晋州刺史，杨坚不假思索地答应了。梁士彦也奏疏请求外出赴任，杨坚令其为蒲州刺史。接到任命后他们欣喜如狂，很快令亲信薛摩儿和裴石达为长史，先行赶赴晋州和蒲州。

裴通看到他们已经付诸行动，更加慌张。他思量再三还是觉得他们现在起兵无异于引火烧身，终究不能成事，还会累及九族之人。想到这里，裴通深夜跑到皇宫，将刘昉等人的密谋如实告诉了杨坚。

杨坚听后大为惊恐，但镇定下来之后让裴通严守秘密，决不能打草惊蛇。深夜，他立刻派人前往晋州和蒲州秘密拘捕了薛摩儿和裴石达，两人见阴谋泄露，便将宇文忻和梁士彦等人的阴谋和盘托出。

杨坚知道他们的反叛事实后大为震惊，这些人都在平定叛乱的时候立有大功，且都是武川元勋，起初杨坚并不想将事情闹大，他前去探望王谊。

"为什么要背叛朕？"杨坚的眼神满是失望。

谁知王谊轻轻一笑，不以为然地说道："背叛？我们对陛下忠心耿耿，帮陛下夺得了天下，而陛下是怎么对待我们的？陛下说过共享富贵，只不过是一句空话。你的所作所为已经完全将我们抛弃了。"

"朕没有抛弃你们，给了你们荣华富贵，你们的子孙才能出众者也酌情重用，难道你们还不满足？"

"陛下，裁撤州郡，让我们的故吏和部将走投无路，如今又搞均田，取消封赏功臣的田地，你这是把我们逼上绝路。我们一再地容忍和退让，换来的竟然是你加倍的报复！"

"你糊涂！"杨坚推倒了王谊，"你以为天下就是朕一个人的，是武川军人的吗？不是。天下分裂了三百多年，朕不想看到天下再继续分裂下去，要施仁政，兴王道！"

"我不懂这些！什么江山社稷，历朝历代有你这么对待功臣的吗？你冷落我们也就罢了，居然还拿走我们的土地和封赏，你成就了天下却要辜负我们，我就是拼了性命也要捍卫我们应得的。"

介于王谊的特殊身份，杨坚下令软禁王谊于府邸，无诏令不得出入。刘昉在狱中得知裴通只知道梁士彦、宇文忻、王谊三人。于是他告发还有元谐、郑译和卢贲，又诬陷李穆家族、于谨家族和韦氏家族等关中豪族也都参与密谋。杨坚吓得心惊肉跳，一怒之下将刘昉交代的所有的人全都逮捕下狱，一时间震惊长安。

恰在这时，王谊自杀身亡，王谊的旧部得知后起兵叛乱，虽然很快被镇压下去了，也让杨坚意识到了自己的失误。他让高颎缜密地调查，彻底查清谋乱的主谋和参与者后，释放了那些无辜的关陇豪族，并且亲自去府邸慰问，以消除他们心中的恐惧。

回到宫中，杨坚气恼不已。

"想不到那么多人都背叛朕，卢贲跟了朕十几年，王谊是朕的亲家，刘昉和郑译是朕的同窗，他们都是朕的至亲。难道朕真的无情无义吗？"

"陛下要让大隋长治久安，必然要有所牺牲。为天下谋福祉，必然会触犯官僚利益。如果不触犯他们的利益，自然会得到他们的拥护，但是百姓依然得不到土地，不能安居乐业，依然要依附在世家大族身上，那么大隋王朝就不会长久。"

"除旧立新，说起来容易做起来难，必然会得罪百官，朕想到这一点了，也知道会有人反对，只是没有想到首先会是他们这些人反对。"

"那陛下怎么处置他们呢？"

"或许王谊说得对，朕的一些措施的确让豪门贵族怨声载道。现在若是从重处罚只能让他们更加怨恨。对于其他人等不加追究，但是刘昉、宇文忻和梁士彦这三人必须要处死，刘昉居然勾结突厥，若不是苍天佑护，他几乎就要得手了。梁士彦和宇文忻是朝中将领，朕不会纵容军队的叛乱，但不会罪及家人。"

不久，杨坚下诏处死了刘昉、梁士彦和宇文忻，将三人家财全部没收，奖赏给有功将士。同时为了安抚豪族贵族，他下诏"身死王事者，子不退田；品官年老不减地"。

因为宇文忻是宇文恺的哥哥，宇文恺也上表请罪，杨坚已经查明宇文恺与其毫无牵涉，对他仍委以重任，让他前往扬州主持修建山阳渎，以便平陈之用。

没过多久，长孙晟奏疏：莫何可汗在攻打契丹的战争中，中箭身亡了。杨坚想不到一个强大的对手就这样离开了，苦闷的心情一扫而散。很快，突厥苏尼部万余人投降大隋，杨坚诏令长孙晟选址妥善安置。隋朝在东北边境击败了高宝宁之后，契丹国主也派使者向大隋请降，杨坚便册封契丹国主为大将军。这几年的纵横捭阖终于赢得了战略转折。杨坚知道东北还有个强劲的敌人就是高句丽，但解决高句丽时机尚不成熟。

杨坚此时将目光投向了江南，此时距离第一次讨伐江南已经过去七年了，但他一刻也没有忘记收复江南。

第九章
平定陈国

不待陈叔宝发作，袁宪跪拜在地，痛哭流涕："陛下，隋军已经攻克了江州，我们在长江中上游的军队已经被截断，无法救援京师。现在大隋的五十万军队对建康虎视眈眈，若不早作准备，亡国在即。"

陈叔宝听后内心大恐。他惊惧地望着袁宪，急召群臣商议对策。他罕见地怒斥了施文庆等人，手足无措地询问御敌之策。

博采众谋

开皇七年(587年),梁国皇帝萧岿病逝,其子萧琮继位。杨坚担心萧琮年少,怕他与陈朝结好,召高颎商议对策。

"根据密报,萧琮的叔父萧岩和萧献都是亲陈派,一直主张与陈国结好,联合对抗大隋。他们在萧岿主政时受到压制。如今他们一个是朝廷的太傅,一个是荆州刺史,掌握了军政大权。他们不甘心附属于大隋,企图光复梁国。朕担心萧琮会被利用。"

"以梁国的兵力,不足以与大隋对抗,若是他们胆敢反抗,这正好给了我们平灭梁国的理由,结束这种附属关系,让梁国真正纳入大隋的版图当中。"高颎道。

"萧岿主政时一直对大隋友好,尉迟炯叛乱时没有趁火打劫,反而资助了朕大量的粮草,朕感念恩德,所以对于收复梁国一直颇为犹豫。另外之所以不急于将梁国纳入大隋版图,也是为了给吐谷浑、契丹、靺鞨、高句丽等国家做姿态,让他们知道大隋不会欺凌弱小,进而认可尊重大隋。但如今萧岿病逝,也是解决梁国问题的一个时机。"

高颎这才明白杨坚的用心:"陛下高瞻远瞩,不如趁机让江陵成为平定江南的前沿阵地。"

杨坚决定先遣使前往江陵吊唁,然后再相机行事,他写了一封国书给萧琮,告诫他安心守国。其实萧岿临终前告诉萧琮要与大隋结交,勿生二心以保全国体。萧琮自然诚惶诚恐地向杨坚表忠心。

然而不多久,杨坚收到一个令他震惊的消息,萧琮为了表示对隋朝的忠心,派兵攻打陈国的公安县，可是大将军许世武却秘密与陈朝的南荆州刺史陈惠纪联络，企图里应外合逼迫萧琮归附陈朝。好在阴谋泄露没有成功。

杨坚本想诏令萧琮将许世武送到长安，可是萧琮却将他杀了。原来许世武乃是萧琮的幕僚，关系亲密，刚刚被任命为大将军。萧琮毕竟年幼，不经世事，慌乱之下在叔父萧岩的蛊惑下杀了许世武，这让杨坚更加疑心。杨坚提前调动军队，包围江陵，以防意外。他思前忖后，决定要彻底解决梁国问题。

一日，杨坚和高颎正在商讨兵围江陵的军事部署，内侍奏报说李德林求见。自从李德林辞官归养后，一些军国大事杨坚不再让他参与。

高颎道："李大人应该是为梁国之事而来，皇上不如召见他，看他有何良策？"

杨坚听后同意了。

李德林进入大殿，高颎将收复江陵的谋略向他道来。

"臣认为与其让他们无处可逃，不如让他们逃之夭夭，这样对大隋更有利。"李德林听后道。

杨坚和高颎都疑惑地望着李德林。

"他们必然会与陈朝联络，不如让他们逃离，若把他们强行留在江陵，还要时刻提防着他们。他们离开后，江陵就无后顾之忧了。"李德林道。

高颎恍然大悟："这是要陷陈国于不义，为平定江南寻找理由，若是陈国接纳了梁国的投降，到时候便师出有名了。"

"将欲取之，必先予之，爱卿给了朕一个先声夺人的计策！"杨坚也佩服李德林的谋略。他明白平定陈国非李德林参与方万无一失，他本想过段时间让李德林官复原职，但他并不知道此时李德林已经病入膏肓。

杨坚待军队秘密集结完毕后断然下诏令萧琮入朝。梁国君臣接到诏令大为惊慌，这才知道结交陈国闯下了大祸。萧岩和萧献等人趁机劝说萧琮投降陈朝共同对抗大隋。萧琮虽然年少，却始终铭记着其父临终前的遗训，权衡利弊之后决定前往长安，既然大隋对于陈国志在必得，现在前往长安必能保住荣华富贵，因为梁国已经与隋朝结为姻亲，必会得到善待，与大隋对抗是没有好下场的。

任凭萧岩等人怎么劝说，萧琮始终坚持前往长安，不为所动，但萧岩和萧献等人不甘心归附大隋，他们再次与陈惠纪联络，请求率军掩护江陵军民渡江南下归附陈朝。陈惠纪率军开进了江陵城，陈惠纪感到奇怪的是沿途并没有受到隋军的袭击，他深知陈军的实力不足以保卫江陵，便挟持江陵城文武官员和百姓十万余人南奔建康。

陈惠纪顺利渡江后，杨坚趁机下诏废除梁国，以崔弘度为江陵总管，率军进驻江陵，将梁国彻底纳入大隋的版图。因为担心变故，他派高颎前去安抚江陵百姓。

对于群臣要求讨伐陈国的声音，他暂时不置可否。有了七年前讨伐失败的教训，他这次变得小心翼翼，毕竟，那次差点让大隋陷入万劫不复之地。

高颎在江陵安抚百姓，待局势安稳下来后返回了长安。他向杨坚详细讲述了江陵的形势。

"如今江陵人心安稳，臣敢担保江陵不会再出现动乱。"高颎自信地向杨坚言道。

"有爱卿这句话，朕就放心多了。"

"为国效力为皇上分忧乃是臣的本分。"高颎望着杨坚又道，"这次回长安，臣还为皇上带来了一件东西。"

高颎说罢，两名侍卫抬着一个大坛子来到了大殿。

"这是长江之水，我离开江陵的时候带着它一路颠簸来到了长安。"

杨坚似乎一下子明白了高颎的用意，来到坛前出神地注视着那清澈的水。坛中的水映照着杨坚的倒影，波光粼粼。

杨坚伸手掬起一把水任其从指间滑落："爱卿将水运到长安，是想让朕与天下百姓一起共饮长江水。"

"滚滚长江水，天下众人心。收复江南乃众望所归，还望陛下早做决断。"高颎道。

"朕何尝不知道天下黎民翘首以盼？但平定江南关乎着大隋的生死存亡。当年曹操和前秦皇帝符坚都是率百万雄师讨伐，企图投鞭断流一统江南，结果是灰飞烟灭，中原王朝转眼间四分五裂；北魏朝强盛的时候孝文帝也曾几度饮马长江，可终究只能望江兴叹。讨伐陈国事关重大，我们若是能渡过长江，完成统一大业，那大隋便能建久安之势，成长治之业。否则大隋在一夜之间恐怕也会重蹈前朝之覆辙。"

"江南一战确实关乎着大隋的兴衰荣辱。但天下熙熙，一盈一虚，一治一乱，在于天道民心。南北分裂三百余年，就是等待圣君让其归一，陛下应该怀天下，安天下，成就王霸之业。"

杨坚陷入了沉默之中，接着语气坚定地说道："朕不会因为一江之水而束缚手脚，让天下继续分裂，但前途充满凶险和艰难，必须要做好万全准备。"

半年后，宇文恺奏疏山阳渎改建完毕，这次改建可通方舟巨舫，当然这只是从伐陈的需要出发，暂时来不及改造全部渠道。这已经让杨坚大为满意。

杨坚携高颎等人前往华州省亲，其实这也是变一种形式的秘密祭祀，他要在此对是否伐陈做出最后的决断。

杨坚着一身戎装来到华州。故土依旧，他顿时感觉到了久违的亲切，一切都是那么熟悉。他来到华山脚下，就是在这个地方，在这蓝天白云之下，他和宇文邕立下了光复中原、统一天下的誓言。物换星移，几多风云变幻，而今将要完成他们最后一个愿望——收复江南。

他又来到般若寺，如今的般若寺已经建造得富丽堂皇，走进寺庙，往事一幕幕浮现在自己眼前。他不禁泪眼盈眶，又想起智仙师太，长安一别已有十五载，如今师父身在何方，不得而知。

"师父，没有您就没有朕的今天。若是您在江南，您一定要等着朕，朕亲自接您回家。"杨坚望着佛像暗自祈祷。

夜幕降临，一片阒寂，只有天上的繁星闪烁。

"陛下，臣仰观天文，大隋境内金星与火星交汇，预示大隋国运长祚，而镇星入东井，闪烁摇荡，久之不散，这预示陈国四时失政，还望陛下早日下决心。"庾季才对杨坚说道。

杨坚目不转睛地望着无垠的天空，似乎很想看清这冥冥之中的天意。这等大事他断难凭庾季才一家之言做出决断。他在犹豫难决的时候，想起了李德林，这么重大的决定自然要问询他，杨坚此时有些后悔没有带李德林同行。

"高颎，明日你先起程回京，前往李德林府邸问询对讨伐陈国的看法，朕待几日回京，如果他能够行走，那么我们在途中相见，若是德林因病不能行，朕抵达长安再向其问询方略。"

没有几日，李德林也托着疲惫虚弱的身体赶到了。入夜，天空又下起了鹅毛大雪。夜晚，星光闪烁，洛阳宫殿烛火通明，李德林向杨坚展示了他花费多年心血绘制而成的长江地域图，不仅详细标记了长江沿岸各州郡的地理位置，而且还对长江上中下游水流和水域面积做了标注，杨坚仔细凝神望着这幅图，赞叹不已。

"爱卿真是用心良苦！"

"臣是在陛下绘制的那张地图的基础上略为增加，搜集了有关长江的资料图籍，询问长江州郡的刺史和将军，虽赋闲在家但猜测皇上可能要对江南动武便夜以继日开始绘制地图，终于完成了这幅长江流域图，希望对平定江南有所帮助。"

杨坚凝视地图，道："陈朝的水军纵横长江，无人能敌，加上长江天险几乎成了不可逾越的屏障。晋朝之所以收复江南，前提是收复川蜀。如今我们占据益州，也就拥有了长江上游的有利条件，可对中下游形成压力。我们可从益州、江夏和扬州，对长江全线延绵数千里同时发动攻势，同时牵制陈国的水军使其不能上下互援，突破陈军的长江防线，然后直取陈国首都建康。"

李德林道："陛下高瞻远瞩，在整条长江水面上，蜀江和汉水历来都是兵家必争之地。我们终究会与陈军在江夏和峡口决战。兵贵神速，一定要让陈军猝不及防。"

"我们在上游拥有重兵，若我们从上游顺江而下的话，陈国必然会令水军主力前去增援，那我们在长江下游不会有太大的威胁，可以选择时机横渡长江。如果陈军拥兵不动，保卫京师，那我们便顺江东下，倾巢而出，以百万雄师与陈军在下游决战。"杨坚说道。

"陛下其实心中早有谋略，还望早点决断。江南气数已尽，讨伐理由有三，以大吞小，一也；接纳叛臣萧岩，师出有名，二也；第三个也是最重要的理由，陈国朝政絮乱，贬黜忠良，佞邪当道，人心涣散，乃亡国之兆，这一点陛下应该很清楚了。"

杨坚点头道："高颎已经详细地向朕说了陈国的朝政，朕本来打算用对付突厥的手段离间陈国君臣，但是想不到陈叔宝居然自毁长城。"

"君臣离心，百姓怨载，大隋是替天行道，吊民伐罪，自有苍天佑护，请皇上早下决心，一匡靖难。陛下，长江虽是天堑，但苍天不会佑护一个腐朽的王朝的。"

"朕就是想听听你对讨伐江南的谋略，广谋从众，胸有成竹，朕才敢下定决心讨伐江南。"

杨坚和李德林又通宵达旦推演了对陈国用兵的部署和方略，特别是对于江夏、峡口等长江的军事要塞制定了多种作战策略。

一夜长谈，两人仍意犹未尽。高颎也走了进来。

"和爱卿一番促膝长谈，朕已经心中有数了。"

李德林提出返回长安疗养身体，杨坚当即同意了。

天上仍飘着雪花，杨坚望着李德林的背影叹道："每当有大事的时候才想起他，朕多少有些对不住德林。"

"陛下，臣要告诉你一个消息，李大人恐怕时日不多了。李大人劝我不要告诉陛下，其实太医也无力回天了。这次本来我想让陛下赶赴到长安商议，可是他坚持要来。"

杨坚转过身惊讶地望着高颎："快去！快去替朕送送他！不，朕要亲自去。"杨坚说着就要走下去。

高颎劝住了他："陛下，还是臣去吧。他不想让您分心。"

杨坚望着李德林在大雪纷飞中渐行渐远的身影，他的眼眶湿润了，其实从李德林反对他诛杀宇文皇室的时候起他就对其耿耿于怀，但他正是在李德林的屡屡帮助下渡过难关。如今高颎和苏威等人都身居要职，李德林一直以来仅仅是个内史，虽赋闲在家，却依旧为平定江南而费心劳神。想到这里，杨坚充满了愧疚，他下诏李德林乘坐御驾返回长安。

灭陈

开皇八年（588 年），杨坚终于做出了决断：下诏伐陈。

陈叔宝据手掌之地，恣溪壑之欲，劫夺闾阎，资产俱竭，驱逼内外，劳役弗已；穷奢极欲，俾昼作夜，斩直言之客，灭无罪之家；欺天造恶，祭鬼求恩；盛粉黛而执干戈，曳罗绮而呼警跸，自古昏乱，罕或能比。君子潜逃，小人得志。天灾地孽，物怪人妖。衣冠钳口，道路以目。重以背德违言，摇荡疆场；昼伏夜游，鼠窃狗盗。天之所覆，无非朕臣，每关听览，有怀伤恻。可出师受律，应机诛殄；在斯一举，永清吴越！

　　杨坚令书手日夜赶工，抄写檄文三十万份，潜送江南，四处散发，以期瓦解江南民心，打击士气。

　　陈叔宝君臣吓得如惊弓之鸟，急忙调集重兵沿长江部署防御。

　　其实杨坚也没有冤枉他，檄文所列罪状几乎属实。当年陈叔宝被陈叔陵刺杀未遂大受惊吓，由于创伤未愈，不能理政，由皇太后垂帘听政，政事大小均由长沙王陈叔坚决断。陈叔宝病愈后在幕僚都官尚书孔范、中书舍人施文庆等人蛊惑下将陈叔坚外调任江州刺史，不久将其免职。他坐稳了皇帝宝座后开始大兴土木，先后建起了临春阁、结绮阁和望仙阁，供宠妃张丽华、龚贵妃和孔贵妃居住，轮番与她们寻欢作乐。陈叔宝最为宠幸的就是张丽华，张丽华本为龚贵妃的侍女，在养伤期间，侍奉其左右，陈叔宝被张丽华的容貌所吸引。张丽华生有一头秀发，长七尺，容颜光彩照人，眉目如画，陈叔宝不顾伤势在行宫内临幸了她，张丽华也趁机施展出她的万般柔情，将其迷恋得神魂颠倒。

　　张丽华和孔、龚二贵妃逐渐参与朝政，援引宗族亲戚，为所欲为。朝廷的公卿大臣见三人如此受宠，纷纷投靠依附于她们。孔范为了得到更多的权力，竟不知廉耻地与孔贵妃结拜为兄妹，他善于揣摩陈叔宝的心思，掩饰过错，歌功颂德，很快备受恩宠。施文庆推荐的沈客卿、阳惠朗、徐哲、暨慧景等人都得到了重用。短短几年，在陈叔宝的治下，陈国朝政搞得是乌烟瘴气。太史令章华看到陈叔宝如此荒淫无耻，上书直言劝谏，惹得陈叔宝看后大为恼怒，将章华斩首。朝野上下、江南百姓大失所望。

　　孔范奏疏陈叔宝："朝廷外的将领们是行伍出身，不过是只能抵抗的匹夫罢了，至于深谋远虑，不是他们这些人所能谋划的，不如将他们剥去兵权，任用皇上信任的人，以防有变。"陈叔宝当即同意。

　　就在杨坚积极准备讨伐江南的日子里，陈叔宝却解除了宿将的兵权，对即将面临的生死存亡的战争浑然不觉。直到看到大隋的讨伐诏书方才如梦初醒，然而讨伐檄文发布了大半年，却不见隋军有任何动静。

　　"看来这一次隋军又是虚张声势罢了。"鉴于隋朝每年都会动辄入侵陈国，他认为这次又是隋朝在虚声恫吓。陈叔宝也渐渐从惊骇中安定下来，又开始花天酒地般的生活。张丽华则加紧向陈叔宝吹起枕边风，要求废除太子，立她的皇子为储君。陈叔宝全然不顾群臣的反对，一纸诏书废除太子，改立张丽华的皇子始安王陈深为太子。

与此同时，杨坚君臣紧锣密鼓地为讨伐陈国作最后的详细而周密的准备。在这大半年的时间，杨坚故意讨而不伐，就是迷惑陈国君臣。杨坚会同高颎、虞庆则、贺若弼等朝臣和将军的意见，精心挑选了伐陈主帅和行军主管六十余人，征调了大隋境内的精锐军队共计五十余万人开赴到了长江沿岸各州郡集结，完成了对陈作战的兵力部署。他又集思广益，认真听取了伐陈诸将和朝臣的平陈奏议，制定了更加缜密周全的作战策略。为了使陈军不能互相支援，救援京师建康，杨坚决定开战之时便在长达数千里的长江全线向陈军发起攻势，集中兵力进攻陈国长江中游的宜都郡、江州、鄞州以及下游的吴郡，将陈军分割成三大段，令其顾此失彼，然后再各个击破，合围建康。

十月，杨坚下诏在寿春成立淮南道行台，任命晋王杨广为淮南行台尚书令，离讨伐陈国也就一步之遥了。这么明显的信号，陈叔宝仍然认为这是隋朝玩弄骗人的把戏，更遑论意识到亡国的危险了。他听从了施文庆的奏议，派内臣王瑰和许善心为使者前往长安求和。杨坚看到陈叔宝这般举动，好不气恼，待他们来到长安，下令将其软禁起来。

杨坚听从太史令的建议，在十月二十八日祭祀太庙并举行出征仪式。马上要用兵陈国，杨坚这一夜辗转反侧，难以入睡。

然而，同样的夜晚，面对着星月皎洁的夜空，陈叔宝君臣沉浸在众舞女的翩翩起舞当中，觥筹交错间陈叔宝突然有感而发：

> 丽宇芳林对高阁，新装艳质本倾城；
> 映户凝娇乍不进，出帷含态笑相迎。
> 妖姬脸似花含露，玉树流光照后庭；
> 花开花落不长久，落红满地归寂中！

"陛下，果然是好诗啊！"孔范带头恭维，其他臣子也都啧啧称赞。

陈叔宝扬扬自得："晋朝的谢灵运曾经说过，天下良辰、美景、赏心、乐事，四者难并，如今朕轻而易举就做到了，但愿此景长留，朕与诸位同贺。"

"江南在陛下的治下是一派生机盎然，百姓安居乐业，皇上真乃千古明君啊！"

"好一群祸国殃民的奸佞小人！"正当君臣大吹大擂之时一阵刺耳的声音响起。陈叔宝顿觉刺耳，皱了皱眉头一看，原来是太师傅绰，傅绰走到陈叔宝跟前，诚恳地说道："大陈历尽艰难才得以有今天的地位，当年高祖皇帝平定南方百越，北上诛灭叛逆侯景，世祖皇帝平定了东部的吴越地方，高宗皇帝收复淮南，才开辟千里疆土。今陛下不思先帝创业之艰难，不知畏惧天命，沉溺在宠姬和群小的狎昵之中，老臣宿将弃于草芥而不用，如今大隋大兵压境，国家危亡，陛下，你该醒悟了！"

陈叔宝勃然大怒，当夜将傅绰斩首。

清晨，伴随着旭日东升，杨坚率文武官员祭祀太庙。祭拜后，杨坚走出太庙，文武百官恭敬地跪拜在地。他抬起头，望着冉冉升起的太阳，缓缓地走下台阶。这时一阵恢宏的声音响起："朕秉承天命，讨伐江南，吊民伐罪。任命淮南行省尚书令杨广为第一路行军元帅；秦王杨俊为第二路行军元帅，督率大军驻扎江夏，节制长江中游各路大军；清河公杨素为第三路行军元帅，出兵信州，节制调度长江上游的各路大军；令荆州刺史刘仁恩出江陵，宜阳公王世积出九江道，攻蕲州；庐州总管韩擒虎出兵庐州，襄邑公贺若弼出兵吴州，太平县公史万岁出兵九江……此次共出兵五十一万八千，行军总管九十人，东起沧海，西至巴蜀，全线出击，所有兵力皆受晋王杨广节制，尚书左仆射高颎为晋王元帅府长史，尚书右仆射王韶为司马，军务大小事务皆由高颎和王韶处置调度，不得违令。"

翌日，杨坚身披戎装送大军出潼关。在潼关，隋军举行了隆重的誓师仪式。杨坚目送着威武的三军将士浩浩荡荡地向南而去。他并没有即刻返回长安，而是就近等候第一仗胜利的消息。

贺若弼得到杨坚下诏伐陈的消息后，激动万分。深夜，他策马驰骋来到了长江边畔，面北而拜，泪流满面，在江边祭拜宇文邕。

"先帝，十一年了，今天我们终于用兵江南了，我一定会全力以赴，攻克建康，以告慰你在天之灵。"

平陈战役的第一仗由杨素打响了。在益州誓师之后，杨素率领水军战舰顺流直下，行至流头滩，与陈军的狼尾滩隔江对峙。

一场大战迫在眉睫。狼尾滩，地势险要，水流湍急，强攻的话困难不小。

杨素听从前锋将军李安的建议，派军队沿着南北两岸行进，趁夜袭击陈军大营，然后再派小型战舰水上策应，水陆并进，经过一夜鏖战，全歼敌军。接着，杨素率数千艘战舰冲出三峡，秦王杨俊也趁机率三十名总管，水陆大军十余万进驻江夏，一时间长江上战舰如云，旌旗蔽空，呼声震天。

冲出峡口，拉开讨伐陈国的序幕。杨素与杨俊顺利会师，陈军失去了上游的庇护，必然也会陷入极大的被动。这也鼓舞了下游隋军的士气。杨坚下诏重赏李安，册封为大将军，领郢州刺史，以此为楷模，让众将拼死效力。

然而如此重大的失败，陈叔宝仍然蒙在鼓里，浑然不知。原来长江守将把战败的消息上报给朝廷，执掌朝政的施文庆、孔范等人，害怕武将们趁此建功立业，夺了自己的权势，将奏折全部押下，不向陈叔宝奏报。陈叔宝和嫔妃们仍旧花天酒地，好不快活。

陈国将军樊毅、任忠和萧摩诃屡次要求觐见陈叔宝，都吃了闭门羹。

尚书仆射袁宪大为震惊和恼怒，他想不到施文庆等人居然如此胆大妄为，当即进宫将实情告诉了沉溺在酒色之中的陈叔宝。陈叔宝顿时惊慌失措，将施文庆和孔范等人召进宫中进行责问，但是施文庆等人早有准备，几句花言巧语将陈叔宝哄骗住。陈叔宝也觉得隋军定然不会过江的，没有深究。

大敌当前，陈叔宝却担心湘州刺史晋熙王陈叔文会投敌叛变，当即下诏将陈叔文召回京师。他决定让施文庆出任大都督兼任湘州刺史。施文庆喜出望外，可是却陷入了两难的抉择：一来出任大都督，掌握实权风光无限，可是如今两军对峙，若是兵败就难辞其咎；二是若不在陈叔宝身边，无法掌握朝廷的动静了。施文庆思前想后决定暂行缓兵之计，待在京师静观事变，一时间，偌大的湘州竟然无人坐镇指挥军务。

杨素听闻湘州群龙无首的消息后忍不住大笑："本将军以为免不了要和陈军在长江上有一场你死我活的恶战，想不到陈国竟然如此不争气，看来陈国的气数已尽！"

杨坚知道此事后，下诏令杨素和秦王杨俊合力夹攻，攻克蕲州和江州，让建康彻底陷入孤立无援的境地，为下游杨广渡江做好保障。

陈国将军萧摩诃、任忠、樊毅等人见大敌当前，陈叔宝居然毫无动静，更加忧心忡忡。

"如今隋军已经发起了攻势，大兵压境，难道真的要眼睁睁地看着隋军渡过长江，兵临建康吗？"萧摩诃忧虑地说道。

"如今奸臣当道，极力排斥我们这些将军，我刚刚来到京师便督促离开，难道要我们亲眼看着国家败亡而无能为力？"任忠说道。

"一群奸邪小人，祸国殃民，国家危难之机居然还在争权夺势。"樊毅怒道，"如今大敌当前，湘州居然无人主持军务，我们必须有所准备，否则后悔晚矣。如今的朝廷也只有袁尚书敢于仗义执言了，我们只能再次请求，要他提醒陛下加强京师的防卫。"

当他们前往袁宪府邸的时候，突闻隋军攻克了江州和九江，三人瞠目结舌，内心顿时充满了不祥的预感。袁宪闻讯后当即率三人前往皇宫。

陈叔宝刚刚睡醒，正在龙榻上与张丽华调情嬉戏。袁宪突然怒气冲冲地闯入寝宫之内，着实让陈叔宝恼怒不已。

不待陈叔宝发作，袁宪跪拜在地，痛哭流涕："陛下，隋军已经攻克了江州，我们在长江中上游的军队已经被截断，无法救援京师。现在大隋的五十万军队对建康虎视眈眈，若不早作准备，亡国在即。"

陈叔宝听后内心大恐。他惊惧地望着袁宪，急召群臣商议对策。他罕见地怒斥了施文庆等人，手足无措地询问御敌之策。

"当务之急是要派兵加强长江的防卫，特别是京口和采石这两个要隘。"萧摩诃奏道。

"借助长江天险阻挡隋军，隋军虽然人多势众，但要渡江也不是那么容易的。"任忠接着说道。

施文庆等人仍然害怕武将们建功立业，劝说陈叔宝："如今新年朝会已经逼近，祭天大典也迫在眉睫。我们必须要加强京师的防卫，确保安全。如果调兵出京，那么祭天大典恐怕会兵力缺少。"

袁宪怒视着施文庆，气急败坏地嚷道："如今隋军已经在长江上耀武扬威，对建康虎视眈眈。最紧要的事情便是阻止隋军横渡长江，必须要从京师调兵防卫长江。如果北边无战事，再让军队参加祭天大典又有何不可？"

施文庆等人面面相觑。

陈叔宝正欲答应，施文庆却道："祭天大典乃是国家大事，若是有所不恭，有所不敬，那上天恐怕便不会佑护陈国了。再说建康乃是聚王者气之地。帝王之相在东南，帝王之根在建康，齐国大军曾经三次来攻，大周也曾两次大举进兵，就是大隋八年前不也兵败长江了吗？这次隋军前来难道还能渡过长江？有长江天堑作为我们的屏障，我们又何必要杞人忧天？"

孔范也趁机劝道："长江天堑自古就是南北的阻隔，北军多次来犯都无功而返，今日北方的胡虏之军难道能飞渡长江不成？臣猜测无非是边境的守将想建功立业，胡说军情紧急。不瞒皇上说，如果隋军真的渡过了长江，臣一定驰骋疆场，建功立业。"

施文庆接着道："皇上，孔大人和江大人所言不差。三百年了，北军都无法渡过长江，难道今日就能渡江吗？他们无非是杞人忧天了。"

三人的一席话让陈叔宝对隋军不以为然，没有听从袁宪等人的劝告，没有派兵增守京口和采石。袁宪、萧摩诃、任忠、樊毅四人尽管据理力争可却无济于事。他们陷入了深深的绝望之中。

袁宪走出皇宫，满脸泪痕，昂首望天："难道大陈的气数真的已尽？"

高颎将长江沿线的战事详细奏与杨坚，其实杨坚和高颎都有疑惑，那就是隋军已经兵临长江，而陈国却一点备战的感觉都没有，就连京口和采石这么重要的军事要隘居然丝毫没有增兵的迹象。当杨坚从许善心嘴中得知陈国将相不和的内情后，他几经深思考虑，决心抓住机会，下诏在除夕之夜全线发起进攻，横渡长江。

当夜幕降临长江的时候，江面上风平浪静，似乎是上天刻意的安排。杨广正要下达渡江的命令，但很快雾气弥漫，漫天大雾笼罩着整个长江。

杨广心中大为惊愕："丞相，这是吉是凶啊，要不要暂缓渡江？"

高颎沉思片刻坚定地说道："大雾弥漫虽然增加了我们渡江的难度，但对我们也有好处，这会更好地掩护我们渡江，毕竟数万大军横渡也会引起陈军的警觉。再说今天是最好的机会，陈国已经将主力调至京城，机不可失，失不再来。"

杨广听后便安稳了下来，命令军队仍按计划渡江。大军在黑夜的惊涛骇浪中缓缓驶离。

陈叔宝此时在宫中设宴宴请群臣，沉浸在美酒佳肴、莺歌燕舞之中，就连长江各关隘的守军也都喝得烂醉如泥。

此时贺若弼率军渡过江心，熄灭了所有的灯火，在弥漫的雾气中小心翼翼地前行。

当贺若弼行至离陈军阵营不过几里的时候，陈军大营仍旧毫无动静，他怕是中了陈军的埋伏，不禁有些心惊胆战。少数军队悄悄上岸之后，才发现陈军守将早已瘫倒在一起酣睡了。他命人迅速控制了关隘，同时向对岸放烟花以示渡江成功。高颎见罢命令军队火速渡江。韩擒虎也趁着黑夜偷渡长江占领了采石。

面对长江边畔璀璨的烟花，陈叔宝居然携众臣观看了好一阵子，浑然不觉覆亡的危险就在这绚丽绽放的烟花中。

第二日天还没亮，陈叔宝经过一夜的折腾仍躺在张丽华温香软玉中沉沉大睡。

袁宪不顾一切地闯了进来："陛下，昨夜隋军已经占领了京口和采石，一夜之间，大隋数十万大军悉数渡过了长江，隋军已从东西两面包围了建康。"

陈叔宝顿时吓得浑身发抖。慌乱之下他才任命萧摩诃、任忠和樊毅同为京师统兵都督，但同时任命司马消难、施文庆为监军，又征召京师内所有的僧人、道士和尼姑参与修筑防御工事，诏令各州郡率军救援京师。不过长江中上游皆为隋军所掌控，将陈军分割为数段，根本不能互相救援，岭南也是天遥地远，实际上陈军所能掌控的兵力有限。

除夕之夜，大兴城车水马龙，热闹非凡，但是皇宫却显得很冷清，杨坚简单用过膳之后便独自来到太庙，默默地祈祷。因为他知道在遥远的长江正在进行一场惊天动地的渡江战役。千里之外，长江边畔，千帆竞发，成败在此一举。

几天后，当清晨的一缕阳光照射进大殿的时候，杨坚拖着疲惫的身躯走出大殿。他抬头凝视着冉冉升起的太阳，不多时一阵马蹄声由远及近传来，终于等到了他盼望已久的消息，接过奏折，双手竟有些微微颤抖。好大一会儿才缓缓地打开，须臾，杨坚疲惫的脸上露出了灿烂的笑容，似乎一下子卸掉了千钧重担，望着初升的太阳仰天长叹："好！今年是大隋的祥瑞之年啊，是该好好庆贺一番。大隋军队已经胜利渡江，陈国灭亡指日可待。的确该普天同庆，与民同乐。"很快，他下诏大赦天下。

按照杨坚的军事部署，几日之内，晋王杨广统帅的三十万大军顺利渡过长江。杨广将军队驻扎在建康城对面的桃叶山上，与陈国都城建康隔着秦淮河遥相对应。

在高颎的奏议下，杨坚令贺若弼和韩擒虎为先锋，步步为营，向建康推进。贺若弼攻克了南徐州，活捉刺史黄恪。韩擒虎攻克了南豫州，活捉刺史樊巡。贺若弼遵循高颎的指示，将俘获的士兵全部释放，每人携带十份伐陈诏书，令他们沿途散发，一时间陈军军心涣散，建康城内谣言四起，军民惶惶不可终日。

陈叔宝犹如丧家之犬一般失魂落魄。他望着对岸的隋军心乱如麻却又束手无策。他恐惧到了极点，完全不知所措。他本来想把京师防御全权委托给萧摩诃、任忠等人，但是施文庆等人此时仍然害怕武将们建功立业。他们劝说陈叔宝："陛下平时对这些武将们缺少恩惠，动辄贬谪，在这个危亡时刻，难保他们不会对朝廷有二心，岂能信任他们？"

陈叔宝一时又没有了主意，以至于萧摩诃在贺若弼刚刚占领京口时，请求率军迎战，竟然不予准许。特别是贺若弼率军进攻钟山，萧摩诃再次请求出战，他认为贺若弼孤军深入，立足未稳，出奇制胜，定然能击败隋军，然而陈叔宝却再次拒绝了。直到隋军兵围秦淮河畔，方才后悔不迭。陈叔宝急忙召集任忠、萧摩诃商议决策。

"隋军气势正盛，需避开精锐，为今之计只能坚壁清野，固守京城，京师兵足粮足，固若金汤，隋军不会轻易攻下的。另外沿秦淮河设立栅栏，隋军来攻，不与他们交战，他们也奈何不了。臣愿意领兵一万，战舰三百艘，顺流而下，直接袭击六和，若是打败隋军，也算是在铜墙铁壁中撕开了一个口子。长江中游的数十万援军也会救援建康。"

陈叔宝却连连摇头："这岂不是以卵击石，如今大隋有数十万大军岂能轻易被你打败？"

"出其不意，掩其不备方能克敌制胜。淮南地区的军民皆信服陈国，只要率军前往，他们必然会群起响应。再扬言北上攻打徐州，断绝隋军的归路。只有抱同归于尽之心才能寻得一线生机。"

"任将军所说不无道理，与其坐以待毙倒不如冒险一试。毕竟只是一万名士兵，不足以动摇京师防卫。若是胜利，形势也会发生根本的改变。"

但陈叔宝还是不敢应战，孔范和施文庆等人想尽快赶走隋军，他们认为一万对数十万只能是白白送死，于是他们又怂恿陈叔宝与隋军决战。

任忠和萧摩诃闻之皆大惊失色，苦劝陈叔宝万万不能在此时与隋军决战。

"隋军兵临城下，随时可能进攻京师，久不能决，恐非吉祥之兆，胜负定于一战。"陈叔宝道。

"如今隋军士气正盛，万不能在此时开战。还望皇上能够审时度势，慎重决策，江山存亡在一念之间。"二人劝道。

"战事不宜久拖不决，只能与隋军决一死战，臣当为陛下刻碑于燕然山上，记载战功，名垂青史。"孔范道。

陈叔宝终究还是下令与隋军决战。任忠和萧摩诃无奈地摇头叹息。

萧摩诃怀着悲壮的心情率军出征。谁知在这关键时刻，陈叔宝却做了一件令萧摩诃恨之入骨的事情。原来萧摩诃率军出征，按照惯例，皇帝要征召出征将军家属入宫，宣抚慰问。萧摩诃的妻子刚刚病亡，他新纳了一个小妾，长得秀丽妩媚，身材苗条动人煞是惹人喜爱。陈叔宝见到她顿觉心魂荡漾，难以自持，居然在此时将其诱骗到寝宫奸淫。

陈叔宝在此危亡时刻居然做出这等荒唐之事，萧摩诃是气炸了肺。此时他怎会为陈叔宝拼死效力？

高颍闻言陈军要摆开阵势与隋军决战欣喜若狂。原来高颍这几日也是忧心忡忡，他正担心的是陈军闭不应战。那样的话，隋军半年之内甚至更长时间也不可能轻易攻下建康。所以这几日他绞尽脑汁思考诱敌之策，正当束手无策之际，突闻陈军要与隋军决战，怎不令高颍在愁苦之时大为狂喜？

决战之日，陈叔宝破天荒地拿出了大量的金银财宝犒赏三军。陈国军队按照事先的部署，萧摩诃在北端，鲁广达在南端，中间是任忠、樊毅和孔范统帅的军队，沿秦淮河列阵部署，精锐几乎倾巢出动，延绵二十余里，甚是壮观。

贺若弼站在钟山上看着延绵起伏的陈国军队，不但没有丝毫的畏怯，反而很是热血沸腾，意气风发。他当即率万余名士兵冲下山去与鲁广达部短兵相接，鲁广达自然不甘示弱，率军拼力抵抗，双方互有伤亡，难分胜负，贺若弼看到鲁广达人多势众便率军撤退。

次日贺若弼决定整军再战。一些将士不免担忧："将军，大元帅和丞相可是再三申令只可挫敌锐气，不可拼死厮杀啊。"

"我们就是在与敌军决战，杀出一条血路，直捣建康。"贺若弼道。

"可是……"一些将领仍显得犹豫不决。

"我知道诸位的担忧，怕中了敌军圈套。"贺若弼道，"但是建康城近在咫尺，陈军虽然是人多势众，可是昨天的激战可以看出，他们之间并没有互相支援。时间长了我们就凶多吉少。趁他们立足未稳之时，我们一定能杀出一条血路通往建康，活捉陈国君臣。这样平陈之首功就属于我们！"

"所有的罪过由本将一己承担。"贺若弼振臂一呼，"千秋霸业，在此一举。"

贺若弼昨天攻击鲁广达，见抵抗甚为强烈，决定攻打萧摩诃部。萧摩诃因陈叔宝霸占爱妾，感到莫大耻辱，哪会有心思应战？贺若弼来攻也不披阵迎战，躲在营帐内独自饮酒，任凭外面怎么激烈地厮杀都不出来督战。陈军将士见主帅这般，抵抗了一阵后纷纷溃逃。贺若弼大喜过望，身先士卒带头厮杀，越战越勇，陈军大营被攻克下来，萧摩诃被俘获。其他陈军见萧摩诃部被攻克大为惶恐，各路隋军也趁势发起了进攻。孔范一下子六神无主，吓得浑身发软，不能行走，令人将其抬入京师。任忠见状放弃了抵抗，默默地离开军营。

韩擒虎见两军大战了起来，令副将冲杀过去，自己则做出了一个大胆的决定，趁着黑夜乘船绕道秦淮河直捣京师建康。

杨广和高颎也收到了战报，陈军如此不堪一击，也着实让两人意料不到，都不约而同地想到会不会是个阴谋。杨广对贺若弼在自己的眼皮底下违抗军令恼恨不已，认为贺若弼目中无人，根本不把他这个行军元帅放在眼里。当得知贺若弼一路率军杀向建康时，连高颎都不免有些担忧。

"贺若弼立功心切，这是拿三军将士的性命做赌注，必须要给予严惩，否则上行下效，军威何在？"杨广气愤地说道。

"是非对错来日再议吧。当务之急是要令后续军队赶快支援，现在也不甚了解前方的形势，不如我率一部分兵力赶赴前线然后再做通盘考虑。"

陈叔宝也得到了兵败的消息，心中的希望顿时化为泡影，恐惧之下再召集宠臣商议对策，却一个个都不见了踪影，急得他如热锅的蚂蚁一般。这时听闻任忠驰马挺入京师，急忙亲自迎接。

任忠对陈叔宝和萧摩诃爱妾行苟且之事有所耳闻，暗自嗔怪陈叔宝荒唐昏庸。他见到陈叔宝一脸绝望又有所期待的眼神，心生怜悯，摇头叹息："形势已是如此，精锐尽丧，任忠也是无能为力，陛下好自为之吧。"

"你是忠勇之将，一门忠烈，你不能抛弃朕，抛弃大陈啊。"陈叔宝语气中充满绝望。

"臣现在出城与敌人拼杀，皇上还是趁着战乱马上离开京师吧。长江上游尚有精锐，这样的话陈国还有一丝希望。"

陈叔宝听后慌忙拿出几袋金子交给任忠，让他招募敢死之士护送自己出城，任忠摇头道："现在已经晚了。事不宜迟，您只有乔装成百姓的模样逃出城去。现在纵有万余名敢死之士，又怎么能敌得过数十万隋军？"

贺若弼率军一路向建康奔杀过去，中途也遇到了一些抵抗，减缓了行军速度。然而韩擒虎却是顺流而下，几乎没有遇到任何抵抗，任忠本想从水上逃亡，恰巧遇到了韩擒虎的军队，众人将任忠团团围住。

韩擒虎知道是任忠后拱手道："将军的威名在下早有耳闻，如今陈朝的气数已尽，将军就不要做无畏的抵抗了，在此歇息吧，本将军不会为难你。"

"大厦将倾，独木难支啊。"任忠仰天长叹，"韩将军，老夫就为你引路吧。"

韩擒虎听罢喜出望外。

夜幕降临，韩擒虎率军来到了朱雀门，守城的一看任忠都已经投降，哪还有心思作战？纷纷弃城而逃，韩擒虎很快攻下朱雀门。

陈叔宝得知朱雀门失陷后魂飞胆丧，万万没有想到隋军的攻势会这么迅速。宫中一片大乱，众人也纷纷趁乱逃亡，一派鸡飞狗跳的乱象。

陈叔宝和张丽华等数人乔装打扮成宫奴模样，刚刚走出景阳殿，远远地看到了隋军向宫中奔来。陈叔宝惊吓之余见旁边有口枯井，连滚带爬让侍卫将他和张丽华、孔嫔妃投放了下去。陈叔宝此时还暗暗有些侥幸，以为能逃过这一劫，根本没有想过他还能否从井下出来。

韩擒虎找遍了整个皇宫都没有找到陈叔宝，心里不免惶恐起来，若是让陈叔宝逃跑，那后果不堪设想。惊恐之下他令士兵全力搜索陈叔宝的下落。

几名士兵来到这口枯井前，看到井口处有凌乱的脚印，大生疑窦，向井内窥探，里面黑洞洞的，呼喊了几句也无人应答。有士兵威胁要往下扔石头，这才听到了井内的回声。

韩擒虎得到了陈叔宝的下落，大松了一口气。

贺若弼得知韩擒虎早已攻入皇宫，激动的心情顿时荡然无存，恼怒万分。入城后，他见到韩擒虎如见到仇人一般分外眼红。贺若弼要求韩擒虎将陈叔宝交给他，韩擒虎也不甘示弱，两人差点在皇宫内动起手来，幸好高颎及时赶到，对二人略加安慰，将事态平息下去。

高颎去见陈叔宝。陈叔宝见到高颎竟然趋地跪拜，高颎忍不住摇头叹息，好生劝慰了一番，便让陈叔宝写下诏书，劝告陈国其他州郡放弃抵抗归降隋朝。

入主建康，高颎并不轻松，他严令隋军不得烧杀抢掠，以免发生民变，为此还专门处置了几位以身试法的士兵。与此同时，他写了一份长长的奏疏，连夜快马加鞭送往千里之外的大兴城。

夜幕下的大兴城仍旧是那么庄严肃穆。已经是深夜了，杨坚自从大隋与陈国开战以来，他就没有睡过几次安稳的觉，昼夜在谋划江南之事。

杨坚仰望着星空，灿烂而闪耀。一颗流星从夜空中划过，一匹驿马飞驰进了大兴城。

杨坚很快得到了来自江南的加急奏疏。他轻轻地合上奏折，仍按捺不住激动，长长地舒了一口气。

“大势已定，终于攻破了陈国的都城建康。”

“陛下，真是太不可思议了。这也算是冥冥之中的天意，真是大隋之幸。”伽罗欣喜地说。

“没有惊天动地殊死的搏杀，如入无人之地攻克了建康，避免了生灵涂炭，真的是天助大隋。”杨坚抑制着激动的心情感慨道，“朕真的没有想到，但愿不要再发生什么变故。”杨坚很快下诏，让高颎严令约束将士，安稳民心，迅速招降陈国各州郡。

高颎遵杨坚诏令，令陈叔宝拟劝降诏书劝告各处陈军投降，同时也严令隋军不得虐待和滥杀归顺的陈军，陈叔宝的归降诏书收到了预料中的效果，大部分州郡先后归降了隋军。那些准备救援建康的陈军也纷纷放下了武器。

高涂郡太夫人冼氏在岭南地区有着崇高的威望，被尊称为“圣母”。岭南数郡本来也臣属陈国，如今都听命于冼夫人。杨坚了解情况后，派大柱国韦洸前去安抚招降岭南。冼夫人思虑再三，集族人披麻戴孝痛哭一日，便让孙子冯魂率军迎接韦洸入城。岭南诸郡归顺了大隋，杨坚册封冼夫人为康郡夫人。

一个月后，大隋收复陈国境内州四十，郡一百，县四百。

华夏大地分裂近三百年，终于重新归于一统。这是最值得庆贺的一年。长安的天空一片蔚蓝，阳光普照大地，大地上的人们欢呼雀跃，泪流满面。为了这一天他们期盼了太久，付出了太多。

　　陈国之所以如此迅速地归顺大隋，与杨坚的决策部署和高颎在建康执行的一系列措施也有着莫大的关系。杨广率军入驻建康城，在高颎的奏议下，下令斩杀了在陈国祸国殃民的施文庆、沈客卿、阳慧朗、徐析、暨慧景等五个奸佞，赢得了百姓的拥护。高颎还想斩杀张丽华。杨广也听闻张丽华的美貌，见到她的那一瞬间也被她的美所吸引。怪不得陈叔宝会如此荒淫。他有了想留下她的想法，但是他知道整个陈国对张丽华都恨之入骨。若是不杀张丽华恐怕难以平众怒，身为平陈主帅也不敢贸然留下她，想了好久，他决定请高颎的儿子高德弘劝说高颎留下张丽华。

　　高颎听完儿子的述说后，道："德弘，这可是晋王的意思？"

　　德宏只得点点头。

　　高颎道："古人云，食色，性也。晋王要留下张丽华，或许是起了色心，但张丽华乃是不祥之人，陈国灭亡与她也有莫大的关系。红颜祸水，不能再让她祸害大隋了。"

　　"那该怎么向王爷复命？"德宏又问道。

　　高颎沉吟不语，拿起杨坚所赐宝剑："皇上赐予我这把剑说有先斩后奏之权，我还没有用这把剑杀过任何人。现在就用它来斩杀张丽华以谢江南百姓。当年姜太公蒙面斩杀商纣王的爱妃妲己，老夫就效仿姜太公斩杀张丽华。"

　　高颎并没有贸然行事而是奏请杨坚，很快，杨坚下诏斩杀张丽华，以谢江南百姓，高颎在青溪当众斩杀了张丽华，江南百姓欢呼雀跃。杨广知道无法留住张丽华，心里老大不痛快。

　　贺若弼与韩擒虎再次争起了战功，两人面红耳赤，互不相让，几近拔刀相向，最后吵嚷着来到元帅府请求杨广裁决。杨广本来就气在头上，一怒之下将两人重责二十军杖，关入军牢。

　　杨坚也知道了这件事，埋怨道："阿𪣻做事一向沉稳，如今大兴城的百姓都已经知道贺若弼和韩擒虎是平陈功臣，他这么做，天下定会误解朕。"于是他下诏褒奖了贺若弼和韩擒虎。杨广怒气消了之后，也知道自己的错误，主动向两人致歉。

　　平定了陈国，对于如何安抚和统治陈国，杨坚要群臣奏议。李德林也上了奏疏。

　　苏威认为，对江南的统治应该效仿大隋这几年的改革，裁汰州郡，实行均田，推行乡正制度，焚烧建康皇宫，将其夷为平地，以示对江南的彻底平定。可以说，苏威所言都说到了杨坚的心坎上。相反，李德林则在奏疏中反复向杨坚陈述江南地域的特殊性和复杂性，要暂时保留江南的各项制度，万不可对江南做出操之过急的改革。

其实多数臣子也都建议杨坚将大隋的制度移植到陈国，综合考虑，杨坚决定采用苏威建议，但是李德林仍旧据理力争。

"如今平定了江南，应该趁此机会厉行改革。再说这些措施也被证明了是强国富民的良策，爱卿为何要反对这么做？"

"皇上，臣已经在奏疏上反复陈述了江南的复杂，南北分治已有三百余年，江南无论是生产、生活还是制度文化都与中原隔阂甚深。文化迥然不同，若是强行推行这些政策，恐怕并不能适应江南。若是陛下强力而为之，恐怕会适得其反，必然会产生激烈的矛盾和冲突。"李德林道。

"这是不可避免的。如果保留江南制度，会为动乱埋下隐患，不如进行一番彻底的变革，让江南真正臣服。"

"臣服并不是要靠简单粗暴的变革，高压的统治必然会引起江南上下的怨恨，积怨到一定程度就会有大的爆发。"

"朕知道江南世家大族的势力雄厚，将他们的根基除掉，迁移到大兴城，朕把江南都已经平定了，还有什么可怕的？"

"江南虽然平定了，可若是处置不当，恐怕会牵一发而动全身，也会再起叛乱。"

杨坚听后心里大为不悦，本想大发雷霆，但顾及李德林的病情强忍不发："三军将士浴血奋战，百姓万民日夜祈祷期盼而来的天下一统，你在这个时候竟然下如此定论，让朕真的心寒。"

"祸兮福之所倚，福兮祸之所伏，为了江南能够从心理上真正归顺大隋，万不可在江南推行大规模的变革，当以怀柔为主，要循序渐进，待条件成熟徐而图之。"

杨坚心里恼火，冷冷地注视着李德林。不待李德林再次说话，开口道："你的病情日益严重，待在大兴城每每忧心国事，这样的话恐怕你的病情一时也是难以好转。听说怀州的山水不错，那里也是你的故乡吧，不如就暂且离开京师好好养病吧。"

李德林听罢目光变得迷茫而呆滞，怔怔地望着杨坚。

他走出皇宫大殿，泪水不由自主地涌了出来。他抬头仰望着新生的都城，仍旧是那么巍峨壮观。平定了江南，李德林也是激动万分，深思熟虑之下他写了份奏疏，详细阐述了对江南的方针策略。这才是真正的怀柔江南之策，可如今却被全部否定。显然，大隋上下全都沉浸在平定江南的胜利喜悦当中，全然没有意识到潜在的危险和动乱的隐患。

李德林不由得长叹一声："既然到了这般地步，就应该了无牵挂。满目山河空念远，一切都是万事空。能够在有生之年看到天下一统，也算是人生的一大幸事，不枉来此一生。"

"天佑大隋。"李德林走下最后一个台阶，望着灰蒙蒙的天空说道。

杨坚也站在高处默默地注视着李德林的离去。他望着李德林那有些佝偻而又疲惫的身躯在颤抖中走下台阶，一时也是百感交集。建立大隋，击败突厥入侵，如今又一统江南，李德林是功不可没。现在又将他赶出了京师，对他是否太薄情寡义了？

"好好养病吧，待你痊愈以后，朕再将你召回来。"杨坚默默自语。

待江南各州全部归降以后，杨坚首先下诏废除了淮南行省。晋王杨广和高颎则率军班师回朝。杨坚任命秦王杨俊为扬州总管，镇守广陵，统领江南四十四州诸军事，留司马王韶协助杨俊处理善后事宜，同时调杨素为荆州总管，辅助杨俊控制江南。为了彻底削弱江南豪族，他诏令将陈氏皇族以及江南世家大族一起带至大兴城。

杨坚下诏将建康皇宫夷为平地。毕竟是前朝皇宫，留着它不免会让江南百姓触景伤情，只有焚毁了，让一切都化为尘埃，江南才会彻底归顺于大隋的统治之下。

杨广全然没有了平陈的喜悦，他本来以为杨坚会让他镇守江南，却以少不更事的杨俊代之，自然满腹牢骚，但他也只能率军返回大兴城。

大兴城街道锣鼓喧天，百姓欢呼雀跃，欢迎归来的将士。几日后，杨坚在太庙举行了盛大的献俘典礼。在号角声中，陈叔宝和王公将相二百余人被押进太庙，先由内史令宣诏谴责，再有纳言传旨抚慰。陈叔宝似乎被吓着了，双眼充满恐惧。杨坚望着陈叔宝这般模样，顿时涌出一股前所未有的骄傲和自豪，让昔日的帝王匍匐在自己的脚下，这是他登基称帝以来不曾有过的感觉。他决定要大张旗鼓地欢庆这场胜利，毕竟南北分裂了三百多年，终于在他手中实现了统一。整个大兴城都沸腾了，从广阳门到南郭将士填衢而坐，金银布帛堆满两旁，杨坚举行盛筵，宣诏晋王杨广晋封太尉，赐辂车、乘马、衮冕之服、玄圭、白璧。杨素晋爵为越公，并赏赐二子爵位，高颎晋封齐公。对于立功将士也奖赏优渥。对于贺若弼和韩擒虎争功，杨坚这时似乎明白了贺若弼的用心，或许他是想用这次胜利来告慰宇文邕，杨坚将二人也都晋封上柱国，赏赐巨厚。

"朕现在宣布原陈国境内各州郡，给复十年，十年之内不征徭役。再次大赦天下，普天同庆，万民同贺！"

杨坚再次沉浸在响彻云霄的称颂声中，抬头仰望天空。天，蓝蓝的，白云飘飘。他似乎记得登基称帝的那天，天空也是一片湛蓝。白云苍狗，转眼间九年过去了。九年间，天地已经换了容颜，华夏大地也发生了天翻地覆的变化。

"终究没有辜负苍天所托和黎民的期盼。"杨坚感慨万千。

杨坚对于陈国皇室做了妥善安置以安抚江南民众之心。由于皇族众多，杨坚将他们安置到大隋各州郡，赐予田地，以便他们安然度日。另外，杨坚对于陈国降臣也是亲加甄别，对于袁宪、萧摩诃、任忠授予正四品官职。对于奸邪佞臣，则继续给予惩罚，在建康时高颎和杨广斩杀了张丽华、施文庆、沈客卿、阳慧朗、徐析、暨慧景等人，却让孔范、沈瓘等人漏网，到了大兴城他们的劣迹被揭露。杨坚本想杀了他们，但想到刚刚大赦天下，便将他们流放边地以谢江南。

不久，杨坚废除了淮南道行台，同时下令"以五百家为乡，正一人，百家为里，长一人"，正式在江南推行乡正制度，以此为基础，开始了对江南按照大隋制度进行大刀阔斧的改革。

杨坚想起了李德林，此时有功将士加官晋爵皆大欢喜，唯独少了他，杨坚心里不免有些内疚，于是他赏赐李德林布帛万段。

平定了陈国，朝野内外颂声鹊起，杨广率群臣奏请杨坚前往泰山封禅，希望将此丰功伟绩敬告天地，但是杨坚拒绝了封禅的请求。他何尝不想封禅，但是如今江南刚刚平复，他是想过个三五年，天下真正太平之后再做打算。

封赏过后，晋王杨广前往并州赴任，途中他特意经过怀州探望李德林，并且向李德林说出了他对江南隐患的担忧。

"父皇将大隋的制度全盘复制到江南，本王担心江南人心不服，因为江南的文物制度、民风习俗与大隋截然不同，还有江南的经济和文化已经远远超过了大隋。本王曾劝父皇循序渐进改革江南，吸收江南先进的制度，这样才能长治久安。"

听完杨广的这番话，李德林不由得对他刮目相看。

"现在朝廷上下都沉浸在收复江南的喜悦之中，谁又能意识到潜在的危险呢？晋王小小年纪有如此忧虑，德林佩服。"

"如果江南叛乱，我们岂不是前功尽弃了？"

李德林沉默了一会儿道："晋王，江南不会再次划江分裂。万一到了那一天，若你能镇抚江南，不可一味地军事镇压，当以怀柔之策柔顺江南。尊重江南实际，取长补短，融会贯通，长此以往，江南定会融入大隋，大隋才能建久安之势。"

"父皇让我就任并州，注意突厥的动向，现在的突厥不是大隋的劲敌了吧？"

"晋王万不可抱侥幸心理，一定要打压和抑制突厥崛起。皇上的政策非常正确，分化瓦解，只要突厥分裂就无法对抗大隋。"杨广点点头，李德林皱着眉头又说道，"但是恐怕大隋又要多了一个敌人，那就是高句丽。他们乘中原大乱，占据辽河流域一百多年，皇上要让大隋成为盛世王朝，必然要让高句丽臣服，所以晋王若有时间就多了解一下高句丽吧。"

"父皇降服了突厥，收复了江南，这个高句丽就留给本王来踏平吧。"

李德林望着杨广皱紧了眉头，轻轻摇了摇头。

第十章

走向辉煌

千金公主的死讯传到长安后，杨坚喜不自胜。他登高望远，俯视着落日下的长安城，神情凝重："只有击败突厥才能彻底让他们臣服，大隋和突厥早晚要有一战，而且是一场你死我活的战争。在突厥陷入内乱的时候，我们就暗中积蓄力量吧。"

江南叛乱

　　大隋平定江南后，突厥、吐谷浑和高句丽等周边国家大为惶恐。吐谷浑王吕夸更是惊恐万分，他想起以前种种挑衅大隋的举动，惶惶不可终日，断定大隋必然会报复，在惊吓中弃城而逃，依山势自保，不久在忧惧中死去。其子吕伏继位，派遣使臣前往长安修复与隋朝的关系，西北边境获得安宁。

　　降服吐谷浑，杨坚再次对突厥警惕起来，突厥的势力渐渐强大。杨坚想借机打压突厥，他从缴获的陈国珍宝中挑选了一具屏风派人送给千金公主。

　　千金公主收到杨坚送来的屏风，不禁潸然泪下。她想起了大周覆亡的往事，想起了父母兄弟的惨死，又想到了被迫改为杨姓，认贼作父……心中的仇恨和满腔幽怨都化作晶莹的泪水流淌出来。泪眼模糊中，她在屏风后提笔写道：

　　　　盛衰等朝暮，世道若浮萍；
　　　　荣华实难守，池台终自平。
　　　　富贵今何在，空事写丹青；
　　　　杯酒恒无乐，弦歌讵有声。
　　　　余本皇家子，漂流入虏庭；
　　　　一朝睹成败，怀抱忽纵横。
　　　　古来共如此，非我独申明；
　　　　惟有《明君曲》，偏伤远嫁情。

　　此时，千金公主已经改嫁都蓝可汗，也就是沙钵略的儿子雍虞闾。都蓝可汗听从千金公主的建议，暂时向隋朝示弱，暗中韬光养晦，力量不断强大起来。就在大隋收复江南的时候，都蓝可汗率军向西扩张攻破了高昌国四城，势力再次染指西域。都蓝可汗的野心也渐渐膨胀起来，但都蓝可汗比较软弱，没有主见，大多政事都听从千金公主。

都蓝可汗看到伤心落泪的千金公主，也恼怒大隋对突厥如此轻蔑，居然将亡国屏风送与突厥，这明摆着是挑衅和警告。他一怒之下将于阗玉杖呈给杨坚，那是高昌王权的象征，也是亡国之物，同时也将屏风退回。

都蓝可汗安慰道："可贺敦，本可汗早晚有一天要血洗长安。"

"如今我们的势力虽然有所壮大，但仍旧处在内乱之中。若想对抗大隋，只有联合达头可汗与突利可汗。"

"他们两个一个是本可汗的叔父，一个是本可汗的弟弟，特别是染干，因为汗位，我们竟然反目成仇。都是可恶的大隋在作恶！"

"所以我们必须结束内乱，否则突厥汗国难以振兴，如今大隋统一了江南，假以时日一定会报仇的，现在若不联合起来，那突厥很可能会步汉朝匈奴的后尘。"

"可是他们愿意吗？"都蓝显得犹豫不决。

"对于达头可汗，可汗以前在他麾下效力，只要有足够的诚意，或许能够冰释前嫌，若将高昌四城送给他，便会和解。对于染干可汗，杀父之仇恐怕一时难以消弭。"千金公主也显得十分沉重。

"谁也不会想到我们兄弟二人居然会拼杀到你死我活的地步。"都蓝可汗好像泄了气。

千金公主突然想起她初嫁突厥时染干看到她魂不守舍的模样，突然心生一计。

"我或许能够说服突利可汗与你和好，共同对付大隋。"

都蓝可汗惊愕地看着千金公主，看到她一脸的自信与坚定，仍犹豫地问道："你真的有把握？我们之间不只杀父之仇，还有部族之间的仇怨，和好很难。"

"我也没有十足的把握，但染干可汗并非蛮横不讲理的人。晓之以理，向他陈述突厥汗国现在面临的危机，他应该会认真考虑的。"

都蓝可汗听后默不作声，低头沉思。

"可汗，无论成功与否，我们都要尝试一番，何况并没有什么损失。"

　　都蓝终于点点头："本可汗不放心你一人前往，我会让大军护送你，确保你的安全。"

　　"这样的话看不到可汗的诚意，就让我只身前往吧。相信突利可汗是不会为难我一个女人的。"

　　当安迦遂告诉突利可汗千金公主前来拜访时，突利可汗一脸的惊愕。

　　他皱紧了眉头："她只身一人前来，到底又有何目的？"沉吟片刻他让所有的侍从都退去，然后让千金公主进帐。

　　千金公主走入帐内，一股馥郁芬芳的香气扑面而来。突利可汗不禁怦然心动。千金公主身着靓装，一双千娇百媚的双眼脉脉含情地望着突利可汗。

　　突利可汗的心突突直跳，好大一会儿才安定下来。

　　"公主，十年前，是我把你迎接到了突厥，那时的你妩媚动人。十年了，想不到你还是这么漂亮，还是这么让人心魂荡漾。"

　　"我也想不到十年后可汗会成为草原的霸主。"

　　突利可汗脸色一沉："我这个可汗可是用鲜血和无数突厥勇士的性命换来的。说吧，你来这里到底是想干什么？"

　　千金公主平静地说道："我是来当说客的，为了复兴突厥汗国，都蓝可汗希望能够结束内乱和自相残杀。"

　　突利可汗大笑不止："你难道不知道我们之间的恩怨吗？我的父王被他们杀死。我和都蓝只有你死我活，你说出这样的话，不觉得很幼稚可笑吗？"

　　"冤冤相报何时了，沙钵略和阿波可汗都已经死了，你又何必耿耿于怀？你也应该知道，大隋已经平定了江南，若继续内乱，最后胜利的只能是大隋。大隋兵强马壮之后，肯定会出兵草原，恐怕到时候突厥难以招架。"

　　"你的目的恐怕不是为了突厥汗国吧？"

　　"我的目的是报仇，希望你们联合起来，出兵长安，突厥也可借以壮大，一箭双雕，何乐而不为？你们打杀下去只能是两败俱伤，一蹶不振，还望可汗三思。"

　　突利可汗来到千金公主面前，一股清香袭入鼻中，顿觉难以自持。

　　千金公主并没有说话，缓缓地走入内帐，她褪去了所有的衣衫躺在床榻上，周围仍散发着幽香，如黑夜中绽放的夜来香鲜艳娇嫩。突利可汗顿时血脉偾张。

　　"可汗，我的亲人都被杨坚杀害了，我的痛楚可汗应该感同身受，暂且放下你们兄弟间的恩怨，团结起来，让突厥再次强大，然后出兵攻打大隋，为我报仇雪恨。我就是做牛做马也会报答可汗的恩情。"千金公主说着泪水流淌了出来。

突利可汗望着楚楚动人的千金公主，早就按捺不住，紧紧地搂住了千金公主娇弱动人的身躯，吻着千金公主带着泪痕的脸。

千金公主一脸漠然，心里只想着为家族报仇雪恨。

突利可汗深情地望着她："待我们一起为你报了仇，我和都蓝会势不两立的，那时我不再是为了报仇，而是为了得到你。"突利可汗哈哈大笑，笑声让人震颤。

千金公主带着满足离开了突利可汗的牙帐。风儿吹乱了她的长发，绝望的心再次飘腾起来。她辗转来到草原深处，前来这里探望秘密训练的宇文皇子，望着这些威武而训练有素的将士，她感到了几丝安慰。她在这里暂住一夜，深夜召来随自己前往都蓝王庭的突利可汗的亲信安迦遂。

"安迦遂，听说你是突利可汗最信任的人？"

"回可贺敦，属下从小陪伴突利可汗，一起长大，愿意为可汗赴汤蹈火，死无所怨。"

"好一个忠心的奴仆，我希望你能够劝说突利与都蓝可汗放下恩怨，一致对付大隋。"

"可贺敦，我家可汗不已经答应你了吗，这不还派我前往都蓝王庭讲和？"

"本公主是怕突利可汗反悔，那么我的复仇大计恐怕是难以实现了，所以希望你要劝说突利坚定信心。"

"可贺敦，其实这也是突厥再次崛起的希望，可汗乃是通情达理信守诺言之人，不会言而无信的。"

千金公主回到王庭，都蓝听到突利可汗愿意讲和，惊诧不已，急忙询问缘由。

"其实突利可汗也不想自相残杀了。内乱下去对突厥汗国是有百害而无一利，晓以利害，还是可以打动他的。"千金公主说谎道。

都蓝可汗相信了她的话，道："既然这样，那改天我们兄弟二人在祖宗灵前歃血为盟，和好如初，齐心协力，为恢复强大的突厥汗国而并肩战斗。"

都蓝可汗抚摸着千金公主的脸庞："可贺敦，我知道你的痛苦，突厥沦落到今天的地步也全都拜杨坚那狗贼所赐。若是俘获了他，本可汗就用你们中原最残酷的刑罚凌迟处死他，以报血海深仇！"

大隋使者带着玉杖和屏风离开突厥返回长安。长孙晟得知千金公主的题诗后，大为惶恐。若是杨坚看到一定会痛下杀心，他策马急追，企图索回屏风，无奈使者已经返回长安，他也只能仰天长叹。他隐约地感觉到千金公主凶多吉少。

杨坚看到玉杖和屏风题词勃然大怒，决定要除掉千金公主，以绝后患。

"看来这个千金公主贼心不死，若要让她继续肆意妄为，恐怕大隋又要烽烟四起了。"

"都蓝可汗也是深藏不露，看似懦弱，实际上却是很有心计，他攻破了高昌，大有统一突厥之势，必须阻止他。"高颎说道。

"他们这是对朕的挑衅！忍让、拉拢，并不能让突厥彻底臣服。唯一的办法就是在草原上与他们亮剑对决，让他们知道大隋的军威所在，彻底解决大隋边患，确保长治久安。"

高颎不认同立即出兵突厥，说道："陛下，臣认为突厥之所以出尔反尔，实在是因为千金公主在身边煽风点火，推波助澜。只要杀了千金公主，突厥短时间内也不会对大隋用兵。我们则正好利用这个大好时机休养生息，厉兵秣马。毕竟我们刚刚平定江南，不宜立即对突厥用兵。"

"那就暂且忍耐一时吧，但这个千金公主实在是心腹大患。"杨坚咬牙道，"要让长孙晟想方设法除掉她！"

长孙晟接到杨坚的旨意后，感到一阵悲哀。虽然在他的意料之中，但私下仍然对杨坚感到愤怒。千金公主和杨坚，其实是两个家族、两个王朝的恩怨斗争。他夹在两者中间，感到痛苦而又无奈。

长孙晟决定前往突厥王庭再一次劝说千金公主，希望她幡然醒悟，不要再为报仇做无畏的斗争，也不要对用兵大隋抱什么不切实际的幻想，这样或许还能挽救她的性命。

他见到忧伤的千金公主："公主，如今大隋已经收复了江南，突厥目前只能自保而已，根本无力对抗大隋。"

"我现在活在这个世上受尽屈辱，只有一个目的：报仇。否则到了九泉之下我无颜见我的父母，无颜见列祖列宗！"

"我希望你偃旗息鼓，不要再有复仇的念头了，或许还能保全性命！"

千金公主冷冷地笑了起来："杨坚这狗贼现在终于知道本公主的厉害，要痛下杀心了，可惜这里不是大隋，由不得他肆意妄为！"

"两国若是开战，必将是生灵涂炭。你不能为了报仇而沾满无数将士和百姓的鲜血，让那么多无辜的生命陪葬。"

"够了，长孙晟，你不要在这悲天悯人了！杨坚杀我父兄，向宇文皇室大开杀戒的时候，你怎么不阻止？高祖皇帝与你们情同兄弟，你怎么能容忍杨坚的悖逆行为！他背信弃义，你还在为他辩护，你早晚也有一死，到了九泉之下，你怎么面对高祖皇帝？我敢挑战他，就绝不会退缩，更不会害怕！"千金公主怒道。

长孙晟无言以对，心却揪扯般地疼了起来，怔怔地望着千金公主："这中间有着太多的恩怨是非，这也许是宿命，也许是天意，我无能为力，也不能改变，但是我把你送到了这里，就会尽最大的努力来保护你。"

千金公主顿时软化了下来，望着长孙晟离开牙帐，泪水盈盈："长孙哥哥，我知道复仇渺茫，但是不会放弃一丝希望。即使死了，那也是我的宿命。"

杨坚接到都蓝可汗和突利可汗罢兵和好的消息，不免忧心忡忡。此时的他早已不像十年前大隋立国之初对突厥心存畏惧。作为一位崛起中的大国的皇帝，他不能再容忍突厥对大隋有半点的挑衅。他不顾高颎的劝阻，将杨素从江陵调入京师，由他来率军攻打突厥。

杨坚将作战部署与杨素详细商议后决定次日举行誓师，为大军送行。刚刚送走杨素，皇宫内响起了一阵悠长刺耳的鼓乐声。不大一会儿，一个士兵气喘吁吁地闯了进来："皇上，扬州急奏……"

杨坚顿时神色凝重，打开奏折，刹那间脸色苍白，惊愕地瞪着滚圆的双眼，显然是被震惊了。要不是身边的宦官及时搀扶，他一个趔趄很可能跌倒在地上。

不多久，众臣全部知道了事情的真相：江南叛乱了！

几乎一夜之间，萧岩、萧献攻陷了吴州，兵围建康。江南各地在几天之内迅速响应，杨俊一时措手不及，派出的救兵根本无济于事，几天之内战事席卷了整个江南。

杨坚醒来之后首先想起了李德林，他真是有先见之明。

　　"江南战事来得实在迅猛，我们要火速派兵镇压，但是更要弄清楚这次战祸的根源，然后才能对症下药。"高颎道。

　　杨坚点点头："朕现在不得不佩服他，每一次他都判断得那么准确。当我们分享胜利的时候，他总是能够提前预感到危机。这次祸乱的根源或许他最清楚不过了。传李德林，让他火速进京。"

　　高颎脸色突变，欲言又止。

　　"发生了什么事情？"杨坚的心也揪紧了。

　　高颎犹豫着终于说道："陛下……他刚刚病逝。"

　　高颎这句话如晴天霹雳一般，让本就虚弱的杨坚面如死灰，目光呆滞。

　　"臣也是刚刚接到奏疏，李德林听说江南叛乱后吐血而亡。"

　　杨坚沉默半晌道："朕对不起他，他有什么遗言？"

　　"李内史的仆从说他只有一个遗愿，那就是能够葬在大兴城的终南山下，他说终南山有灵气，生前未能为大隋效劳到最后，死后他的灵魂会缠绕在终南山上，祈福大隋平安无事。"高颎道，"另外这是他给陛下的最后一份奏疏。"

　　杨坚伤心至极："李德林有功于大隋，而朕却有负于李德林，看来今生是无法弥补了。他最后的遗愿，朕岂能不满足他？就让他魂归终南山吧。李德林文韬武略，是天下第一才子，有治世太平之才学，是朕待他刻薄。传旨加封李德林为大柱国，大将军，谥号文，派三千禁军沿途护送灵枢。到了大兴城，朕亲自为他下葬。"杨坚心灰意冷地挥挥手，示意高颎退下。

　　杨坚失魂落魄地回到了寝宫，与伽罗推心置腹。

　　"朕操之过急，酿成江南祸患。若是再处置不当，恐怕会前功尽弃了。"杨坚无力地说，"现在读起李德林的奏疏，可谓一针见血。江南之乱的根源就在于朕太急功近利，根本就没有顾及江南的实际和特殊性。在德林病重时还将他赶出了京师。"杨坚显得愧疚不已。

　　"知错能改，善莫大焉。当务之急是要迅速平定叛乱，李爱卿的在天之灵也会保佑大隋度过这次危机的。"

　　攻打突厥只能暂时搁浅。杨坚令杨素率大军出征江南镇压，并且为他配属崔宏度、史万岁、来护儿等骁勇之将。江南叛乱中，萧岩、萧献的影响力最大，他们不仅拥有数万之众，还是梁国皇族，一呼百应，大有逼近建康之势。杨坚不敢轻视，决定将其全部围歼，以绝后患，特地下诏令右卫大将军宇文述率大军水陆并进，镇压二萧，同时令贺若弼率水军入海，截断他们的逃生之路。宇文述和贺若弼互相配合，几番苦战，平定了二萧的叛乱，生擒二萧，将他们斩首示众，以威慑江南叛乱之众。

杨素向叛军发起了强大的攻势，经过几场恶战，击溃了几支大股叛军，暂时扭转了江南严峻的形势，安稳了军心，但江南叛乱已成燎原之势，从者众多，而且抵抗甚为激烈，隋军只能在吴越之地徘徊推进。岭南的情况更为糟糕，泉州叛贼王国庆围攻泉州，杀死刺史刘弘，占领州城。番禺夷人王仲宣也聚众造反，杨坚裁撤州郡整治乡村的措施严重损害了岭南各部族的利益，所以岭南各地大多响应王仲宣。王仲宣引兵攻打广州城，杀死了广州总管韦洸，一时威震岭南。

强大而凌厉的军事镇压并没有熄灭江南的战火，杨坚忧心如焚。

不久，高颎和王世积先后从江南归来。杨坚并没有让他们俩直接参与平叛，而是让他们前往江南暗中察访江南叛乱的原因。

"臣乔装打扮，深入江南街巷，详细察访，现在基本查明江南叛乱的根源。首先是裁汰州郡，对江南门阀世族的利益打击极大。其次，基本上撤换了江南地方的行政官员，由于平陈的胜利，大隋官吏骄纵蛮横，作威作福，贪赃枉法，激起了众怒，百姓对他们恨之入骨。"高颎接着说道，"江南百姓之所以响应叛乱，也是被逼无奈，平陈后推行的乡正里长制，在江南推行北方的户籍制度，江南百姓善于经商谋业，让他们重新返回乡村，实际上是断了他们的退路。"

杨坚这时又想起李德林生前所谏，慨然长叹："都是朕操之过急，企图用中原的模式改造江南，才酿成了今日祸乱。一味地军事镇压，只能激起江南百姓更强烈的反抗，并非良策。朕也该改弦更张了，否则后患无穷。我们需对江南对症下药，双管齐下才能扑灭江南的战火。晋王曾经是平陈统帅，入驻建康斩杀奸佞，深得江南百姓的拥护，加上晋王妃乃是梁国公主，更加有利于怀柔江南，不妨让晋王增援江南，这样或许会有意料不到的效果。"

当然，王世积也告诉杨坚，他几次寻找智仙均无果而终，杨坚也猜测智仙可能不在人世了，想到这里，他又痛心不已。

杨坚诏令杨广改任扬州总管，调秦王杨俊回任并州总管。晋王杨广得知江南叛乱也是焦急万分，他不想看到亲自平定的江南再次分裂，接到诏令，便马不停蹄地赶赴扬州赴任。

杨广抵达扬州后，一方面仍旧加强军事进攻，镇压一些大的军事叛乱；另一方面则招降纳叛，进行招安，特别是招降岭南冼夫人，对整个战局起到了不可估量的作用。

番禺王仲宣造反，岭南首领大多起而响应，但是冼夫人却支持隋朝。韦洸死后她亲自主持广州大局，派遣孙子冯暄率军支援广州，然而冯暄却支持叛军，故意滞留。冼夫人大怒将冯暄抓了起来，改派另外一个孙子冯盎率军出击攻打叛军，与杨广派来的裴矩会师，共同讨伐王仲宣。杨广奏请杨坚加封冼夫人为谯国夫人，给印章，可任免长史以下官吏，若有紧急，便宜从事，同时令当地部落首领统帅原来的部落，岭南各地见朝廷恢复旧制，自然拥护。王仲宣叛军很快土崩瓦解。

致命一击

就在杨坚全神贯注平定江南叛乱的时候，千金公主也在蠢蠢欲动。因为一个人的到来，让她觉得如虎添翼。此人叫杨钦，在京城混吃混喝，认识了一京城豪门恶少刘居士，他乃是大周驸马彭国公刘昶的儿子。刘昶与杨坚乃是太学同窗，官至庆州总管，左武卫大将军。刘居士自恃豪门，在京城为非作歹，杨钦结识刘居士后也狐假虎威起来，在大街上撒起酒疯，调戏良家妇女，被人告发后寻求刘居士的庇护。无奈他们却遇到了刚正不阿的梁彦光，此人连皇后的表兄都敢法办，刘居士不敢轻易得罪他，只好让杨钦逃出大兴城，暂时躲避一阵子。

杨钦走投无路，来到了突厥，谎称彭国公刘昶与宇文氏准备趁江南叛乱之际合谋造反，特地派他前来联络千金公主，届时请突厥发兵响应，里应外合，共同攻下长安。千金公主报仇心切竟信以为真，鼓动都蓝可汗做好南下的准备。杨钦没有想到竟然骗住了千金公主和都蓝可汗，他想若是能够协助千金公主光复大周，那岂不是成了光复大周的功臣？于是他冒险来到长安，劝说刘居士图谋造反。刘居士听后吓得心惊肉跳，他本不过是纨绔子弟，仗着父亲的功勋在大兴城为非作歹，压根就没有想过要做什么光复大周的事情，但杨钦自有一套法子，滔滔不绝地向刘居士讲起光复大周后的种种诱人的好处，若能协助突厥攻灭大兴城，封王拜相也是可以实现的。刘居士听得不免心动。杨钦趁机劝说刘居士暗中纠集党羽，充当内应。

一日，刘居士和一帮公卿子弟喝得酩酊大醉，刘居士南面而坐，竟然将杨钦告诉他的话当面讲给众人听。一些人听后大为惊愕，有人奏报给了杨坚。听到这件事，杨坚即刻将刘居士抓了起来。一番审讯之下，很快弄清了事情的真相。杨坚也知道刘居士根本不足以成大事，本打算略加惩戒了事。谁知刘昶得知杨坚派人抓了刘居士，顿时大怒，因为刘昶就这一个儿子，平时就宠到天上去了。如今杨坚将刘居士抓进大牢，无异于要了他的性命，他带着怒气和满肚子的抱怨觐见杨坚。

"竖子无礼，何必又与他计较？"

杨坚大为不悦，想不到刘昶又说道："皇上这么做未免有些小题大做。黑白在于至尊，臣认为皇上还是对臣大周驸马的身份过于敏感了，莫不是又要赶尽杀绝？"

杨坚本以为刘昶会谢罪求饶，想不到居然说出这等话来，这的确触动了杨坚的大忌，当即大怒，将刘昶父子赐死。他们就这样做了替死鬼。

杨坚加强边境防卫，如今江南叛乱，突厥趁火打劫也是有可能的，他不给突厥可乘之机。千金公主得知刘昶被杀后，不明真相，大为惋惜。她知道隋朝加强防卫，也不敢轻易出兵，只好作罢，但杨坚对千金公主已经杀机陡升。他派苏威和虞庆则奉命出使突厥，伺机除掉千金公主。他们来到突厥王庭拜谒都蓝可汗，苏威向都蓝可汗提出交出杨钦，遭到了都蓝可汗的拒绝。

长孙晟忧心忡忡，他再次劝说千金公主对隋朝妥协退让。

"公主，你现在的形势十分危险，突厥现在无力与大隋对抗，你这么铤而走险，只会激怒大隋，还会有性命之忧。"

千金公主内心涌出了阵阵感动，但冷漠地应道："我知道杨坚狗贼早已经对我动了杀机。我含垢忍辱，已经忍受了十年。十年来大隋是越来越强大，而突厥却陷入了纷乱之中不能自拔，我复仇的希望越来越渺茫，我不能坐以待毙，早晚是死，不如做最后一次努力，哪怕死得悲壮，也没有遗憾！"

"公主可要万事小心，苏尚书乃是大隋的丞相，他此来恐怕并非善意。"长孙晟见她不罢休，仍旧提醒道。

不久，虞庆则在深夜秘密捕获了前来探望千金公主的安遂迦，并且威胁他这是都蓝可汗的授意，要将他押往长安。

安遂迦大为惊恐，恐慌之下将一切和盘托出。苏威听后计从心生，将密谋告诉了虞庆则。虞庆则犹豫不决，害怕惹怒都蓝可汗。

苏威坚定地说道："机不可失，都蓝可汗容易上当。这是我们杀掉千金公主最后的手段了。即使都蓝可汗杀了我们，只要没有了千金公主，大隋就没有了直接的威胁。"

"这个千金公主的确是厉害的角色啊。"虞庆则想到千金公主便想起大隋立国之初宇文皇室被杀的惨状，内心一阵胆寒。

"不要小看了她，这十多年来，大隋和突厥剑拔弩张，血流成河，都是她从中挑拨的。"

"我们必须杀了千金公主，想想这个女人对大隋的祸害真是不浅，若是不除掉，恐怕不知又有多少将士会死在她的手里。"虞庆则眼露凶光。

苏威突然想到，当年正是虞庆则向杨坚奏议诛杀宇文皇室，他虽然躲进了深山老林没有力谏，但是对虞庆则也素无好感，脸上顿时闪过一丝不愉快。"不是女人可怕，是仇恨！"苏威一语双关。

苏威和虞庆则向都蓝可汗奏请回国。

"本可汗知道你是大隋皇帝的宠臣，就请你回去告诉杨坚，杨坚亡突厥之心不死，可是我们突厥称霸草原数百年，我们才是这草原的霸主。两国交战，不斩来使。要不然本可汗早就将你们剁成肉酱喂养狼群了。"都蓝可汗狂妄自大地说道。

"我们并非有意冒犯，只是有个叫杨钦的犯人逃到突厥，皇上要我等前来带走。"

都蓝可汗自然百般抵赖，顾左右而言他。

苏威与虞庆则对视了一眼，苏威开口道："我们在突厥偶然听到了一些关于大义公主的流言。"

都蓝可汗大笑："你们这些汉人真是可恶，尽会耍阴谋诡计，你以为就凭你们的三言两语就可以挑拨本可汗和可贺敦的关系？也太痴心妄想了。"

苏威请求都蓝可汗屏退侍从，都蓝也想知道千金公主到底做了些什么隐瞒自己的事情。苏威将千金公主勾结突利可汗之事告诉了都蓝可汗。

都蓝可汗听着脸色突变："造谣污蔑，拖出去斩首！本可汗与大隋势不两立！"都蓝可汗怒目圆睁，咬牙切齿地吼道。

"我们若是没有证据，绝不会贸然说出此等侮辱可汗的话，突利可汗的随从安遂迦深夜幽会大义公主被我们捕获。"

苏威说完，两个汉人士兵将安遂迦带进了帐内，安遂迦为保命，将一切和盘托出。

都蓝可汗听得怒火万丈。

苏威见火候已到，继续说道："大义公主为了报仇，可谓无所不用其极，可汗蒙蔽其中，甘愿受其驱使，我说句大不敬的话，万一哪一天大义公主为了报仇，即使杀了可汗，恐怕可汗也是不明缘由。"

都蓝可汗狰狞着面孔，阴森可怕，一双眼睛充满了杀气。

"大义公主心狠手辣，她除了利用可汗报仇，挑拨两国间的仇恨，潜伏在可汗身边实在是祸患，说不定哪一天为了复仇也会谋害可汗。"虞庆则添油加醋地劝道。

"我等奉大隋皇帝之意，特为陛下选了四位中原女子服侍陛下，还望可汗笑纳。"

苏威说完，四位娇滴滴、美艳艳的女子出现在都蓝可汗面前，都蓝可汗痴迷地望着，顿觉难以自持。

"只要杀了大义公主，我朝皇帝说了，这些女人自然少不了。每年还会不断援助布帛和粮食给可汗。"苏威趁机说道。

"千金公主用心叵测，还望可汗三思。"虞庆则道。

都蓝可汗在苏威和虞庆则的蛊惑下果然上当，恼羞成怒："千金公主竟如此羞辱本可汗，让本可汗脸面何在？"

"为了两国的和平，请可汗早日决断！"苏威和虞庆则异口同声道。

"但是她毕竟服侍了突厥的三位可汗，所以我不会把她交给你们带回大隋。就让她自行了断吧。"都蓝可汗此时似乎忘记了千金公主对他乃至对突厥的重要性，他搂着四位美人着实一番逍遥快活。

千金公主也很快得到了消息，瘫坐在地上，这一刻，她万念俱灰，可是却异常平静。对于死，她似乎早已经不在意了。这十多年来为了复仇，一直行尸走肉般地活着。如今将要离去，似乎一下子得到了解脱。只是她还有很多不甘心，想想十多年来付出的一切，都成了一场空幻，一场虚梦。

当得知都蓝可汗诛杀千金公主的消息，长孙晟箭一般地冲了出去。

此时，千金公主刚把毒酒一饮而尽。她看到长孙晟进来，脸上洋溢着笑容："长孙哥哥，你来了，就让我再为你弹奏一次《明君曲》吧，愿这歌声永远伴随着你。"说完，轻轻地拨动琴弦，哀怨的曲子如行云流水般婉转而来，她尽情地弹奏着，似乎回到了十几年前那个鸟语花香的华山丛林中。长孙晟流着泪水默默听着，眼里满是绝望、不舍和依恋。

琴声落时，千金公主应声倒下，长孙晟不顾一切地抱住了她。

"长孙哥哥，在我死后请将我埋在大青山脚下，那里有王昭君的陵墓，有她做伴，或许我不会寂寞！"

长孙晟抱着千金公主离开了突厥王庭，千金公主死前，脸上仍旧挂着醉人的微笑，嘴角上溢着几丝鲜血。长孙晟紧紧搂抱着她，纵马驰骋在孤寂的草原上，远处不时地传来狼嚎的悠远绝唱。

清晨，在王昭君冢对面的山头，立起一座新的坟墓，长孙晟带着悲痛，用一夜的时间安葬了千金公主，一脸的疲倦和忧伤。几只雄鹰在天空中来回盘旋，自由翱翔。

"公主，你被痛苦和仇恨折磨了一辈子，也该解脱了。你不会孤单和寂寞的，我会常来看你的。"长孙晟抬起他那疲倦而憔悴的面孔，仰望着蓝天白云，天依旧是那么的湛蓝，白云飘飘。十二年前，他曾经在这个地方和千金公主纵马驰骋。似乎一转眼的时间，公主已经香消玉殒，人不在，梦破碎，虚幻成空。

千金公主的死讯传到长安后，杨坚喜不自胜。他登高望远，俯视着落日下的长安城，神情凝重："只有击败突厥才能彻底让他们臣服，大隋和突厥早晚要有一战，而且是一场你死我活的战争。在突厥陷入内乱的时候，我们就暗中积蓄力量吧。"

都蓝可汗杀了千金公主后，又在大漠之中杀害了宇文王子，接收了那一万余名处心积虑训练的复仇士兵。都蓝可汗也将安遂迦杀害，将其人头送往突利可汗处。突利可汗勃然大怒，他本来就与都蓝可汗有着切齿的仇恨，一怒之下率军攻打都蓝可汗，都蓝可汗似乎早有准备，大漠草原上再一次狼烟四起。

解决了突厥边患，杨坚现在可以全身心地应付江南叛乱。杨广遵照杨坚诏令，在江南恩威并用，拉拢劝降辅之军事进攻，一时间，风起云涌的叛乱渐渐平息。杨坚也痛定思痛，认识到南北社会存在的巨大差异，不得不承认江南地域的特殊性，做出适当的让步，允许江南在一定程度上保持原有的生产生活方式，开始以怀柔政策为主。他修正以往的高压政策，同时约束和制裁官员的不法行为，认真选拔清官前往江南赴任，缓和百姓对朝廷的矛盾。江南百姓见朝廷改变政策，也渐渐放弃了抵抗，经过一年左右，大规模的叛乱平息了下去。

杨坚下诏任晋王杨广为扬州总管，经略江南，同时为了表彰杨素的功绩，擢升杨素为内史令，与高颎并列。杨素成为大隋朝廷中一个冉冉升起的政治新秀。

第十一章
苍凉晚年

　　晨光熹微，柔和的阳光洒落在杨坚的身上。杨广跪拜在床榻前低头不语。经过一夜的搏杀，他已经控制了仁寿宫。杨坚也知道对于身后事已经无能为力了，成败、对错、生死都已成定局，他闭上双眼，泪水流淌了下来，恍惚迷离中，想起了自己的一生，从战世中出生，在天下太平中离去，而戡平战乱者正是他。快要盖棺定论了，传奇也罢，宿命也罢，一切都要成为过眼云烟。

野心膨胀

　　杀死千金公主，平定江南叛乱，大隋已无内忧外患，杨坚可以全心治理内政。为了断绝军人敛财，他下诏军人垦田籍账皆属州县管辖，加强对军田管理，限制军队特权，同时他撤销了山东、河南以及北方边境十几个军府，继续遣使均田，将田地分给百姓，让利于民。经过两年的勤劳思治，大隋获得了大丰收，不但医治了战争的创伤，而且府库不断地积累。开皇十年（590 年），新年的钟声还在京城缭绕回响，户部上奏杨坚："府库皆满，无所容，积于廊庑。"因府库皆满，杨坚增置左藏院以储藏租调，同时诏减河北、河东三分之一田租，五十岁以上免除徭役。

　　因平陈后而确立的强盛国力也改变着隋朝的外交关系。如今突厥、吐谷浑已不足为惧，只剩下了高句丽。高句丽占据了辽东领土一百多年，杨坚早就有收复之心，若这一带不收复，连恢复汉代的疆域都做不到，还谈什么重置天下秩序？恰在这时，同处一个半岛的百济遣使奉表恭贺隋朝平定陈国，并且愿意充当向导，共同讨伐高句丽。杨坚明白，百济想借他手灭了高句丽，他是不会上当的。再说大隋现在刚刚医治战争创伤，暂时还不宜对高句丽用兵，但他还是给高句丽国王高汤送去了一份措辞严厉的玺书，其中包括高句丽侵扰边疆、恃强凌弱，阻止周边民族与隋朝交往等罪状。高汤读后心惊胆战，他不得不考虑隋朝是否会借助平陈之势大举进军辽东，索取占领的土地。本来身体有恙的高汤，被杨坚这一恫吓，急火攻心之下就去世了。其子高元继位，为了缓和与隋朝的紧张关系，恢复对隋朝的朝贡，奉表谢恩。虽然杨坚知道高句丽退出辽东是不可能的，领土问题还是要靠武力解决，但毕竟迫使高句丽低头了。

此时，杨坚受到群臣赞誉，百姓拥戴，他开始感到内心的满足。短短十年的时间，隋朝在他的治下震慑突厥、吐谷浑等强敌，平定陈国完成统一大业，招来靺鞨、契丹归顺，把一个外受突厥欺凌、内部受豪门贵族压抑、政令不一的国家带上了统一强大的道路。他回首建隋以来的历程，一切都是按照他的设想在进行，真可谓心想事成。他有理由相信，过不了几年，天下大治的梦想终将实现。然而在胜利的喜悦和良好的国家发展形势下，隋朝的政治也发生着微妙的变化，逐渐走向那云诡波谲的政治厮杀中。

杨坚已经五十三岁了，十几年的勤劳思政、如履薄冰，终于有了今日的成就，他也想休息一下了，欣赏他亲手铸就的锦绣河山。开皇十三年（593 年）正月，杨坚亲自祭祀感生帝，以感念苍天对他的眷顾和佑护，之后他来到了距离大兴城不远的岐州，他对这里的山水和环境颇为满意。晋王杨广看出了父皇的心思及时而巧妙地奏请杨坚在此修建一座行宫，以供父皇和母后颐神养寿。杨坚大悦，诏令杨素负责修建，宇文恺为检校将作大匠。

此时的晋王在江南经略数年，在江南他备受尊崇与爱戴，以至于江南士子和百姓只识晋王，他在众人的称颂之中，飘飘然将目光瞄向了大兴城，瞄向了那在他看来遥不可及却又近在咫尺的至尊之位——东宫太子之位。他并不是一时的心血来潮。论功劳，他平息江南叛乱，可谓是大隋的拯救者。他深刻认识到能否治理好江南才真正关乎着大隋的长治久安。他认为一直在大兴城内养尊处优的太子是不会体会到这一点的。想起哥哥，杨广现在不再尊重有加，反而暗生出一股怨恨，只因为他比自己早出生几年，他便能唾手而得令天下人艳羡的皇位。而他为大隋南征北战，立下天大的功劳，最后却只能臣服于杨勇，这是他不甘心的。杨广也明白这其中的艰险，杨勇已经做了十年太子，要让杨坚下令废黜太子谈何容易。杨坚醉心于太平盛世，不会轻易废黜太子，再说杨广现在在朝廷之中并没有可以托付和信任的人。

但杨广下定决心拼搏一把，他暗中联络了宇文述、郭衍等在江南的将领，又将谋臣张衡调到身边，几番谋划，终于做好了阴谋夺嫡的准备。宇文述暗中窃喜，他终于等到了报复的机会，他要让杨坚尝尝家破人亡的滋味。

其实，杨广也做好了万一失败的准备，他令宇文述和郭衍在江南大修甲仗，阴养士卒，要是不能如愿得到太子之位，就武装起事，割据江南，原来陈国的领地几乎都在杨广的控制之下。

不久，杨坚接到长孙晟关于突厥的奏报，原来都蓝可汗杀了安遂迦和千金公主后，突利可汗开始了疯狂的报复。大漠草原顿时狼烟四起。长孙晟向杨坚奏议趁机中断对都蓝的援助，暗中支持突利可汗。杨坚决定再给突厥添一把火，让突厥内乱无休止地燃烧下去。考虑再三，他决定将安义公主嫁给突利可汗，同时允许突利率部落南迁至度斤旧镇，依傍长城休养生息。都蓝可汗这才发觉上了隋朝的当。他马上联合达头可汗，允诺打败了突利将其地盘与达头平分。达头为了利益，马上加入了对突利可汗的作战之中。

都蓝可汗与达头可汗商议合兵袭击突利可汗，双方大战于长城脚下，突利寡不敌众，长孙晟率军驰援，被达头埋伏袭击，突利部族拼死抵抗才让突利可汗仅率五百余骑突围，都蓝可汗将突利可汗兄弟子侄全部杀害，并且乘机越过长城，抵达蔚州。

面对突厥的入侵，杨坚并没有惊慌，这次他要给突厥还以厉害的颜色。他在等待着长孙晟的消息，如今长孙晟下落不明，他不由得有些担心，令沿途各州寻找长孙晟。不久，杨坚得知长孙晟平安无事，并且将突利可汗带到了大隋。杨坚决定在大兴城为突利可汗完婚，然后再对都蓝可汗用兵。

然而，突利可汗进入隋境在是否进入大兴城的问题上颇为犹豫。突利可汗忧心忡忡："如今兵败入京，不过是一个降人罢了，大隋天子还会礼遇我等吗？反而会让突厥部落耻笑。要知道当年大隋曾经将父亲阿波可汗交给了莫何可汗，不知道这次会不会为了与都蓝和好而牺牲我？"

众人唇枪舌剑，让突利一时也没有了主意。恰好长孙晟及时赶到，他晓以利害，告诉突利可汗如今只有大隋能够帮助他，都蓝紧追不舍，投奔达头可汗也只是死路一条。突利可汗知道已无退路，同意随长孙晟入大兴城。

抵达大兴城，突利受到了杨坚的盛情款待。他在大兴城与安义公主完婚，杨坚册封突利为启民可汗，任命长孙晟为左卫骠骑将军，率军五万在朔州修筑大利城，安置启民可汗部落，持节护卫启民可汗招收旧部。一时间，突厥部落归依万余人。都蓝和达头闻讯决定再次出兵攻打突利，同时在突厥内部散布突利投降叛变的消息，企图激起全突厥的愤慨，一举消灭突利可汗。

杨坚开始部署对都蓝和达头的军事反击。他下诏令蜀王杨秀为行军元帅，出灵州道讨伐都蓝；以杨素为行军总管同出灵州讨伐达头可汗；任命汉王杨谅出大同城从侧翼攻打突厥，鉴于杨谅少不更事便以高颎为长史辅佐他。

三路大军同时向突厥进军，一场规模浩大的对突厥的战争拉开了序幕。

都蓝和达头得到杨坚出兵的消息，决定在草原与隋军决战。两人先后撤回了进入大隋境内的军队，想部署在大草原完成对大隋的围歼绝杀。达头迎击杨素所率军队，都蓝与杨谅的军队对决，然后再合力围剿杨秀的军队。

达头在大青山四周部署了十余万精锐骑兵，等待杨素自投罗网。杨素早已探知达头的动静，明知达头布好了战阵，却不避锋芒，偏偏要与达头决战。杨素之所以如此自信倒不是傲慢和轻敌，而是自从平定了陈国之后他开始苦心训练骑兵，已经有了一支强大的骑兵队伍。这么做，就是为了等待与突厥的战争。

在进入大青山之前，杨素令大军摆好战阵，慷慨激昂地激励将士："诸位将士，与突厥的决战在即。这是我们血染疆场，报效朝廷的时候。到了战场上，万不可抱侥幸之心，唯有拼死杀敌，才有活命的机会。临阵脱逃者，死！若有战功者，定会封赏！"

众将士都知道杨素治军严厉，摆好战阵后浩浩荡荡地前往大青山。

到了大青山，杨素一反隋军布阵的战术，不是围成方阵抵挡突厥骑兵，而是结为骑兵阵营，形成攻击的态势。达头看到隋军的阵势，暗自窃喜，命令全军倾巢出动，如波涛骇浪般向隋军猛扑过来。

隋军见突厥骑兵俯冲而下，并没有丝毫的畏惧，怀必死之心与突厥决战。达头万万没有想到会遭遇如此激烈的抵抗，隋军完全不是他想象得那般虚弱，个个都勇猛善哉，士气高涨，经过一番拼死击杀，突厥军队开始畏惧起来，达头也身负重伤，狼狈地仓皇逃遁。杨素则率军一路追杀，突厥死伤万余人。

首战告捷，各路大军精神百倍，士气高涨。

高颎经过慎重思虑后，明白此次达头惨败定然会给都蓝极大的震撼，都蓝不会轻易与之决战。他决定采取诱敌深入，引蛇出洞之策。他命令王世积率三千余骑兵为前锋，开赴草原寻找都蓝决战，自己紧随其后。这招也隐藏着极大的风险，若有不测，王世积所率骑兵很可能会全军覆没，但是已经别无他法。

王世积率军艰难行进，终于在乞伏泊发现了突厥的行踪。都蓝几番试探之后，确定王世积并无援军，决定围歼了王世积，以报大青山之仇。突厥大军蜂拥而至，王世积令大军结为方阵，四面拒敌，等待救援。

高颎一直率主力军队尾随其后，虽然他发现了零星的突厥军队，但是并没有轻举妄动，他要等待突厥军队的倾巢出动。为了不引起突厥的疑心，他减缓了行军速度，当密探奏报了王世积的危险处境后，高颎才快马加鞭救援王世积。

几日后，高颎率大军赶到，两人内外合击，大败突厥。都蓝闻讯而逃，高颎又率军追击，翻越秦山，追击了七百余里才返回。

消息传到大兴城，杨坚欣喜不已，他下诏大赦天下，以此庆贺胜利，同时又增派了十余万军队开赴前线，趁机彻底击溃突厥，以解边患危机。

高颎、杨素和杨秀率军在大草原上追击突厥，但是都蓝和达头早已隐匿起来，他们时不时地派军袭击隋军，令隋军防不胜防。高颎和杨素奏请杨坚退出草原，以防不测。杨坚也知道突厥受到了重挫但很难将其彻底消灭，同意隋军撤到长城之内然后再伺机寻找战机。

没过几天，长孙晟快马加鞭赶赴到高颎的行营，将一重要的机密告诉高颎。高颎深感事关重大，难以定夺，便连夜赶赴大兴城，向杨坚奏报。

原来，都蓝可汗麾下的阿史那部落派人联络长孙晟，他们痛恨都蓝可汗杀了千金公主，暗中决定刺杀都蓝可汗，但是有一条件就是请求大隋撤军，不要干涉其内政，否则不会行刺都蓝可汗。

杨坚凝神思索："如果此事当真的话，那不失为一箭双雕之计。一是除掉了都蓝，突厥国内必然大乱，减少对大隋的威胁。二是我们可以趁机扶持启民可汗，继续分化突厥，让突厥难以统一，只要他们继续分裂，就不敢对大隋轻举妄动。但想当初朕也倾力扶持过都蓝，可如今他却成了大隋最大的威胁，朕是不想重蹈覆辙！"

"凡事都要因人而异，当初我们若不扶持都蓝，那么达头很可能统一了突厥。现在启民可汗的境况不同，他被打得只剩下区区数百人，没有我们的帮助他根本无法站住脚跟，再者他来过大兴城，见识了大隋国力的强盛，一定会有所感悟，不可能成为大隋的敌人。我们则需休养生息，富国强兵。只有国力强盛，才是大隋最有力的保证。"

杨坚点头："既然不能将他们消灭，那就让他们继续分裂，互相争斗。这样对大隋才更有利。"

高颎回到前线，开始着手部署这一行动，让长孙晟全权负责此事。

长孙晟即刻返回，秘密接触了阿史那的族长阿史那沾厥。

"长孙将军，你们不会出尔反尔吧？"阿史那将信将疑地问道。

"堂堂大隋，当然言而有信。如今隋军已经退出了大草原。过不了多久皇上会将蜀王的军队调回长安。这是你们自我拯救的最好的机会，希望你们能够把握机会，才不至于将突厥拖入万劫不复之地。"

"都蓝已经丧尽人心，杀了千金公主，我们已经愤怒了，如今又招惹大隋，我们实在是忍无可忍了。"

"正是因为你们为千金公主报仇，我才会为你们穿针引线。希望你们能遵守诺言，否则两国战乱很难停止，祸及百姓。"

阿史那走后，长孙晟久久地注视着东南方向，泪水缓缓地流淌了下来。

"公主，我终于替你报仇雪恨了！"

阿史那待杨秀退兵之后，决定行刺都蓝，杨坚为了表示诚意，将杨素的军队也撤回了关内。不久，阿史那联合其他部落杀死了都蓝。都蓝一死，突厥顿时陷入了纷乱之中，阿史那继承了汗位，达头自然不服，自立为大汗。启民可汗在隋朝的帮助下，也开始招降部族，归顺者甚众。突厥内部为了争夺汗位再次内乱起来。

隋军全线撤到了长城境内，保境安民，不再对突厥用兵，但是暗中不断地支持启民，启民可汗渐渐从一无所有到兵强马壮。

杨坚又一次取得了对突厥的绝对胜利。

远在扬州的杨广虽然没有参与这次行动，但他决定抓住这个机会大做文章邀功请赏。他来到大兴城悄悄找到陈叔宝。

不久，陈叔宝上了一份奏疏，却只是短短的一首诗而已：

日月光天德，山河壮帝居；

太平无以报，愿上东封书。

杨广于是趁热打铁，他联络朝中群臣联名奏疏，请求东封泰山，以彰功绩，以显太平。与此同时，郑译、牛弘等人也上奏杨坚，朝廷的乐律修订已经完成，功成修乐，太平封禅，一切似乎都水到渠成。

对于封禅，杨坚早已心向往之，当初平定江南时他断然拒绝封禅，事后他不免有些庆幸，因为仅仅一年后江南便爆发叛乱，若是当时封禅必然会被贻笑大方。但是现在他的心境变了，他已经五十四岁了，也快走到生命的尽头了，想一想这一生也算是功德圆满，南北归于一统，降服突厥，功德足以前往泰山祈祷苍天。

杨坚召来杨广："朕只不过平定了江南，天下虽说太平，但百姓也时有饥荒，岂能以薄德而封泰山，以虚言欺瞒上苍？"

"父皇结束了南北长达三百多年的分裂，光是完成统一这件事，功德足以祈祷苍天。如今武功已盛，文治再臻，天下大治，父皇的功绩早已极天际地，应该敬告天地。还望父皇不要拂了百官和天下百姓的一片苦心。"杨广停顿了一下，"还有，父皇，儿臣听说皇祖父和皇祖母在泰山相识，或许冥冥之中就是天意吧。"

杨坚听到这句话，不由得心动了，他又考虑了几天终于答应前往泰山，但是不以封禅的名义而是以冬巡的名义前往泰山。

杨坚来到曲阜孔庙举行了隆重的祭孔大典。之后，杨坚颁布劝说行礼诏，令各州县置学校，每乡立学，教授圣贤之书；遣使分赴各地，重金收购天下珍本孤本，完善国家图籍；同时下诏"诸州岁贡三人"成定制，各州贡士集中京城，参加由朝廷主持的秀才和明经二科的科举考试，在孔庙颁布这些诏令也是彰显杨坚崇文兴教的决心。

之后，杨坚又前往泰山举行了祭天大典，大典隆重而又恢宏，让他感到了帝王特有的尊严，毕竟之前封禅的也只有秦始皇、汉武帝、汉光武帝三位帝王。他下诏大赦天下，收缴天下兵器，除关中和边远地区外，禁止私造。其实，这也算是他对天下发表的和平诏书，表明他将大隋的中心任务由军事领域转移到经济和文化建设方面来，决心缔造太平盛世。

冬巡进行了三个月，回到大兴城，杨素奏疏行宫已经落成，但是高颎却告诉杨坚，在建造行宫的过程中，杨素督责甚严，星夜赶工，民夫残废者被推下坑谷，覆以土石，充作基址，掩埋了万余具民夫的尸骨。杨坚派人暗中调查，得知在这两年内民夫不堪苦役，死者相继于道，而杨素却令军士就地掩埋。杨坚亲自来到行宫，看到宫殿设计得极其奢侈，高台楼阁，层叠而起，宛转相连，想起无辜死去的役夫，如今他刚刚封禅泰山，许愿让百姓共享太平盛世，而杨素居然为了一座行宫，死伤万余人，他顿时恼怒："杨素竭百姓之力，雕饰行宫，为朕结怨于天下！"

杨素本来是想博取杨坚的欢心，看到杨坚勃然大怒，内心惶恐，急忙向其弟杨约问询计策。这个杨约是杨素的同父异母之弟，少时顽皮，不幸爬树坠地，身体倒无大伤，但偏偏把他摔成了宦官，从此他变得性情沉静，内多谲诈，杨素有事必先找他商议。而宇文述也与杨约私交甚好，杨广让宇文述竭诚相交，赠送金银财宝无数，一来二去，宇文述见时机成熟，便将晋王夺嫡之事告诉了杨约，杨约也知道晋王功盖天下，仁孝著称，海内赞誉，而对比之下太子杨勇却不免黯然失色。于是，他告诉宇文述待合适的机会一定会将杨素拉到杨广这一边。

杨约皱紧眉头："大哥，这事说难也难，说简单也简单。"

"此话怎讲？"

"结交晋王便可，如今晋王深得皇上信任，深有大功，前途不可限量。"

"说得不错，这次皇上封禅可是晋王的功劳，看得出来皇上对晋王十分恩宠，只是不知道晋王是否愿意出手帮助我？"

"其实晋王……"杨约犹豫了一下还是将杨广夺嫡的阴谋和盘托出。

杨素似乎并没有太大的惊讶，他眉头紧蹙，来回踱步："早在我平定江南叛乱时就觉察晋王有觊觎太子之心。如今他暗自经营，势力遍布江南，心腹遍布军中，看来已成气候，只是此事极为凶险，若阴谋败露便会株连九族，再说太子已经做了十几年的储君，要行废立大事何其难也。"

"凡事都有风险，高颎之子娶了太子的公主，结为亲家，若是让太子登基，仍然会重用高颎，我们就无翻身之地。今日高颎只因你修建仁寿宫之事就让你身败名裂，他日恐怕也会富贵不保，倒不如奋力搏他一番。大哥若迟疑，恐怕祸患才会真正降临我们头上。"

"有高颎在，我就永远在他之下，但我的功劳却不在他之下！"杨素握紧了拳头，他认为自己平定江南功业殊伟，却没有位列三公，早已心怀不满。

"我听说皇后也对太子大为不满，特别是太子妃的病逝更让他痛恨太子，晋王会找合适的机会向皇后言明的。"

"若是皇后真的参与此事，那就大大有利了。好吧，你联络晋王，就说我们愿意为他效力，就让我们从修建行宫这件事开始合作吧。"杨素最后下定了决心。

杨广得知后欣喜若狂，他连夜向伽罗陈述杨素的良苦用心，伽罗答应替杨素说情。

几日后，伽罗来到了岐州，杨坚正在气头上。

"这个杨素真是可恶，朕刚刚祭祀天地，他却公然与朕为敌，为了一座行宫居然死伤一万多人，真是作孽。"

伽罗请杨坚来到一处宫殿，凉风扑面而来，伽罗道："杨素做得的确有些过火，但是他也知道我们年老了，装饰此宫也是为了让我们颐养天年。陛下从即位以来厉行节俭，为天下积聚了大量财富。我们现在都已经步入老年，从少年时候就备受猜忌，过着提心吊胆的生活。皇上执掌天下，殚精竭虑，也没有过上过一天舒心的日子。难道现在我们就不该好好享受一下吗？你看这里没有了皇宫的庄严刻板，豪华可却不失乐趣，处处都透出生活的情趣。"

杨坚也被说得心动了："岁月不饶人，天假人寿，得上天眷顾，我们才得以活这么大岁数，也该享受一番人世间的繁华和富贵了。"

"仁寿？"伽罗将人寿误作仁寿，不由得惊喜道，"陛下，这座行宫还没有命名吧，我看不如就叫仁寿宫好了，仁慈祥和，寿比南山。"

"仁寿宫！好一个祥瑞的名字！就用仁寿宫吧，希望这座宫殿也能给天下带来祥瑞和太平。"杨坚高兴之余也忘记了对杨素的愤怒。后来杨广向杨坚陈述杨素在平定江南叛乱的功业，请求网开一面，杨坚也顺水推舟免去了对杨素的惩罚。

杨坚在这里流连了半个多月，这些时日在这里是那么安心踏实，从登基称帝以来，好像是第一次没有失眠，睡得那么香，这是在大兴城从来没有过的感觉。他再次宣布大赦天下，与民同乐。

杨坚在不知不觉间渐渐喜欢上了仁寿宫。或许他也不曾想到，仁寿宫也不自觉地成为了大隋另一个政治舞台。

杨广要返回扬州了。杨坚也对杨广治理江南所取得的成效以及促成兴建仁寿宫和东封泰山这些事大为满意。而杨广和萧媚娘在大兴城期间，都在仁寿宫亲自服侍杨坚和伽罗，这一举动令年老的杨坚和伽罗颇感欣慰。

杨广辞行之际决定试探母后，争取她对自己的支持。

"阿麼，这么快你又要前往扬州赴任了。"

"儿臣也想多陪陪母后，特别是母后已年迈体衰，儿臣虽然在千里之外，也时刻想念着母后。但如今儿臣要为国效力，身不由己，忠孝不能两全，儿臣是皇子，更应该表率天下。"

"在几个皇子当中，你是最听话的，最心疼父母的。要是太子和其他兄弟有你一半孝心，母后也就知足了。"伽罗叹道。

杨广故作神色黯然，低声饮泣："儿臣镇守江南，不能尽孝，生养之恩，永难报答。今日辞别，杳然无期。"

"阿麼也不要这么悲伤，又不是生死离别，你常来大兴城探望我们便是。"

杨广突然跪拜在地："母后！救我！"说完哽咽痛哭，伏地不起。

伽罗大为惊讶，忙询问缘由。杨广可怜兮兮地哀求："儿臣性识愚钝，恪守臣规，常守昆弟之礼，不知何罪，失爱东宫。太子几次扬言要收拾儿臣，欲加屠陷，还望母后能够化解儿臣与太子的仇怨，否则太子登基后，儿臣必死无疑。"

杨广声泪俱下的一席话不禁惹起伽罗对杨勇的怨恨，愤然作色道："真是胆大包天。我将外甥女嫁给他，本希望他好好善待，兴盛大隋基业，想不到他竟然专门宠幸那个云氏妖孽。"

"母后，我也知道皇嫂贤淑，可是太子却冷落她，他日大隋江山恐怕要落于优伶之手。"

"从这点就看出太子无德，将来登基，你们兄弟岂不是成了刀板上的鱼肉，任人宰割？如今东宫竟无正嫡，他日你们兄弟还要向云氏之子拜谒，这实在是你们的大痛苦！"

杨广和伽罗相拥而泣，伽罗道："阿麼，你南征北战，功盖天地，这一点你父皇和朝野都是心知肚明，母后在有生之年一定会尽全力帮助你的。"

杨广眼含泪水，但内心却是狂喜，他明白目的已经达到，心满意足地离开了大兴城。

　　仁寿宫风波过后，杨素下决心帮助杨广夺嫡，以便扳倒高颎，但凭他一人之力是无法撼动高颎的。

　　"大哥，你为何愁眉苦脸？"杨约看到杨素皱着眉头一言不发。

　　"当然在考虑如何扳倒太子让晋王上位了。你说得不错，晋王的势力是很大，但是再大也大不过皇上，若是不能劝说皇上，一切都无济于事。"

　　"能劝陛下者，皇后也。"

　　"此事可是拿我们九族之命来赌，必须慎重。我要亲自试探皇后，看看皇后的态度，若是皇后决心已下，那我们就死心塌地为晋王卖命，向太子发难。"

　　杨素前往仁寿宫拜谒伽罗。两人有一搭没一搭地聊着。

　　"皇后乃是有福之人，特别是晋王，功业卓著，仁孝谦逊，礼贤下士，这实在是大隋之幸，天下百姓之福，大隋江山也会基业永固。"杨素故意说道。

　　伽罗听后不以为喜，反而脸上蒙上了一层忧伤："阿麽越是才华横溢越是危险啊！毕竟他只是一个晋王！"

　　"晋王得天下赞誉，怎么会有危险呢？"杨素故意说道。

　　"功高震主，兄弟反目的事发生的还少吗？"伽罗神色哀伤，"我现在还在世，还能庇护他，但是也不能保护他一辈子，大隋的天下交到他手里才是最好的，我得帮助他。"

　　话已至此，杨素深嘘一口气，向伽罗表态愿意帮助晋王。

　　伽罗默默地望着杨素离去，微微露出了笑容。就这样杨素与伽罗结成了同盟，共同对付太子和高颎。

　　从此，伽罗开始在杨坚面前吹起了枕边风。随着年龄的增长，杨坚的疑心越来越重，在伽罗的影响下，他对太子的不满与日俱增。

　　冬至来临，伽罗提出回大兴城，杨坚不假思索地同意了。

　　杨坚回到大兴城，看到百官喜气洋洋前往东宫拜贺，杨勇按惯例奏乐受贺。杨坚皱紧了眉头。

　　"陛下，太子也太无法无天了，居然接受百官朝贺，行天子之礼。"

　　杨坚大为恼火，当即升朝，责问百官。礼部尚书牛弘解释道："陛下，内外百官，朝拜东宫，已有十年，这也是皇上恩准的，以示东宫位尊权重。"

　　杨坚一时哑口无言，他似乎想起十年前为了稳固大隋，特意下诏让百官朝拜太子，但很快他怒道："位尊权重？难道要大过朕不可？"

百官顿时吓得噤若寒蝉。

"称贺东宫，由朝廷三省六部派一二人便可。奈何要有司征召，百官云集东宫？如此兴师动众有违礼制！"

杨坚专门下诏禁止百官在冬至朝贺太子。

伽罗又添油加醋地说道："太子真是胆大包天，有恃无恐。"

"他自认为当了二十年的太子，地位已经巩固，连朕都不放在眼里了？"杨坚怒道。

"若是太子一个人恐怕他还没有这么大的胆量，难道就没有人支持他吗？"伽罗道，"陛下，臣妾就直说了吧，自从太子和高颍结为亲家后便飞扬跋扈，在太子看来，高颍是他的护身符，所以他才会如此张狂。"

"高颍一直小心翼翼，对朕也是忠心耿耿。皇后可不要无中生有。"杨坚好在清醒，伽罗见状只能作罢，再次寻找机会。

大位易主

杨坚厌倦了大兴城繁杂的政事。他很快回到了仁寿宫，这里的山水和舒适的生活让他沉溺其中。十年来他终日紧绷的神经放松了下来，当然在仁寿宫又遇到了让他焕发活力、春风满面的一件事。

一日，杨坚独自在山中赏花，各种花儿的芬芳充溢其中，迎面扑来。杨坚望着这桃红柳绿、百花竞放、万物复苏的景象，陶醉不已，突然间看到一个绰约的身影在花中徘徊，他不禁揉了揉眼睛，定睛细看，果然有一个女子在用剪刀轻巧地裁剪着枝叶。

难道是花中仙子？

杨坚小心翼翼地走近，以至于那女子没有丝毫觉察，仍旧在全神贯注细心地料理着花儿。杨坚走近了，更加清晰地看到了那女子姣好的面容，眉清目秀间隐藏着一股淡淡的哀愁，举手投足之间让人感受到超凡脱俗的优雅气质。杨坚望着眼前的美人怦然心动。

那女子回过头显然发现了杨坚，惊慌之下急忙跪拜行礼。

"你叫什么名字？"杨坚轻轻地问道。

"奴婢叫尉迟静，乃是戴罪之身，还望皇上恕罪。"

"戴罪之身？"杨坚突然想起了什么似的问道，"尉迟炯是你什么人？"

"回皇上，乃是奴婢的祖父。"尉迟静的语气中明显多了几丝颤抖。

杨坚脸色一下子阴沉了下去，皱着眉头问道："那你恨不恨朕？"

"奴婢能够苟活于世便是天大的恩赐，感恩戴德还来不及，怎敢有半点的怨恨？"

"恩怨情仇何时了，这么多年过去了，也该结束了。朕会下诏赦免你们尉迟家族。"

"谢皇上恩赐！"尉迟静喜极而泣。

杨坚望着梨花带雨更显得妩媚动人的尉迟静，他轻轻地擦拭着尉迟静的泪水，将尉迟静搂在怀中。尉迟静也渐渐地忘记了恐惧，放松了下来，满脸羞红，更显出少女的娇羞。杨坚抱起尉迟静向不远处的亭台走去……

杨坚悄悄地将尉迟静安置在行宫的别殿，过了两月，尉迟静居然有了身孕，这让他更加欣喜不已。然而纸终究包不住火，伽罗知道了一切，她趁着杨坚朝会之际活生生地将尉迟静勒死，当然还有那肚中未出世的孩子。伽罗望着倒在血泊中的尉迟静，想到她将杨坚迷得神魂颠倒，死了也不解气，又在她的身体上鞭笞了十几鞭。杨坚朝会后欢天喜地来到尉迟静的行宫，走进行宫却看到了满目狼藉，尉迟静也不见了踪影。杨坚顿感不妙，厉声询问行宫的侍女，宫女则惊恐地将事情告诉了杨坚。杨坚听后顿时如五雷轰顶，差点昏厥过去。他恼怒不已，想不到伽罗居然如此心狠歹毒。念在几十年的夫妻感情，杨坚强忍着怒火，下令打开皇宫大门，驰骋而去。伽罗也感到了恐慌，急忙告诉高颎和杨素，两人也骑马急追。

太阳渐渐地落山了，西边的红霞万丈，煞是迷人，可是仍难以抚平杨坚内心的忧伤。杨坚驰骋了一天，终于在一草原处停了下来。高颎也追赶了上来，看到杨坚，一颗悬着的心放松了下来。

不多时，杨素也率军赶赴到这里，他让军队四处警戒，以防不测。

"陛下，您千万不能冲动！您要是有什么不测，天下转眼间就会风云变幻，再起波澜。若此，那将是大隋和天下黎民的大不幸！为了大隋天下，望陛下保重。"

"朕要为天下人而自重，可谁又能理解朕的不幸呢？朕的苦楚、无奈谁又能理解呢？贵为天子，却不得自由，朕是天底下最悲哀的皇帝！掌握着天下人的生死大权，可是却连自己的女人和孩子都保护不了！"

高颎道："陛下历尽千辛万苦，才一统天下。大隋要像大汉一般强盛，威伏四海，陛下万不可为了尉迟静这一妇人而轻天下！"

杨坚沉默不语，半晌才渐渐平静下来："上天对朕已经够眷顾了，朕岂能自暴自弃？纵然失去太多，可是终究还是有这个天下！"

月光如练，风吹草动。杨素也担心突厥骑兵出没，便劝杨坚回宫。

"怕什么？突厥人早已经不敢在这个地方巡视了。"杨坚目光炯炯地望向北方，"但突厥始终是大隋的心腹之患。朕要在有生之年为后世子孙铲除这个威胁。"

杨坚次日才返回仁寿宫。伽罗见杨坚迟迟不归，不免心惊胆战，一夜无眠。这一夜，她想了很多，杨坚毕竟是天下至尊，不能像平常百姓那般对她从一而终。哪个皇帝没有三宫六院，嫔妃如云？罢了，随他去吧，他想宠幸谁就宠幸谁吧。想起杨坚在结婚之夜的誓言，不免潸然泪下。

杨素回到大兴城也去拜谒伽罗。

"皇后，高颎在劝说皇上的时候，说不要因为你这个妇人而放弃了天下。"

"他真的这么说吗？"

"皇后，臣就在身旁，千真万确。"

伽罗正在气头上，彻底被激怒了："高颎居然轻蔑我是一妇人，要不是本宫举荐高颎，他高颎哪来的今天？敢如此轻蔑我，那我就让他知道我这一个妇人的厉害。高颎要为他所说的话付出代价！"

高颎也觉察出杨坚对杨勇暗生不满，于是他劝说太子注意言行举止，然而杨勇却不以为然，依然我行我素。高颎本打算徐而劝之，不想却发生了一件大事。

原来高句丽联合靺鞨入侵辽西，攻打契丹。杨坚此时怎能容忍高句丽如此放肆？他当即便有了讨伐之意，但高颎向杨坚陈述高句丽地处偏远，易守难攻，夏季酷热难耐多雨，冬季奇寒无比，如若攻打高句丽一定要做好万全准备，万一失败恐怕大隋几年创造的财富就会毁于一旦。

"高颎，朕告诉你，忘战必危！不要沉溺在太平盛世的梦境中。朕降服突厥、平定江南，难道高句丽朕摆不平吗？"

"突厥乃是我们合纵连横，分而化之的结果，平定江南我们是用了十年时间来准备，不可同日而语。如今仓促攻打高句丽，未免草率，还望皇上慎重决策。"

"朕决意已定，如果你感觉无法胜任，朕就另择其人。"杨坚对高颎的推诿大为不满。高颎无奈，只能应允。于是，杨坚任命汉王杨谅为行军元帅，高颎为元帅长史，率军攻打高句丽，以彻底收复辽河流域，同时命令王世积为水军统领从海上进军攻打高句丽。

高颎出征不久，突厥犯边。突厥自从都蓝可汗被杀后，旋即陷入了新一轮的内乱当中。达头可汗势力壮大，启民可汗遭到了达头可汗的强势攻击，被迫退守到长城沿线，达头几乎要统一突厥，这是杨坚不愿意看到的，他决定出兵援助启民可汗。伽罗劝说杨坚让杨广领兵讨伐，她的算盘是若是胜了就能增加威望，在与太子的较量中更胜一筹。杨坚令杨广和杨素出兵灵武道，长孙晟为秦州总管，汉王杨谅出兵马邑道，合力围攻达头可汗。经过几场恶战，隋军击退了达头可汗，启民可汗得以立足。

然而，高颎所率大军却遭遇了不顺，大军行驶了两个多月才出了渝关，接着连续下了几场大雨，道路泥泞，行进艰难。王世积所率水军也遭遇大风浪，战舰沉没大半，形势大为不妙。高颎见状，急忙奏请杨坚退兵，杨坚刚刚在突厥战事中取得胜利，岂能容忍东征高句丽无功而返？他令高颎率军加速前进。高颎只得强行命令军队继续前进，进入辽河，偏偏又遇到疫疾，大军死伤无数，高颎再次奏疏杨坚暂时撤军，以防止疫病蔓延全军。杨坚大为恼怒。

恰在这时，高句丽国王高元被隋军的阵势吓得有些惊慌，急忙派遣使臣前往大兴城请罪，并且上了一份极为谦卑的奏疏，自称辽东粪土臣元。幸好高句丽王给足了面子，杨坚这才下诏罢兵，但他对此次讨伐自然懊恼。

杨广却是窃喜不已，这正是打击高颎的机会。

大军无功而返，没有交手，伤亡了三分之一，这是杨坚之前从未遇到的羞辱。就在杨坚愤愤不平之时，伽罗趁机说道："高颎初不欲行，陛下强行遣之，自然怀恨在心，他并没有全力以赴对待这场战争。从高颎的态度，臣妾就知道他不会尽心尽力，因为如果谅儿立功了，他担心太子又多了一个对手。"

"这是什么话？如今五个皇子皆是你所生，可谓真兄弟也，难道太子连兄弟都容不下吗？"

"陛下，高颎不是以前的高颎了，如今他和太子联姻，自然有他的想法。陛下为大隋长治久安处心积虑，搞不好就为他人作嫁衣裳了，我们为什么能得到宇文皇室的天下，难道还不值得警惕吗？"

伽罗的一番话可谓独到，准确刺激到杨坚脆弱的神经，杨坚立马警惕起来。

另一边，杨广也在行动，他在潼关迎接杨谅。杨谅第一次出征，本想建功立业，想不到如此灰头土脸，十分失落。杨广告诉杨谅将责任推给高颎，这样才能开脱责任。不明所以的杨谅回京后声泪俱下地向杨坚和伽罗诉说高颎的种种怠慢，致使大军拖延日久，才导致功败垂成。

杨坚不由得恼羞成怒。

其实在高颎离开大兴城的这半年，伽罗也抓紧对杨坚的攻心，她让杨坚对太子的不满与日俱增，而太子却毫无觉察，仍然我行我素。杨坚也在伽罗的蛊惑下思考太子一直久居大兴城，能否承担起统治大隋的重任，而杨广在父亲心中的地位扶摇直上。特别是兴建仁寿宫，杨勇曾以劳民伤财为由劝阻杨坚不要大兴土木，杨坚自然不悦。伽罗经常在自己耳边提起太子的种种不法事，又想起如今高颎位高权重，更加忧虑忡忡，杨坚对太子的人选产生动摇。

攻打突厥胜利后，杨广将功劳都让给了部将，博得朝野称赞，又进一步博取了杨坚的赞誉和信任。

宅心仁厚的杨勇不曾注意到这些微妙的变化，太子妃的病逝更让他处境雪上加霜。

杨勇的太子妃元氏乃是北魏宗室，也是伽罗的外甥女，可是却不讨杨勇欢心。他喜欢的是活泼开朗的云氏，云氏出身民间，精于音乐和制作服饰，很讨杨勇欢心。太子妃前往仁寿宫探望伽罗回家后突然心痛起来，两天之后便病逝了。独孤伽罗本来就看不惯杨勇与云氏亲密的样子，她怀疑太子妃是被杨勇长期冷落忧郁而死。

这件事很快被杨广侦知，他急忙入宫探望伽罗，哽咽流涕："母后，将来儿臣恐怕不能善终，恐步太子妃后尘……"杨广说得伤感，伏地不起。

独孤伽罗也被深深打动，潸然泪下："阿摩，你放心，母后一定不会让悲剧重演的。他这个太子也做到头了。"

在伽罗的蛊惑下，太子妃的病逝也让杨坚对太子失望。他在文思殿为太子妃举行了隆重的祭奠。

高颎觉察出了这异常的氛围。果然，杨坚下诏将东宫卫士名簿交由禁卫府管理，抽调勇健的东宫卫士宿卫皇宫，每月轮换太子宿卫。

高颎大惊，奏道："陛下，若是尽取强者，恐怕东宫宿卫太劣，为太子安危着想，还望皇上重新考虑。"

"太子居大兴城，乃首善之区，东宫何须壮士。朕经常出入大兴城和仁寿宫，才真正地需要宿卫。"

"这乃是前朝惯例，若是太子有不测，陛下恐怕会后悔莫及。"高颎道。

"东宫养士是何居心！高颎，朕当年能得到皇位，也是因为朕的女儿是皇后，如今你的儿子娶了太子的女儿，你应该懂得避嫌。"

"皇上，臣忠心耿耿，决无二心！"高颎知道杨坚这话的分量，吓得浑身颤抖，跪拜在地。

杨坚却阴沉着脸拂袖而去。高颎终于知道了他和太子危险的处境。

虽然杨坚对太子不满，但废黜太子谈何容易？毕竟立杨勇为太子已经十几年了。废长立幼，有悖伦理，取乱之道。这与杨坚醉心打造的太平盛世相悖，他犹豫不决的原因也是于此，但想起高颎与太子的联姻，他更加担忧高颎会成为大隋的掘墓人。

他虽然知道高颎的忠心，但他更相信人心叵测，他要再试探一番高颎的立场。

"爱卿，朕听晋王妃所言，说晋王有神佑护，必得天下，你以为呢？"

高颎大为惊恐："陛下，长幼有序，自古皆然，废长立幼，取乱之道，太子虽开拓不足，但为人仁厚，必然会承继陛下基业，让大隋长治久安。自古以来没有一个盛世王朝会在开国之时废黜太子。皇上若是怀疑臣有二心，那么臣愿意辞官还乡，哪怕一死了之也心甘情愿。"

但是杨坚仍旧没有回心转意，在他当皇帝前那段韬光养晦的岁月让他深知一个人的伪装是多么可怕。他决定要给高颎一个下马威，视其发展再决定是否废黜太子，他很快找到了突破口。

岭南桂州发生李世贤叛乱，杨坚为了避免发生江南那样大规模的叛乱，派遣虞庆则出征，此时虞庆则已是禁军卫府大将军，尊同宰相。然而虞庆则的小舅子赵什柱却与虞庆则爱妾暗中苟且，赵什柱时常担心事情败露，惶惶不安。这一切却被杨约不经意间得知。渐渐地，赵什柱被杨约拉下了水，成了安插在虞庆则身边的眼线。杨广则密谋利用赵什柱将虞庆则拉下马。

毕竟是小股叛乱，虞庆则很快平定了，他率大军回京路过潭州时，眺望山川地势，见地势险要，吐口而出："潭州真是险要，加以足粮。若防守得当，固若金汤，攻不可破！"

本是无心之语，赵什柱却全听到了心里。他回到大兴城，在杨素的授意下将虞庆则的话添油加醋向杨坚奏疏，密告虞庆则谋反。

"朕本来派他平叛，想不到他居然有不臣之心。"杨坚当即下诏将虞庆则关押。

高颎向杨坚据理力争，历陈虞庆则的功劳，杨坚也想起了虞庆则为诛杀宇文皇室效犬马之劳的事情。其实他是相信虞庆则无反叛之心，若真的杀了他，有些于心不忍。高颎也在活动，他本想联络朝臣请愿，可是没有几个人愿意联名。高颎似乎明白了虞庆则十几年前奏疏诛杀宇文皇室已经让很多人暗自不满。虞庆则的生死只能听天由命了。

伽罗似乎看出了杨坚的犹豫，劝道："我们如何得到大周的江山的，陛下心知肚明。要想稳固大隋基业，必须舍弃怜悯和同情，应当效仿汉高祖刘邦诛杀功臣，确保大隋江山永固。若是现在动不了他们，待百年之后恐怕他们便是大隋最大的威胁。"

伽罗的话促使杨坚很快下诏处死了虞庆则。

对虞庆则的死最为震撼的莫过于高颎了。几十年的政治经验告诉他，一场更大的暴风雨在等待着他。虽然他知道富贵已极，可以急流勇退，但是他不忍心看到太子被废，朝廷上下猜疑，离心离德。这样的话，他们君臣毕其一生建立起来的大隋可要毁于一旦了。高颎的心在颤抖，难道大隋真的无法躲避这场祸乱吗？

杨坚斩杀虞庆则，朝野上下顿时惶惶。杨广却是欣喜如狂，他要宇文述和杨素密谋乘胜追击，进一步将高颎赶下台。

杨素决定继续剪除高颎的羽翼，他将目标瞄准了王世积。王世积跟随韦孝宽击败尉迟炯，桂州叛乱，王世积以行军总管随虞庆则讨伐，杀了虞庆则后，杨坚晋封王世积为上柱国。但王世积不以为喜，为了离开大兴城是非之地，王世积请求外任，杨坚就让他担任凉州总管。王世积终于松了一口气。然而恰在此时，他的亲信皇甫孝谐犯罪，为了逃避追捕前来凉州投靠王世积。此时王世积怎敢私藏罪犯？将其拒之门外。皇甫孝谐被抓发配桂州，日子过得很辛苦。恰在此时，杨广派宇文述找到了他，宇文述让他诬告王世积。在宇文述的授意下，皇甫孝谐上奏杨坚说王世积曾请人看相，术士称他贵为国君，夫人当为皇后。他在凉州总管任上，亲信劝说他谋反，说河西天下精兵之处，足以图大事也，然而王世积却说凉州地广人稀，非用武之地，不足以图大事，要伺机而动。

可以说杨广准确切中了杨坚的要害，由于杨坚是通过篡权得到的皇位，对于这些告密他格外警惕，他下诏将王世积逮捕入京，由杨素负责审查王世积的案子。杨素见机会来临，决定将高颎及其亲信一网打尽。很快，他向杨坚奏疏，说左卫大将军元旻、右卫大将军元胄皆受王世积名马之赠，与其暗中交往，而这些人皆受高颎提携。

杨坚一怒之下将高颎和元旻、元胄等人一起逮捕下狱。杨坚的举动自然是举朝震惊。好在朝臣并不愿意看到杨坚如此作为，刑部尚书薛胄、民部尚书斛律孝卿、兵部尚书柳述、礼部尚书牛弘等一大批朝臣站了出来，证明高颎无罪，愿与高颎一同受罚。

高颎和王世积等人都被关押在牢狱之中。

"丞相，我对不起你，连累你了。"王世积此时似乎意识到自己的命运，反而坦然了，不再叫屈鸣冤。

"是我连累了你们，他们的目标是本相。本相又怎么能怪罪你们？"

元旻道："丞相，他们的目标恐怕不只是您吧，真正目标恐怕是太子啊！"

"这个晋王果然了得，不显山露水，却达到了目的，从他开始奏请皇上封禅，我们就应该有所警觉。"

"皇上能有如此大的变化，应该是晋王说服了一个人，那就是皇后。皇上与皇后伉俪情深，自从尉迟静事件后，皇后便拒绝见我。太子恐怕是凶多吉少了。"高颎明白，在杨坚感到皇权受到威胁的时候，一切都已经无济于事了。

杨素并不愿意放过这次置高颎于死地的机会。他指使人诬告高颎的儿子高表仁，揭发高表仁曾经告诉高颎说，当年司马仲达托疾不朝，遂有天下，父亲遭遇此事故，塞翁失马焉知非福？他又指使人继续诬陷高颎，说高颎请僧人算卦说国有大丧，还说十七八年皇上大危，十九年不可过。

杨坚老了，变得神经兮兮，对于这等谎言一下子神经紧绷。曹魏末年司马懿称病发动政变夺取政权。高颎与其子之言，自比晋帝，是何居心？他恼羞成怒之下也不详查，让杨素严加审讯高颎。

当夜狂风大作，暴雨席卷长安，大雨整整下了三天四夜，杨坚接到奏疏，黄河有些地段已经决口。这场大雨让杨坚似乎有些清醒，冷静之下他想起了高颎对大隋的耿耿忠心。另外他也接到蜀王杨秀和秦王杨俊的密信，高颎在入狱前密令军中心腹将领不得轻举妄动。

杨坚又想起了那些峥嵘岁月，想起风雨同舟的日子：曾经携手共进，如今却反目成仇。大隋走到今天不容易，毁灭却在一念之间。

然而，伽罗却要置高颎死地，屡次劝说杨坚下诏处死高颎，以绝后患。

"除恶务尽，万不能对高颎心慈手软。"伽罗劝说杨坚。

"你说实话，高颎真的会背叛朕吗？"

"不是臣妾相信，而是证据确凿，千真万确。"

"千真万确？就凭几句空言就定对朕对大隋有着莫大功劳的宰相之罪？"杨坚道，"高颎忠心与否朕心里明白，他若真的背叛朕，就不会这么束手就擒。虞庆则死后，他还在暗中安抚军心。"

伽罗不禁怔住了："朝廷的六部尚书全都为他喊冤，他这是在结党营私啊，皇上必须要除掉这个隐患。"

"一个人能让六部尚书不顾生死站出来说话，那不就是结党营私，那是人心向背，说明大公无私，朕不能逆人心而动。皇后，当年岳父去世的时候，所有的人都不敢前来吊唁，唯独高颎不顾生死来祭拜。别说高颎无罪，就是真的有谋逆之罪，就凭这一点我们就该感激他，宽恕他。"

伽罗似乎想起了往事，也有所触动，不再言语。

杨坚下诏处死了王世积，对于高颎等人全部释放，但他将高颎削职为民。

高颎向杨坚辞谢，此时他已鬓发全白，杨坚看着高颎也动了恻隐之心。

"你是来向朕辞行的吧？"杨坚问道。

高颎的声音有些哽咽："臣正是来向陛下谢恩的。蒙陛下不杀之恩，感恩戴德。"

"朕的苦衷谁又能理解呢？太子已经在位快二十年了，可是如此贪图享乐，不思进取，朕苦心经营的江山社稷恐怕要毁于他手了。"

"陛下，创业难，守成更难。太子虽小有骄奢，但毕竟无大错，且太子仁慈，虽开拓不足，但是个难得的守成之君，必然会让大隋基业永恒，皇上不该废黜，否则后悔晚也。"

"看来你仍旧执迷不悟，也难怪，毕竟你和太子有着千丝万缕的关系，一时间很难痛下决心，朕不责怪你，时间会证明到底是朕对还是你对。"

"苟利社稷，死生以之。臣一心为社稷着想，绝无私心。陛下应该知道，汉朝的文帝和景帝也并不是开拓君主，可大汉在他们的治下休养生息，国力恢复，终于让大汉朝走向强盛，并且国运绵延持续了四百余年。陛下，您披荆斩棘建立了大隋，南平陈国，北击突厥，战争也造成了巨大的创伤，百姓生计艰难，这一切都需要一个仁慈温和的君主来完成，保证大隋顺利过渡。"

"你所说的这一切，晋王岂不比太子更能胜任？"

"陛下，晋王有大志，恐怕会滥用民力来实现其心中抱负，穷兵黩武来实现其千秋大业，搞不好会让大隋陷入万劫不复之地。"

"危言耸听。朕会让你看到朕的决定是正确的。"杨坚显得极为不高兴。

杨坚和高颎就这样以不欢而散的方式告别，这一见面竟是永别，直到杨坚病逝，两人再也没能见面。

对于眼前的巨变，高颎倒能泰然处之。几十年的刀光剑影，似乎让他看透了一切，和杨坚夫妇一样，他每日都念佛诵经，虽然身在庙堂，位高权重，但是其心早已不为功名利禄所羁绊。虽然他现在解脱了，可是却始终忧心忡忡，看来太子已经地位不保了。大隋真的难逃一劫啊。高颎本欲打算觐见太子杨勇，却被卫士阻挡在外，只能孤独地离去。

罢了，一切都已成定局。

杨坚望着夕阳下的大兴城，不免心绪翻腾，万分感慨。这座他亲手缔造的新城，凝聚着他几多心血，也象征着大隋万象更新和大治天下的梦想。二十年来，他和高颎上下一心，励精图治，结束了数百年的分裂割据，短短几年又实现了太平，可终究还是分道扬镳。

"高颎，莫怪朕，为了大隋天下，只能委屈你了。"杨坚最后幽幽地说道。

高颍的垮台无疑对太子杨勇的打击最大，他遭到废黜几乎已成定局。朝臣们似乎也觉察出杨坚的意图，如今罢黜了高颍，可见杨坚的决心之大。三公九卿虽然有些同情太子和高颍，但是虞庆则和王世积的下场就在眼前，自然全都噤若寒蝉。

京师在杨约和张衡的操控下，顿时谣言四起，什么太子当不安位，比观玄相，皇太子当废。

这些谣言也传到了杨勇的耳朵里，顿时六神无主，如今高颍已被罢免，更加手足无措，无计可施之际只得寄托于鬼怪巫术，用五种铜铁兵器制作了避邪诅咒之物，又在东宫府邸建庶人村，房屋低矮简陋，杨勇身着布衣，睡在其中，希望借此挡住谣言。

就在杨坚意图废黜太子之时，北方的突厥也发生了异动。启民可汗在隋军的帮助下立足渐稳。达头可汗内部却开始分裂，不久达头的铁勒、思结、伏利具、浑、阿拔等部族也归附了启民可汗。长孙晟感觉时机已经成熟，决定趁势给予达头可汗致命的一击。他向杨坚详细陈述了突厥内情，杨坚看后很受鼓舞，再次任命杨素为云州道行军元帅，携启民可汗北伐，击败达头，以助启民取得对突厥的统治权。杨广自然不愿放弃这次立功的机会，请求远征，杨坚让他率军出兰州，合围达头。面对大隋和启民可汗的联合攻势，达头可汗部族更加分裂，几场战争下来，又有不少部族背弃了达头，投奔启民可汗。达头可汗见大势已去，绝望之下率亲信部族投奔吐谷浑。

自此，大隋终于取得了对突厥的绝对胜利，为北疆迎来了和平与安宁。

突厥和大隋的战火渐渐熄灭，启民可汗取得了对突厥的控制权。启民可汗想到曾经被打得落花流水，如丧家之犬，如今竟然能光复突厥汗国，真是恍如梦境。得知长孙晟回朝赴任，他不免有些不舍。

"长孙将军，你对本可汗不但有救命之恩，能够光复突厥，你也是功不可没，你是突厥的救星，不知道这一别我们能否还能再见面。"

"突厥与中原两国交战了一百余年。大隋从立国起也和突厥战争不断。两国有多少将士丧身大漠草原，家破人亡。若是真的能够和平相处，我们也算对得住死去的将士了。战争和掠夺是生存的方式，但是和平与交流也是交往的形式。还望可汗三思。"

"放心吧。我以突厥可汗的名义保证突厥不会再与大隋为敌了。"

"有可汗这句话，我便有把握向皇上交代了。"长孙晟显得很欣慰。

长孙晟又一次来到了千金公主的坟前祭拜。

"公主，我要离开了，或许我们前生有缘，让我遇到了你，但是今生我们却被仇恨隔离，是我辜负了你。这几个月我苦心学习了《明君曲》，这是当年你在华州给我弹奏的曲子，我现在就弹奏给你听，虽然我们阴阳相隔，但愿你在九泉之下能够欣慰。"

长孙晟缓缓地奏起音乐，脸上流满泪水。

长孙晟回到京师已是深夜，他悄悄地来到了孝陵——宇文邕的陵寝。万籁俱寂，悲痛的呜咽声在寂寥的黑夜格外爽亮。

"臣来看您了，二十多年来一直不敢来这里探望您。臣想告诉您的是您生前的愿望终于实现了。经过二十多年的纵横捭阖，终于击败了突厥这个强劲的对手。突厥终于臣服了我们。大周与大隋，有着千丝万缕的联系，也有着千仇万恨。其实我也好惭愧，好痛苦。我恨我不能阻止对宇文皇室的杀戮，恨我不能挽救一心复国的千金公主。我在痛苦和愧疚中苟活了二十余年，真的好想解脱。"

次日，长孙晟无疾而终。贺若弼也赶到了京师，他哭得很悲伤，杨坚也不禁动容，眼眶红肿，泪水流了下来。

贺若弼抬起头迷茫地望着杨坚。两人默默地对立着，寂然无语。在贺若弼看来，杨坚变得那么陌生。

不多久，启民可汗派使者前来吊唁长孙晟，并且给杨坚递上了国书：

> 大隋皇帝怜养百姓，赤心归服，或南入长城，或住白道。染干如枯木重起枝叶，枯骨重生皮肉，千世万世，长与大隋典羊、马也。大隋圣人莫缘可汗自天以下，地以上，日月所照，唯有圣人可汗。今是大日，愿圣人可汗千岁万岁常如今日也。

杨坚看到这满是感激卑躬之国书，心情大为舒畅。圣人可汗，这表明突厥已诚心归服。古往今来，能够成为中华天子兼任异族名义上的君主，他是第一人。他下诏令杨素和杨广罢兵而归，以示和平诚意。

凉风习习，杨坚一个人静悄悄地来到了孝陵祭拜宇文邕。他郑重地焚香祭祀，神色凝重，庄严肃穆。

杨坚的内心如翻江倒海般汹涌，站在这里，他强烈的愧疚感涌上心头，读完了启民可汗的国书，随着一声叹息，他缓缓地说道："自从当了皇帝之后，一直没有来探望您。我对不住您。无论有多大的丰功伟绩，走到这里，我永远惭愧不已。突厥可汗已经派了使者前来大兴城讲和，大隋终于降服了突厥。二十年间，我们收复中原，统一江南，降服突厥，我们的誓言终于实现。今天就让您知道这一切。"

杨坚将启民可汗的奏疏在宇文邕的陵前焚烧，一阵风吹来，随风而去。是夜，乌云漫天翻卷，暴雨倾泻。

杨广击败突厥胜利归来，威望陡增，而杨坚对太子早已不能容忍，没有了高颎支持，太子被废已成定局。独孤伽罗也趁着杨坚更换东宫卫士的时候将亲信侍女安排在太子身边，随时掌握杨勇的举动。杨勇令术士营造驱邪的物器和房屋，也被伽罗说成太子意欲谋反。不多久，杨广又威胁杨勇的幸臣姬威诬告皇太子图谋不轨，并且告诉他："太子罪过，圣上已知。已奉密诏，定废立大事，若能告之，则大富贵，否则大祸临头。"

姬威在威逼利诱之下便违心地向杨坚奏疏杨勇谋反。所有的这一切都让杨坚的神经高度紧张，以为杨勇要孤注一掷向他发难了。杨坚在重重护卫之下回到了大兴城，当夜他宣布京师戒严。

次日早朝，杨坚以为朝臣都已经知道了太子欲图谋反之事，可是朝臣似乎是一无所知。杨坚大为不悦："朕新还京师，本应开怀欢乐，但是朕屡屡听闻京师有异动，让朕寝食难安。"

吏部尚书牛弘等人虽然听说了一些流言蜚语，但毕竟是不足为信。于是牛弘应道："陛下，是臣等失职，让陛下如此劳累。"

杨坚听后大为不悦，忍着怒火，让杨素宣陈太子杨勇之罪状。杨素就添油加醋地将诬陷太子的证词述说了一遍。

面对这些编造的谎言，满朝的大臣虽然知道这是诬陷，却诚惶诚恐，没有一个人敢出来为太子说句公道话。

"好一个孽子！"杨坚怒吼道，整个大殿死寂一般。

"太子不堪承继大业久矣！皇后屡屡劝朕废之，朕乃念及骨肉之情，又是朕为布衣时所生。特别是身为长子，位居东宫二十余年，朕希望他能渐渐改正其错误，一直隐忍至今。想不到换来的居然是怨恨！

"皇后一直对太子妃之死耿耿于怀，想来定是太子为了将那个优伶之女扶到皇后之位，还要让他那个在外媾和而得的皇子顺利继承皇位才痛下毒手。虎毒尚不食子，想不到太子真是个蛇蝎之人。

"朕虽然德不如尧舜，但是也不能亲手将朕开创的大隋基业托付于不孝子。当年高欢一味地放纵其子，死后社稷终于毁在了其子高纬的手中，前车之鉴，岂能熟视无睹？既然太子的罪行已经公之于众，朕决定要大义灭亲，废黜太子，以安天下。"

杨坚终于亲口说出了废立之事，大臣们互相看了看，默不作声，谁也不敢拿自己的身家性命来劝说杨坚，但是还是有一人挺身而出，那就是元旻。

"陛下，废立大事，天子无二言，诏旨若行，后悔无及。此等谗言，妖言惑众，祸害天下，蒙蔽上听，望陛下深察。"

杨素听罢，便说太子宠臣姬威愿意作证，太子怨言已久，早就有不轨之心。

"陛下，太子之位，实为国本，太子仁慈，并非怙恶不悛，若是听信谗言，失于至理，那么社稷倾亡，苍生涂炭，岂能以一言而废之？此乃关乎天下安危，大业传世，陛下不能让奸邪之人得逞而乱天下。"

然而杨坚终究没有听进去，开皇二十年（600 年）十月九日，他下诏废黜皇太子，将他及其诸子贬为庶人。同时，杨素和杨广也没有放过为太子求情的元旻，十月十三日，杨坚以谋反罪诛杀元旻。

一个月后，立晋王杨广为太子，就在杨广举行皇太子继立仪式时，大兴城刮起了大风，随后下起了大雪。杨坚和杨广心里都暗暗吃惊。不久，司天监袁充上书杨坚，说是瑞雪兆丰年，万象更新，杨坚才放心下来。杨广十年的蛰伏和等待，终于成功上位。

历史重演

601 年，杨坚将用了二十年的开皇年号改为仁寿，象征着他期盼太平盛世的愿景。

废黜了太子，独孤伽罗也耗尽了心血，在伽罗病重期间，杨坚下诏重金求天下名医为其医病，为了表示诚心，向天下三十州颁布舍利，并且令各州举行隆重仪式安置舍利入塔。但一切都无济于事，伽罗还是离开了。她帮助晋王当上了太子，走得很安详。杨坚悲痛欲绝，陪伴了他一生的爱人离去，他的内心突然间被掏空了，终日守护在伽罗身旁，整整两个月方才下葬，并且在伽罗的灵柩旁留了一墓穴，他告诉杨广待他百年后与伽罗同葬一处。杨广也是痛哭不已，对于母后他心存感激，若不是母后的襄助，他怎么可能如此顺利问鼎储君之位？杨广在哭声中也有着深深的忧虑，如今没有了母后的支持，太子地位能否稳固，一切都不可预料。

随着伽罗的病逝，杨坚沉溺在粉饰太平和佛教世界中不能自拔，误入歧途。因为伽罗的病逝，杨坚恼怒下诏废除太学以及州县学府，国子学仅保留学生七十一人，其余皆遣散。同时下诏令天下崇礼佛、道二教，在五岳四镇、江河淮海建庙立祀，以敬谢上天。

对于废除学校，杨广也不敢苟同，但是刚刚当了太子他不敢妄言，只好委托苏威劝阻。

"陛下，您不能因噎废食！"苏威道，"君子务本，本立而道生，陛下，大隋能否长治久安，全在于天下士子。"

"天下士子？朕下诏天下，可是居然没有一个人能够挽救皇后的生命！"

"陛下，孔子曰君子有三畏，畏天命，畏大人，畏圣人之言。务民之义，敬鬼神而远之，可谓智也，再说皇上，生死有命，富贵……"

"放肆！"杨坚怒吼一声，苏威也不禁胆战心惊。

"朕花巨资养这些人，都是碌碌无为之辈！还不如去佛庙了却余生！"

苏威明白，皇后的病逝让杨坚已经有些神志迷糊。他清醒地意识到，现在的杨坚再也不是当年那个奋发有为、意气风发的杨坚了。

杨广的日子也不好过，其他兄弟明显对他充满敌意。在他刚刚立为太子的时候，秦王杨俊因为其妻崔氏妒忌他留恋别的女色，一怒之下竟然在瓜中下毒，让秦王卧病在床。查明原因后，杨坚下诏将崔氏赐死，但对于秦王的骄奢也大为痛恨，遂免去王爵。在杨广立为太子半年后，秦王杨俊也隐隐不安，不久忧虑而死。太子被废，秦王死了，这一切都让蜀王杨秀和汉王杨谅胆战心惊，他们认为都是杨广所为。首先不服气的是杨秀，他开始在益州积极整军经武，而杨广也十分清楚杨秀历来与杨勇交好，早晚会反对他，不如先下手为强。他让杨素编织杨秀的罪名上呈杨坚，诬告杨秀有谋反之心，杨坚下诏令杨秀回京。杨秀接到诏书，犹豫不决，想以病推辞，但总管司马源师和众幕僚百般劝说，若是不回，圣上震怒，再来追究，如何申辩？杨秀一直游移不定，这更加剧了杨坚的疑心，于是派大将军独孤楷为益州总管接替杨秀。独孤楷抵达益州，杨秀仍不成行。独孤楷苦心劝导，杨秀才离开益州，前往大兴城。

对于杨秀的迟迟归来，杨坚恼火万分。杨秀畏惧，叩头谢罪。太子杨广则虚情假意地为杨秀求情，杨谅也苦劝杨坚饶恕杨秀。但是杨坚对杨秀仍耿耿于怀，怒道："朕的诏令都敢违反。迟迟不归，是何居心？难道要叛乱不是？！朕就该将蜀王斩于闹市，以谢百姓。"恼怒之下，他令杨素、苏威和柳述等人追究杨秀的罪过。

杨广虽然在朝堂上假意为杨秀开脱，但是他明白，若是父皇原谅了杨秀，放虎归山，日后必生大患。杨广决定将杨秀置于死地。杨素和杨广在一起潜心谋划，终于想出了一招妙计。他们暗中制作一个木偶人，捆住手脚然后用针扎其心，带上枷锁，并写上："请西岳慈父圣母收杨坚、杨广神魂。"他派亲信秘密埋藏在华山脚下，然后杨素上疏杨坚诬陷杨秀在益州早已觊觎皇位，宣称京师有妖异作怪，蜀地征瑞吉祥，乃是王气汇聚之地，并且将杨秀私自扩大军队、私造兵器都写在奏疏之中。

于是，杨素故意假戏真做，说根据杨秀亲信举报，在华山藏有诅咒杨坚和杨广的木偶人，杨素很快发掘出来，将这些罪证全都呈给杨坚。杨坚看到这些铁证如山的证据早已被气炸了肺，恼羞成怒，要不是杨谅苦苦哀求，几乎要将杨秀斩首。杨坚最终下诏罢黜杨秀王爵，贬为庶民，幽禁在内侍省，不得与妻子相见。

杨素又趁机排斥异己，将右卫大将军元胄和御史柳彧牵涉进来，二人被除籍为民。

杨秀被打压后，只剩下了汉王杨谅，杨广终于放下了心。杨素也趁机将亲信遍插朝野，一手遮天，就连苏威也畏惧其三分。

不久，以耿介忠正著称的大理寺卿梁毗奏疏说杨素独断专权，恐为国患。高颎虽不在朝，也不忍心看着杨坚误入歧途，家破人亡。他上疏杨坚，太子杨勇被废，秦王已薨，蜀王被废，杨素用心歹毒。杨坚似有所警醒，暗中一番调查才发现杨素的势力已经遍布朝野和地方州郡，与太子杨广遥相呼应。他暗暗心惊，甚至有些怀疑废黜太子和蜀王有些过于草率，可是木已成舟。

杨坚对杨素产生猜忌，自然不再对他专宠信用，他告诉杨素："仆射，国之宰辅。不必事必躬亲，可三五日做省，评论大事。"实际上已剥夺杨素的部分实权。他开始逐次剪除杨素在朝廷的羽翼，首先令杨约出任伊州刺史，其叔杨文纪也被外放。薛道衡也与杨素友善，又起草诏书，久居枢密，杨坚虽然欣赏其才能，但是也将其外放。杨素的亲信部将幽州总管燕荣因为暴虐部下，又羞辱当地豪族范阳卢氏，杨坚将其征召回京赐死。

所有这一切都让杨素和杨广感到危险时刻围绕在身边，只得小心翼翼。

太子杨勇、蜀王杨秀被废，让反对杨广的势力开始聚集，汉王杨谅、杨坚的女婿柳述终于走到一起，准备为太子翻案。一日，杨谅泪如泉涌："父皇，杨素实乃国之奸贼，大哥、四哥罪废之日，百官无不震惊惶恐，唯独杨素眉飞色舞，喜形于色。儿臣怕有朝一日也会毁于其人之手，还望父皇明察。"

杨坚一番思索后，决定让汉王杨谅出任并州总管，并且扩大并州总管的职权，总领河北、山东两地五十二州军政大权，且他与杨谅约定回京诏书的秘密，告诫杨谅不要让任何人得知，确保杨谅能拥兵自重，安然无恙。杨广闻讯后大为惊恐，可是如今父皇似乎对他有些猜忌，只能眼睁睁地看着杨谅满怀喜悦前往并州赴任。杨广为了讨好杨坚，奏请自降章服与王公同等，宫臣不向太子称臣。谁知杨坚不但批准，而且特下诏书令东宫官属不得称臣于皇太子。杨广这下如履薄冰，诚惶诚恐。

为了进一步削弱杨素的势力，杨坚开始重用驸马柳述，执掌禁军，进一步掣肘杨素。柳述少年时充任太子杨勇的亲卫，与杨勇交往甚密。面对杨坚的反复无常，已为太子的杨广惶惶不安，可是他再也不敢出手了，若是被父皇猜忌，转眼间沦为阶下囚的就是他了。

　　杨坚再次下诏向各州颁发舍利，并派舍利使前往各州举行安放舍利入塔仪式，并且下诏崇敬佛、道二教，于五岳四镇、江河淮海建庙立祀，敢有毁坏偷盗佛像以及天尊像者以不道论，沙门坏佛像，道士坏天尊者，以恶逆论。百官大为错愕，但谁也不敢公开反对了。杨广内心也有种不安，父皇这般做会让大隋误入歧途，但是他不敢公开违背父皇的旨意，只是悄悄命令江南各州消极应付此事。

　　时间来到了仁寿四年（604 年），杨坚也终于走到了生命的终点。

　　杨坚的身体越来越糟糕了，就连行走都必须要有侍女搀扶着，有时候吃饭都成问题。

　　他似乎也有一种隐隐不安的感觉，或许他感觉到大限将至，虽然想离开大兴城，却恋恋不舍，逗留了好几天才起程前往仁寿宫。就算死也要死在仁寿宫吧。与仁寿宫舒服安逸的情调相比，大兴城的庄严肃穆已经让杨坚不能适应，甚至无法忍受了。他可不愿意死后继续待在这种压抑的环境中。

　　杨坚来到仁寿宫的次日，下诏将朝廷大小政事全都交付给皇太子杨广处理，不必奏报。杨广看到这份不同寻常的诏令，又喜又惊。他感觉父皇或许离晏驾不远了，本想服侍身边以防不测，可是杨坚又诏令不见任何人，只留下了柳述和元岩陪侍。

　　柳述和元岩心里也同情杨勇，经常明里暗里地向杨坚提及杨勇。曾经有那么一段时间，杨坚也曾暗地后悔处理杨勇有些轻率了。可是为了废除太子，费了九牛二虎之力，对高颎和太子进行了大规模的政治清洗，若是重新改立太子，谈何容易。先不说杨勇是否会感恩戴德，杨广城府深沉恐怕不会坐以待毙。仔细思忖，他认为杨广似乎更适合做大隋皇帝，沉着稳健，城府深沉，颇似当年的自己。对于柳述的屡屡劝说，杨坚不置可否。

　　如今杨坚生命垂危，杨广和柳述都暗暗着急。柳述决定最后时刻矫诏请杨勇承继皇位，并且调动亲信卫军把守仁寿宫。看到柳述此举，杨广不敢掉以轻心，加强了大兴城的防卫，随机应变。

　　杨坚在仁寿宫不问政事，将所有的烦恼抛却脑后，着实清静了一阵子，刚刚进入四月，便病情恶化，加之年迈体衰，一病不起，奄奄一息。

　　本来柳述和元岩是严密封锁了消息的，准备趁杨坚归天之际，迎立废太子杨勇复位。身在大兴城的杨广也日夜关注着仁寿宫的动静。他决定冒险前往仁寿宫探望。

杨广看到杨坚时也是大吃一惊，杨坚已经气息奄奄，口不能言。或许是只剩下最后一口气了。杨坚昏昏沉睡了好几天，终于有一天醒了过来。

杨坚神色黯淡，将杨广叫到身旁，说起话来气若游丝。

"阿麼，朕这次恐怕是大限已到。大隋天下就托付给你了。"

"父皇一定会好起来的。天佑父皇，一定会平安无事的。"杨广泪眼盈盈。

杨坚脸上的皱纹舒展了一些："自从你母后离开后，父皇一直失魂落魄，才明白什么是生死相依。以前在一起的时候有时也感到几丝厌倦，或者为国事操劳而忽略了你母后。现在想一想她陪了朕四十六年，走过艰难岁月，见证朕一统天下的荣耀，无论何时，都始终与朕风雨同舟。所以朕是日夜思念你母后，对于死，早已置之度外，甚至有些迫不及待了。生同衾、死同穴，碧落黄泉，生死相依。朕现在给你一道旨意，那就是朕死后一定要与你母后同穴而葬，万不可违背。灵魂有知，朕要与你母后相见于九泉之下。"

杨广含泪哽咽点头应允。

"趁着朕还有一口气，就命人写遗诏吧。"

杨坚神色恍惚，但是憔悴的神色中仍有着自有的威严和从容。

"自从晋室南迁，天下丧乱，四海不一，南北分裂，年将三百。割土裂疆者非一所，称帝王者非一人，生灵涂炭，百姓遭殃。朕受天命，登临帝位，拨乱反正，偃武修文，遂至四海一统天下太平。朕虽殚精竭虑，勤劳国事。但是四海百姓，衣食不丰，教化政刑，犹未尽善，朕念及至此，徒留遗憾……"

杨坚攥紧了杨广的手："将来你继位后，一定要体恤民情，安养百姓，与民休养。如此，才能国富民安，大隋才能永享盛世太平。"

"朕知道做过很多错误的决策，以至于让朝政混乱，纲常不彰。国家事大，不必限以常理。自古哲王，因人作法，前后延革随时。律令格式，有不便于事者，当依修改，务当定律。"

杨广抬起头感激地望着父皇，想不到父皇在生命的最后阶段还给他留下割除弊端、拨乱反正的机会。这是需要何等的勇气和胆量？

杨坚似乎还有话未说，只是盯着杨广，紧紧地握住他的手。杨广似乎也明白了父皇的用意，父皇还是放心不下大哥杨勇和四弟杨秀。他用只有父子俩才能读懂的眼神坚定地点了点头，杨坚这才松开了手。

看似平静的仁寿宫却杀机重重，如今杨坚已经病入膏肓，仁寿宫都是柳述的亲信卫队，只要等父皇闭上眼睛，那么柳述就会迎立杨勇复位。必须先发制人，否则受制于人，反受其乱。杨广打定主意后，准备除掉柳述，但是柳述却阻止杨广回到长安，说皇上病重作为太子理当陪侍。

"看来父皇是凶多吉少了。我需及早做准备，决不能功亏一篑。"杨广望着柳述咬牙切齿。

此时的大兴城风声鹤唳，杨素也是忐忑不安。仁寿宫形势不明，让他心急如焚。这次可是真正关乎着生死成败。他秘密将弟弟杨约从伊州招来京师。

杨坚已经滴水不进，神志昏迷。杨广看在眼里急在心里，柳述此时已派人严密盯着杨广，一举一动都在他的监视之下。若是杨坚突然病逝，那他岂能容易脱身，杨广也暗暗着急起来。

恰巧杨约赶来，杨广当场诵读了自己所赋的《冬夜诗》。原来离开长安前，杨广告诉杨素，若是从仁寿宫传出"已复入长安，风声凄夜寒"这句诗便要杨素率军包围仁寿宫。

得到了杨广确凿无疑的回信，杨素决定先发制人。为了不引起柳述的怀疑，直到深夜才秘密调兵遣将，待集合完毕，浩浩荡荡地向仁寿宫进军。杨素抵达仁寿宫，让柳述措手不及，他慌忙组织自卫。杨广下令逮捕柳述和元岩，撤换仁寿宫所有的禁卫军，同时令宇文述和郭衍赶回京师，防止京师有变故。

外面的吵吵嚷嚷似乎惊醒了昏睡的杨坚。他凭着几十年的经验，似乎敏锐地觉察出了变故，犹如当年他入宫辅政时那般惊心动魄。杨坚痛苦地摇了摇头。此时他已经无心过问鹿死谁手了。他想不到的是篡夺帝位这一幕居然还会发生在亲生皇子之间。当年为了皇位的安稳，他屠杀了所有的宇文皇室。本来以为五个皇子能够精诚团结，毕竟是同出一母，和睦友爱，想不到还是不能避免自相残杀的悲剧。好端端的一个家庭支离破碎了。江山一统，家庭破碎，江山与家庭不能两全，逼着他走向孤家寡人的绝境。难道这是上天对他的报复和惩罚？

罢了，一死万事空，但愿大隋江山能够长治久安，延续辉煌和荣耀吧。杨坚在昏迷中暗自祈祷。

晨光熹微，柔和的阳光洒落在杨坚的身上。杨广跪拜在床榻前低头不语。

经过一夜的搏杀，他已经控制了仁寿宫。杨坚也知道对于身后事已经无能为力了，成败、对错、生死都已成定局，他闭上双眼，泪水流淌了下来，恍惚迷离中，想起了自己的一生，从战世中出生，在天下太平中离去，而戡平战乱者正是他。快要盖棺定论了，传奇也罢，宿命也罢，一切都要成为过眼云烟。

可是突然间他有种莫名的担忧，即将要离开这个世界，面对他亲手缔造的大隋王朝，他似乎仍有些不放心。他缓缓地睁开双眼，双手颤抖地抬了起来，杨广见状则紧紧地握住了。

仁寿四年（604年）七月十三日，带着眷恋和遗憾，杨坚崩于仁寿宫大宝殿，享年六十四岁，庙号高祖，谥号文皇帝，与独孤皇后合葬泰陵。